ROMEON
VERLAG

STEFAN P. WOLFF

DER HELD VERLORENER SCHLACHTEN

REISEN DURCH DAS NIEMANDSLAND DER LIEBE

ROMAN

Das Ich, der dunkle Despot

Untreue Männer, die sich immer wieder »unsterblich« verlieben – nichts Neues. Der »Held« dieser Geschichte, ein Kunstwissenschaftler aus Hamburg, Ende 40, unterscheidet sich von ihnen: er vergisst seine Geliebten, als wäre er ihnen nie begegnet, und geht von Neuem »auf die Jagd«. Es sieht aus als sei sein umtriebiges *Woman-Hunting* ein bedeutungsloses Befriedigungsspiel für den attraktiven Junggesellen, der Eifersucht nicht zu kennen scheint.

Drei der Frauen aus der Liste der Teilnehmerinnen an seinem erotischen Welttheater machen es dem vielreisenden Wissenschaftler Frank Berenberg schwer. Sie bleiben in seinem Umfeld, jede auf ihre Weise: Treu ergeben, beharrlich, oder aggressiv. Als selig Liebende, trickreiche Verfolgerin oder als brutaler Racheengel stören sie seine egoistischen Fantasien und geistern verstörend durch seine Träume, in denen Sternenfinsternis erschreckend zum Thema wird.

In Hamburg unternimmt eine Intellektuelle aus der Verlagsbranche den undurchsichtigen Versuch, ihn zurückzuerobern. In Rom macht der Professor einer jungen Frau zum zweiten Mal Hoffnung auf eine Wiederbelebung erkalteter Gefühle. Auf Goto, einer weltfernen kanadischen Insel, versucht er, in selbstquälerischer Einsamkeit zurückzufinden zu einem Leben in Normalität. Die Hoffnung, sich hier, am Rand der bewohnten Welt, aus seinen zwanghaften Verstrickungen befreien zu können, erfüllt sich: Eine geheimnisvoll allgegenwärtige Frau, mit der ihn in Hamburg eine sehr freie Liebesbeziehung verband, spürt ihn in der Quarantäne auf.

Es sieht aus, als könne sie sein Leiden kurieren, sein Leben ändern, ihm zeigen, wie schön treue Liebe ist. Also: Alles auf Anfang für den Helden all der verlorenen Schlachten?

Allerdings sind da noch zwei andere Menschen, die ihn prägend beeinflussen: der Verleger seiner Kunstbücher und eine Ex-Souffleuse des Hamburger Theaters. Als Haushälterin begleitet sie die unübersichtlichen Aktivitäten des Heimatlosen im Niemandsland der Liebe und kommentiert sie raffiniert und – ungefragt.

Dass ihre Nebenrolle eigentlich eine Hauptrolle ist, bleibt bis zum überraschenden Schluss im Dunkeln hinter dem Vorhang der Bühne seines Verwirrspiel-Lebens. Er hat es unter eine Rumi-Weisheit gestellt: *Wo die Liebe erwacht, stirbt das Ich, der dunkle Despot…*

Der in München lebende **Stefan P. Wolff** ist seit mehr als zwanzig Jahren als freier Autor tätig.

Zuvor war er einige Jahre lang Feuilletonchef einer Münchener Zeitung.

Er hat 15 Sachbücher, die meisten über Film, Filmgeschichte und Fotografie, aber auch Biografien, Hörspiele, Erzählungen, und Glossen veröffentlicht.

»Der Held verlorener Schlachten – Reisen durch das Niemandsland der Liebe« ist sein erster Roman.

Inhalt

I.	Esthers duftender Sehnsuchtsbrief	15
II.	Mutter, Vater, Schlangenkopf	38
III.	Ein wunderbares Wesen aus der neuen Welt	43
IV.	Maya, ein Glücksfall?	47
V.	Achtung: Freiheitsberaubung!	55
VI.	Gefährliches Terrain oder Alles auf Anfang	61
VII.	Fit for Fun in New York	70
VIII.	Allein im Universum	79
IX.	Wollen wir wirklich immer nur das eine?	87
X.	Hochprozentig weggefetzt	95
XI.	Eine bemerkenswerte Lust-Attacke	99
XII.	Heißer Tag im eisigkalten Montreal	103
XIII.	Die Virtuosin im roten Jackett	115
XIV.	»Ich bin ein andrer jetzt und doch derselbe …«	123

XV.	Bergheil, Gipfelstürmer!	130
XVI.	Heldendarsteller bittet um Zugabe	135
XVII.	Wo die Bosheit keinen Raum hat	144
XVIII.	Reni und die Römischen Elegien	152
IXX.	Die Frau mit den eisenharten Oberarmen	182
XX.	Wer die Wahrheit sagt, braucht ein schnelles Pferd	199
XXI.	Der hilfreiche Henker	226
XXII.	Zwokommazwo Mio. für einen Ölschinken	239
XXIII.	Anne, die Allgegenwärtige – oder Bloß keinen Blümchensex!	270
XXIV.	Ein falscher Schritt könnte dein letzter sein…	281
XXV.	Wimmelbildfantasien: Berenberg wird 50	302
XXVI.	Es wird Sternenfinsternis sein	314
XXVII.	Unerforschtes Gebiet	328
XXVIII.	Am Abgrund	339

»Männer sind Lebewesen ohne Gewissen.
Man darf es Ihnen aber nicht vorwerfen,
denn sie können nicht anders.
Sie sind immer auf der Jagd.«
Colette

»Unsere engelsreinen Werte stehen arm da –
gegen die herrlichen Teufeleien,
die wir im Verborgenen mit Leben erfüllen.«
John Dos Passos

Die Geschichte beginnt mit einem Gespräch im Büro des Verlegers B.K. Morgenschön in Anwesenheit seiner klugen Assistentin Martha Fröhlich und des Autors Stefan P. Wolff (hier ein Gedächtnis-Protokoll): Grundgütiger Himmel, sagt der Verleger, ich bitte sie, wollen Sie mich ruinieren? Ich komm' mir vor wie ein Hirte mit einer Woll-Allergie, dem (endlich!) seine Schafe davongelaufen sind. Können Sie nicht doch ein Roman-Manuskript liefern, das ich auch meiner Frau gern zu lesen gebe, ohne Wortwolkenbrüche fürchten zu müssen? Verehrter Herr Wolff, lieber Stefan, die Sache ist

doch die: Ihr letztes Buch Wissenslücken der Universalgenies hat mich fasziniert. Es war hoch interessant, ist gut verkauft worden. Meine Frau hat es vieldutzendfach verschenkt. Sogar an Damen und Herren der Gesellschaft mit engerem Horizont und eindimensionalem Wissen. Lob, Lob, Lob! Und jetzt das. Ich habe es zweimal gelesen, um heute dieses Treffen mit ihnen gefestigt bestehen zu können. Auch mein Vater hat es sich … angetan. Er war weniger konsterniert als ich, er sieht ja nicht mehr so gut und redet wenig. Bei erotischem Geschehen hat sein Altverlegergesicht sich frohlockend entspannt.

Wie soll ich, ich meine, wer nimmt es dem Verlag Morgenschön ab, dass hier ein … okay, … ein … toller … meinetwegen: ein weibstoller Autor mit seiner verfitzten Intoleranz gegen das Wahre, Schöne, Normale agiert wie eine böse Bande von KSK-Kriegern im Umgang mit geklauten Bundeswehr-Waffen. Grundgütiger Himmel, lieber Stefan Wolff, ja, ja, ja, ich habe nicht den Mumm, Ihren Text den Freunden des Morgenschön-Verlagsprogramms, treue Käufer unserer Bücher, zuzumuten. Bitte um Verständnis. Manchmal wünschte ich mir schon, ich hätte den Text unserm robusten Cheflektor überantwortet … So, … jetzt ist es raus …

Dass sie uns einen neuen Einstieg geliefert haben, lieber Wolff, wird meine Frau zwar noch nicht dazu bewegen, ihnen das Du anzubieten. Sie wird Ihnen jedoch gewogen bleiben. Meinen Vater haben Sie schon auf Ihrer Seite, aber der war immer schon ein Fan schräger Enthüllungs-Prosa. Er hätte aus ihrem Manuskript knallhart einen … jedenfalls ein Buch mit lilagrundiertem Titel gemacht. Grundgütiger ... Gut, dass sie schon mal den Einstieg rigoros geändert haben. Gut auch, dass nicht gleich zu Beginn ein Zitat von Tomi Ungerer ein pornografisches Muster vorgibt. Also, ich denke ... Entschärfen sie weiter! Hören sie auf mich! Nehmen sie Rücksicht auf meine Frau! Und nicht zuletzt auf Ihre Partnerin! Dann reden wir weiter. Glückauf also!

Nach diesem Monolog kehrte Ruhe ein im Umgang mit dem Verlag. Der wohltemperierte Verleger Morgenschön war wohl der sicheren Annahme, dass der Autor einknicken würde, allein schon des großzügigen Vorschusses wegen, den Stefan P. Wolff bereits weitgehend an seinen aufwändigen Lebensstandard verfüttert hatte.

Bis zum Erscheinungstermin zur Buchmesse war Zeit für Textkosmetik. Stefan P. Wolff ging also nochmal ans Werk: Kürzen, Entschärfen, Wiedervorlage beim Verlag mit geschröpften Pointen. Weg mit gefallsüchtigen Details. Die frivole Melancholie des Protagonisten Frank Berenberg war ja authentisch, dem wahren Leben von Querfeldeindenkern abgeschaut. Und das bisschen Sex – einfach rausstreichen?!

*

Aus dem Speicher seiner verborgenen Erinnerungen rasen Bilder hervor wie Autos aus einer dichten Nebelwand. Warum nur fällt es Frank Berenberg so schwer, seine lahmenden Leidenschaften für berufliche Erfolge und immer neue Liebesabenteuer wieder auf Touren zu bringen? Er weiß: nur der unverbrüchliche Glaube an das Finden macht eine

Suche zur Herausforderung. Er nimmt sie an. Immerhin ist er gerade mal 49. Ein Mann in den besten Jahren, wie man so nichtssagend sagt. Franks Geschichte beginnt mit einem geheimnisvoll-verlockenden Brief. Absender ist eine seiner ehemaligen Geliebten, eine attraktive und dazu noch überraschend intelligente Frau. Was folgt, ist die verblüffend mühelose Überwindung starker Zweifel. Und eine rätselhafte, aufregende Affäre.

Diese werblich-informative Einleitung des Romans entstand gegen Mitternacht, nach dem Genuss von zwei Gläsern *Primitivo* Amoroso, und ging sofort per mail an Verleger Morgenschön. Zehn Minuten später dessen Antwort: Das ist es! Meine Frau winkt Ihnen aus dem Lesesessel zu! Sie arbeitet sich gerade durch Kakars *Die Frau, die Gandhi liebte*. Gütige Weltsicht, fein portioniert, sagt sie. Gute Nacht, Maestro!

Der Autor lektorierte sich weiter selbst, fehlerverzeihend, aber nicht abgeneigt, ein wenig scharfen Pfeffer vom heißen Steak zu nehmen. Nach jedem Kapitel schickte er von nun an die Seiten an seinen Verleger, um ihn in die hinterhältig umgestrickte Geschichte hineinzuziehen und ihn damit toleranter im Umgang mit den Details seines Frauenromans zu machen, der ein Männerroman ist. Oder umgekehrt.

I.

Esthers duftender Sehnsuchtsbrief

Auf den ersten Blick wirkt der Brief befremdlich. Eva Rössel hat ihn auf dem Schreibtisch neben einem dornigen Heckenrosenzweig so aufgestellt, dass das Kuvert schon beim Betreten des Arbeitszimmers ins Auge fällt. Frau Rössel, das ist Professor Berenbergs Faktotum. Sie ist so reinlich wie neugierig und: allgegenwärtig, wenn nicht allwissend. In jüngeren Jahren war sie Verkaufsberaterin der Thalia Buchhandlung. Schon damals zeigte sie ein feines Gespür für alles Theatralische. Darum heuerte sie in reiferem Alter für kurze Zeit als zweite Souffleuse am Schauspielhaus Hamburg an. Wenn die Bühne nach ihr rief, sprang sie ein. Von sich selbst und mit sich selbst (aber am liebsten so, dass andere es hören können) spricht sie mit hymnischer Leidenschaft: »Wie man ja weiß, sind wir auf Ibsen spezialisiert. ›Lulu‹ – auch formidable … Ludwig Thoma oder Kroetz – kommen gar nicht in die Tüte … Jetzt aber: Arbeitstrab, Rössel! Frisch ans Werk, es gibt eine Menge Kürzungen und Korrekturen im Text. Der Königsmord ist geblieben, und die fünf Mätressen hauen sich weiter die Handtaschen um die Ohren bis es dunkel wird … Erhellendes Theater also – wie im echten Leben; Frauen kennen das doch aus dem Effeff, stimmt's, Doktor Freud?«

Damit wird deutlich, wie fremdbestimmt Frank Berenberg ist. Frau Rössel, die Berenberg in spöttischer Distanziertheit *Doktor Freud* nennt, hält sich meistens zurück, wenn es um seinen in Eigenregie verwalteten Lebens- und Wohnraum geht. In ihrer Diplomarbeit entblößte die Literaturwissenschaftlerin den Triebforscher Uwe Pustellnik bis auf die braunen Socken und die offen Fußbett-Sandalen. Sie weiß genau, wie Berenberg tickt. Sein bewegtes Junggesellenleben darf sie mit ihm teilen, aber nur distanziert betrachten. *Nolens volens*, wie sie gerne sagt. Die Rössel ist eine investigative Person. Ab und zu schickt sie an sich selbst eine Postkarte, um zu prüfen, ob in Hamburg die Zustellung funktioniert. Auf der Karte steht: *Der Regisseur ist die Geißel des Schaugewerbes, denn er hat sich an Gottes Stelle gesetzt.* Falsches im Richtigen erspürt sie sofort. Das Zitat des Großkritikers Gerhard Stadelmaier aus der *FAZ* trägt sie in im Geldbeutel mit sich. Wie gesagt, die Rössel mag penetrant sein, für Frank aber ist sie unentbehrlich. Jedenfalls glaubt er das. Weil sie es ihn glauben macht.

*

Der Brief, den sie auf seinem Schreibtisch dekoriert hat, ist mit der Sondermarke *Liebespaare der Weltgeschichte* frankiert und sorgsam in Schönschrift adressiert. Gegen seine Gewohnheit öffnet er das Kuvert nicht mit einem kleinen Gold-Dolch. Nein, er reißt es ahnungsvoll auf. Der Brief kommt von Esther Maria Reuss, einer seiner Ex-Geliebten. Sie zu vergessen ist ihm trotz aller Anstrengungen nicht gelungen.

Als sie sich vor Jahren kennenlernten, war Esther Lektorin eines angesehenen Buchverlags (konkurrierend mit Häusern wie Eichborn, Morgenschön, Romeon oder Suhrkamp). In einem aggressiven ersten Brief an Frank schrieb Esther damals: *Literatur ist aus meiner Sicht nichts weiter als Lüge. Lüge, die die Wahrheit sagt.*

Wenig später wechselte sie, überraschend für die in Neugierde und Missgunst vernetzte Branche, in das Vorstandsbüro eines Hamburger Medienhauses. Wie es zu dem Karrieresprung kam, bleibt ihr Geheimnis. Von dem umweglosen Umstieg hat sie nicht viel berichtet; es war ihr unangenehm, sich daran zu erinnern, denn Esther gehört zu jenen Frauen, die ihr Erscheinungsbild und ihre Talente zielorientiert und immer nutzbringend einsetzen können – je nach Sachlage un' *was gutt und nutzlich sein kann für Vorrweertskommen,* wie Franks portugiesischer Fahrer Favero es beschreibt.

Als strahlende Geliebte war Esther damals schon das Objekt nicht nur seiner Begierde. Sie hatte ihre liebe Not, die Avancen interessanter Männer und einiger attraktiver Frauen zu verwalten und in ihr vielversprechendes Leben zu integrieren. Die blauäugige Esther mit den witzig auf Nase und Wangen verteilten Sommersprossen trug die braunen Haare sehr kurz, dazu hellen Lippenstift und winzige Ohrstecker-Kügelchen. Sie liebte strenge Hosenanzüge mit schmaler, maskuliner Silhouette, und hochhackige schnörkellose Pumps mit roter Sohle. Ihre Unterwäsche ließ tief blicken. Sie wählte Accessoires, die im Zusammenspiel mit schlichten, halshoch zugeknöpften oder bis ans Anstandslimit geöffneten weißen Blusen, mit breiten Gürteln und teurem Modeschmuck, ihrem symmetrischen Gesicht starke Wirkung verliehen. Die Mädchenfrau machte besonders bei Männern mit ausgeprägter ästhetischer

Veranlagung schon bei der ersten Begegnung einen unvergesslichen Eindruck und etablierte Wiedersehnsucht. Franks Geliebte wurde von der Rössel ungern beim Namen genannt: »Die Verlags-Frau hat angerufen«. Es war ihr kaum mehr an Erklärung zu entlocken. Manchmal griff sie mit ihren rosa Gummihandschuhhänden in ihre angesilberten Haare, die sie *Kopf-Lametta* nannte, und beendete die Nachfrage mit der Bemerkung: »Immerhin ist die Verlags-Frau meist pünktlicher als unsere Hamburger Post«.

Im Schlafzimmer, wenn Esther entblößt, abgeschminkt und paarungsbereit war, entmachtete ihre Wirkung den paralysierten Partner. Sein Wunderglaube oszillierte dann zwischen selig-entgeisterter und hoffnungsgetriebener Aufrechterhaltung männlicher Alltagswürde. Frank hat selbst erlebt, dass er, gestützt durch sein hochentwickeltes Selbstwertgefühl, ihre stolze Nacktheit als beglückende Gefährdung wahrnahm.

Der später auf dem Programm stehende akrobatisch-erotische Akt war die Steigerung eines keusch wirkenden, jedoch fordernden Vorspiels. Es war bestimmt von Raffinesse und komödiantisch-unterwürfiger Lust. In Esthers rauschhaft gezündeten Ideenfeuerwerken steckten hinterhältig lauernde Anstöße zu infernalischem Raubbau an seinen männlichen Qualitäten, auf die er sehr stolz war. Jedes Mal wieder konnte Esther ein Erotik-Lego mit gefährlich hoch aufragenden, schwankenden Türmen errichten. Ihr unvermeidlicher Einsturz führte zu ungeahnten Glücksgefühlen, animierte wagemutige Könner wie Frank aber bald zum statisch ungesicherten Wiederaufbau.

Frau Rössel legte anderntags den Fund des in der Bettritze verlorengegangenen arcticblauen Spitzenhöschens als Menetekel aus, um ihre unermüdliche Arbeit in den Tiefen von Franks Liebhaberseele zu dokumentieren. *Jessasnein, Rössel,* sprach sie mit sich selbst, *was Männer alles brauchen, damit's formidabel funktioniert ...*

*

Einer von Esthers engagiertesten Bewerbern, der durch internationale Möbelspedition steinreich gewordene Kunstsammler Pieter Mohl, kaufte im Imponiergehabe-Glücksrausch alle lieferbaren und viele vergriffene Titel ihres schon seit Jahrzehnten existierenden Buchverlags (ein paar hundert, viele mehrfach, darunter teure Bildbände aus Antiquariaten). Er präsentierte sie in eigens für seinen Schlafraum geschreinerten Eichenholzregalen. An der Bibliothek lehnte eine massive Leiter zum Besteigen der Investition – und das alles in der Hoffnung, Esther dafür als Dreingabe in das Bett unter der bedrohlich beladenen Bücherwand locken zu können. Sie honorierte den Einfallsreichtum des ebenso betuchten wie sich in kränkelnder Sehnsucht verzehrenden Hypochonders durch einen Höflichkeitsbesuch. Einfühlsam, und doch ironisch gemeint, wählte Esther als Mitbringsel für den Sammler ein selten zu findendes, in New York 1969 von einem homophilen Verehrer mit privaten Mitteln verlegtes Buch. Autor: der verkopfte, auf innere Monologe spezialisierte John Dos Passos. »Vergebliche Liebesmühe oder Warum die Rückeroberung des Abendlandes verschoben werden muss«. Eine Trouvaille, wie Franks Lieblings-Bücher-Mogul Erwin Maier-Sontag mit geschürzten Lippen und manieriert hochgezogenen Augenbrauen zu sagen pflegte. Der nicht allzu schwer interpretierbare Titel allerdings ließ den selbstbewussten Mohl völlig unbeeindruckt. Dumm von ihm, wenn man bedenkt, dass man ein verschwommenes Bild vom eigenen Leben ziemlich einfach scharfstellen kann. Interessant, dass 99,87 Prozent aller menschlichen DNA identisch sind.

Mohl verausgabte sich nach fast allen Regeln der erotischen Kunst in seinem deutlich zu großen Bett, und sogar im Stehen an seiner hochaufragenden Bücherleiter. Was auch Gefahr für Leib und Leben bedeuten konnte. Das kiloschwere *Buch der tausend Bücher* fügte ihm vor zwei Jahren, so berichtete Esther respektlos-schadenfroh, einen schweren Dachschaden zu. »Mohls Kopfhaut musste genäht werden! Das nenne ich Kulturschock«. Esther fand, und sie lachte dabei despektierlich in die hohle Hand mit den schmalen Goldringen, Mohls Arrangement sei leider, »alles in allem, eine ziemlich vergebliche Liebesmüh'« gewesen.

Für ungefähr zwei Jahre waren Esther und Frank in einer On-and-off-Beziehung so etwas wie ein »modernes Paar«. Ihre und seine folgenlosen Seitensprünge steckten sie damals ohne zerrüttende Eifersuchts-Komplikationen weg. Er meldete nie Besitzansprüche an. Sie auch nicht. Versteckspiel-Untreue tat nichts zur Sache. Sie führte sogar zu willkommenen Abwechslungen in ihrer unverkrampften Beziehung: denn die Bettgeschichten, die sie einander bis ins Detail genau erzählten, verwandelten ihr mehr und mehr durch Langeweile irritiertes Verhältnis in einen von den neuen Impulsen aufgeheizten Wettbewerb, in ein Turnier. Deshalb war es für Frank auch nicht wichtig, dass Esther sich damals noch ein paar Mal, für die eine oder andere Nacht ohne Bedeutung, auf den weiterhin ernsthaft um sie kämpfenden Mohl einließ. Sie trieb es für ihren Geschmack und ihre gierig abgerufenen Bedürfnisse »richtig konventionell« mit dem herzensguten bibliophilen Galan. Dem gefiel es, sich Esther in fast grüblerischer Haltung zu nähern, um sich ihr dann verzückt anzubieten. *Sexosophie* nannte der gebildete Spediteur seine artifizielle Herangehensweise. Eine krasse Selbstüberschätzung. Bei Esther war er nervös, aber zielstrebig. Und das, nachdem er sie vor dem Vorspiel, mehr zu Ungunsten seiner Potenz als zum Aufbau ihrer Lust, ausgiebig mit seinem Lieblings-Burgunder sediert hatte. Der blutrote *Poissenot 2004* hatte seinen Höhepunkt schon hinter sich; den des Gastgebers hingegen schaffte Esther nur durch massive Handarbeit. Sie beschrieb diese Erfahrung mit obszöner Geste am Flaschenhals als »lang andauernde, jedoch meistens erfolglose Anstrengung mit viel Armmuskeltraining meinerseits« und als »wenig inspirierend für eine ambitionierte junge Frau wie mich«. Esther schilderte ihm sehr plastisch, als Teaser für ihren eigenen Akt, was auf der Werkbank der Erotik vonstattengegangen war. Sie hatte ihr hauchzartseidenes Unterhemd anbehalten, das dann im Verlauf der Anstrengungen ihren schweißfeuchten Körper wie einen Kokon immer enger und durchsichtiger umschloss. Mohls Annäherung von hinten entzog sie sich mit der uralten, aber glaubhaft vorgetragenen Unpässlichkeitslüge. Esther streichelte nicht ihn; dafür liebkoste sie sein argloses Ego, indem sie immer wieder seinen expressiven Kunst- und Farbsinn lobte. Den mutigen Ankauf einer Nok-Terracotta-Statue in Abuja (er war dafür eigens in die Hauptstadt von Lagos geflogen) erwähnte sie beiläufig, nicht jedoch die Entlarvung der Tonfigur als plumpe Fälschung. Esther konnte glaubhaft seine geldwerten Initiativen im Lkw-Geschäft ins rechte Licht rücken und seinen unfehlbar sicheren Weingeschmack (je teurer, desto besser, keine Diskussion!). Das Etikett des narkotisierenden *Poissenot 2004* hatte sie auf der Weinerkennungs-App ihres Handys gespeichert, um damit bei der richtigen Gelegenheit zu punkten.

Dass der Gnaden-Akt im angestaubten Umfeld der von ihr selbst in der Vergangenheit editierten Kunstbände und einiger der Augen-wischerei dienenden *Coffeetable Books* stattfand, amüsierte das freche Luder königlich: Esther benahm sich wie eine Artistin unter der Zirkuskuppel mit einem gefügigen Tanzbären im Liebesspiel der freien Kräfte. Sie definierte die Mohl-Szenen als *großes Opfer für eine Frau, die zu Hausstauballergie mit Nießattacken neigt, aber nur schwer kommt, wenn es drauf ankommt.*

*

Einmal mehr zurück zu Esthers filigranem Verführerinnen-Brief. Sie schreibt auf hellgrauem Büttenpapier mit der gedrechselten Anrede »Verehrter Professor! Lieber Frank!« und fragt dann manieriert: »Wie befinden Sie sich derzeit, mein verehrter Berenberg? Und was, bitte, macht die von Ihnen stets so gern (und gekonnt, wie ich konstatieren muss) praktizierte Liebeskunst?«

Dass sie ihn siezt, muss ein Versuch sein, dem Brief besondere Bedeutung zu geben, gespannte Aufmerksamkeit zu erzeugen. Die Frage nach der Liebeskunst ist fraglos eine provokative

Bemerkung, die auf ihre besonderen Freuden abzielt: sie waren in allen Liebesspielarten Synchronturner, ein körperlich perfekt aufeinander reagierendes Paar gewesen. Aber sonst, im allgemeinen Währungsraum der großen weiten Bildungswelt, gab es in der ersten Zeit nicht allzu viele Übereinstimmungen. Seine Lebensräume, vor allem die schwer zu bereisenden Cluster der Philosophie, bedeuteten Esther nicht so viel wie ihm. Museen waren für sie eher Brutstätten eines Traditionalismus, von dem sie sich möglichst bald verabschieden wollte. Die moderne Kunst mit ihren angestrengten Deutungen nahm sie wahr, hielt sich aber zurück mit menschenbezogenen Haltungen gegenüber den »Kunst-Produkten, die hilflos um Anerkennung ringen oder die Betrachter sträflich ignorieren«. Sie wusste viel über Künstler und ihre Arbeit, blieb aber distanziert, wenn die Wertung von Werken gefragt war. »Mit all dem, um was es da geht, kann ich selten etwas anfangen«, hat sie in einem unbedachten Moment gesagt. Über das Bild *Green Blossom* von Otto Piene urteilte sie amateurfrech: »Sieht aus wie die Ultraschall-Aufnahme eines Organs«. Frank fand, dass sie damit nicht völlig falsch lag. Er gab sich dennoch entrüstet – so wenig Kunstsinn durfte einfach nicht sein.

Es war der Anfang vom Ende ihrer ersten Liebeszeit. Unterschiedliche Spitzfindigkeiten führen bei Frank schnell auf die abschüssige Bahn. Eine von sexueller Erosion (vulgo: Überdruss) gezeichnete Beziehung stirbt daran – aus Prinzip. Denn die Erinnerung, das weiß er aus der Erfahrung, ist wie ein Hund. Er legt sich hin, wo er will.

Außerdem verstand es diese manchmal bis zum Erröten gehemmte, aber eitle und immer verführerisch gestimmte

Frau, Briefe von schlichter Schönheit zu schreiben. Einen wie Frank konnte sie mit ihren klugen Sprach-Avancen überzeugen, während andere nur die Augen verdrehten.

Banalität als untrügliches Zeichen einer Weltentrennung: Hier der Sexkonsum, dort das kleine Bedürfnis, emsig, ja armselig den Alltags-Unwichtigkeiten hinterherzufeudeln. In solchen Augenblicken erfasst Frank ein von einer Art Kreislaufkrise begleitetes Fluchtsyndrom. Er muss dann darauf achten, dass er nicht das Weite sucht, oder sich im Badezimmer einschließt, um sich, na ja, abzureagieren. Solche verbalen Totalbremsungen sind ihm zwar nicht oft untergekommen. Er hat aber die ihm zugemuteten Kapitulations-Auslöser noch genau im Kopf, weil er sie sofort zum Indikator seiner irritierenden Irrtümer und zur Vermeidung frustrierender Unstimmigkeiten herangebildet hat. Frank weiß, was man *nicht* zu ihm sagen darf, wenn nicht alles schief gehen soll im komplizierten zwischenmenschlichen Mensch-ärgere-dich-nicht-Spiel. Sprachhygiene ist ein Stichwort. Frau Rössel würde hier aufhorchen: *Bis dieser Mann was gebacken kriegt, das dauert! Nolens volens.*

Esthers fein ziselierte Zeilen haben ausgerechnet mit einer kunsthistorischen Expertise zu tun – Frank kann es kaum fassen. Die unterwürfige Schöne berichtet, natürlich nur, um ihn zu beeindrucken, von einer Wahrnehmung ohne echte Tiefe. Voller Begeisterung von einem der weniger wichtigen Säle im Amsterdamer Reichsmuseum und von den Folgen ihres bildungsbeflissenen Besuchs fabuliert sie: »Im Abstand von Viertelstunden erscheinen mir seither Wesen aus meiner alten Welt greifbar nahe. Du bist eines von ihnen. Ich denke an unsere ausgefüllten schönen Zeiten, unsere aufregenden Reisen, unsere endlosen Liebesnächte und daran, wie Du Dich einmal in meiner, zugegeben: nicht gründlich gereinigten, Sitzbadewanne mit einer zerklüfteten, alten Seife waschen musstest, die Deinen Geruchssinn beleidigt hat.«

Franks Ex-Geliebte zwingt, rhetorisch geschickt, die in rascher Folge zurückkehrenden Erinnerungs-Bilder in den Mittelpunkt einer nostalgischen Freude. Er spürt einen Anflug von Fairness, eingebettet in Wärme. Sie hat ihren Amsterdamer Museumsbesuch als funktionstüchtigen Lockstoff für die in ihm längst begrabenen Empfindungen ihrer »alten Welt« gewählt. Um ihm zu imponieren.

Endlich verdichtet Esther den Grund ihrer Kontaktaufnahme auf zweimal vier Wörter: »Ich vermisse Dich sehr« und »Ich will Dich wiedersehen«.

Standhalten oder Flüchten? Frank weiß, wie dieser Beziehungs-Wiederbelebungs-Poker enden wird. Kaum haben sie es (jeder für sich) geschafft, sich in ihren Verstecken hinter den heruntergelassenen Jalousien des Erinnerns zu verkriechen, galoppiert eine horrorbunte Chimäre los: Esther will ihn zurücklassen, während er standhaft versucht, möglichst unaufgeregt ein neues Ambiente zu erschaffen und, mit anderen Frauen, bewohnbar einzurichten. Wiedersehen und Umarmungen wären jetzt Elemente caritativer Gutgläubigkeit: Einer verlässt sich auf den anderen. Einer glaubt an die Übertragung der Auslöser grenzenloser Lust, selbst in Augenblicken verzerrt wahrgenommener Empfindungen. Der andere kann das nachfühlen, auch gegen seine innere Stimme.

Frank ist der geborene Verlierer bei Spielen dieser Art.

Esther versucht eindeutig einen Neuanfang. Sie möchte ausprobieren, ob ihre Kraft ausreicht, alte Fehler zu vermeiden, ihn noch ein zweites Mal – diesmal untrennbar? – an sich zu binden. Wie das bei ihm und mit ihm geht, kann sie einschätzen. Er war, wie gesagt, immer schon willfähriges Opfer bemerkenswert attraktiver Norm-Abweichlerinnen. Er lässt sich gern auf fesselnde Spiele ein, mit einer sinnlichen Frau, die die daraus entstehenden Freuden genau kennt, sie mit ihrem Kopulations-Können verbindet, also genau planen kann, wie sehr man mit virtuos praktizierten Liebesspielarten zur eigenen Befreiung gelangt. Allerdings nur, wenn zum Partner eine kluge Bindung besteht. Liebe ist noch besser als bloße Zuneigung, denn nur Liebe macht es möglich, sich hochgespannt unverkrampft fallen zu lassen. Und sich zu nehmen oder geben zu lassen oder zu geben, was in den aufregenden Momenten des Alleinseins-mit-dem-Anderen so etwas wie Erlösung bedeutet.

Hingabe (aber auch Hinnahme) ist ein Lebenselixier. Physisch und vor allem philosophisch. Denn am Ende einer streitbaren Liebe stand für Frank immer das Verstehen. Und die Vergebung. Wenn es sein musste.

Es musste leider oft sein.

Er hat getan, was er konnte, um sich der Versuchung zu entziehen und will es (obwohl er es so sehr braucht) eigentlich nicht noch einmal haben, dieses obsessive Spiel aus Überwältigen, Einnehmen und Entleeren, das Esther mit so viel

Selbstverständlichkeit beherrscht. Jetzt wird ihm schon wieder Angst vor ihren virtuosen Kraftanstrengungen und vor der Wertlosigkeit ihrer absichtsvoll ungenau versprochenen Versprechungen. Andererseits: *fake it until you make it*. Das darf selbst eine derart hinterrücks verführende Frau sich auf die Fahne schreiben.

Fliehkraft – was ist das? Ist es die Kraft, die ihn nicht zum Fliehen, sondern zum Bleiben oder zum Zurückkehren treibt? Eine Kraft, die auf abwegigen, unerforschten biophysikalischen Gesetzen beruht? Die versklavt? Oder ist sie eine Kraft, die vor einem tiefen Fall bewahrt, indem sie einen in die rettende Flucht treibt?

Galilei soll im 17. Jahrhundert in Pisa ein Pendel vom Schiefen Turm in die Tiefe gesenkt haben, um seine Fallgesetze zu belegen. Damals war die Welt physikalisch in einem labilen Gleichgewicht. Das Experiment mit dem Gewicht an der Schnur hat so wohl nie stattgefunden; gelernt haben wir aber doch aus den *Fake-News* von einst: Das reizvoll Schräge imponiert uns mehr als die Normalität des Geraden, des Aufrechten. Frank nimmt sich vor, diese Gedanken in einer seiner nächsten Vorlesungen zu verdichten, auch wenn das Galilei-Exempel nicht zu verifizieren ist. Jene Geschichte ist so wenig aus der Welt zu schaffen wie die Mär von Martin Luthers 95-Thesen-Anschlag am Portal der Schlosskirche von Wittenberg; auch sie zeugt von der frohgemuten Gutgläubigkeit ungebildeter Gläubiger des Glaubens. Sei's drum.

Um Mitternacht kommt eine sms von Verleger Morgenschön: Lieber S.P. Wolff, das ist jetzt (so empfinden wir es) der rechte Umgang mit Ihrem starken Themenpaket. Wir hätten gern mehr von solchem Lesestoff!

PS: Erwarten Sie eigentlich Vergebung von mir wegen meines Eingriffs in Ihr Tun?

*

Ich, ich, ich – ein Bild aus dem verrückten Harakiri-Stück, das ihn verfolgt: Der Gott des Gemetzels lenkt und er denkt schwach und hilflos nach über die Deformation dieser total verrückten, erotisch aufgeladenen Beziehung … Ja, Esther liebt »himmlisch«, sagt Freund Hanno, der weiß, wovon er redet. »Sie konnte immer, und ließ sich gern überzeugen, Dinge zu tun, zu denen andere Frauen sich allenfalls in betrunkenem Zustand überreden lassen. Sie gab mir das Gefühl, *ich* würde sie nehmen. Dabei nahm *sie* sich, was ihr in den versauten Sinn kam.«

Frank muss klarstellen, dass er das so sagen darf – er war der Mann vor ihm in Esthers Eisenbett. Er hat auch das Drehbuch für einen alle Grenzen auslotenden Film geschrieben: *Drei Tageszeiten* erzählt im Beischlafrhythmus eine Erlöser-Geschichte von einem Blinden und seiner Liebsten. Sein Sensorium erfasst Ihre dramatisch verfeinerte Art körperlicher Liebe. Sie schwebt hinein in seine Welt. Vorspiel, langsam und still. Erschütterung und gewünschte provokative Entzauberung in einem weltbewegenden Akt, unterbrochen von undramatischen Bildern aus dem alles andere als alltäglichen

Alltag der beiden. (Wie in Haneke-Filmen: die Kamera verharrt bewegungslos und wartet, unerbittlich lang. Das Nichts vernebelt die Sinne. Wo bleibt die Erlösung?)

In Hannos Film spiegelt der aufmerksame Blick des Blindenhundes, was zwischen seinen gespitzten Ohren ankommt, ehe er mit auf dem Parkett klackernden Krallen das Zimmer verlässt als die Apotheose sich ankündigt. Langgezogene Schreie, gefolgt von erst geflüsterten, dann hart in den Raum geschrienen Befehlen. Nach dem enthemmten gemeinsamen Höhepunkt (die Kamera steht teilnahmslos über dem kämpfenden Paar, betrachtet nur Arme und Rücken) folgt im letzten Drittel eine marginale Ansicht geschlossener Augen ohne Lidschläge. Eine schwer atmende Stille, dann ein langer Seufzer. In die Melancholie der Erfüllung knarzen draußen gelangweilte Krähen. Synchron. Atemloses Schweigen. Dann schreitet der Schäferhund locker zurück ins Zimmer, knallt sich auf den Boden, man muss fürchten, dass es ihm weh tut, und hechelt menschenverachtend mit der langen graubelegten Zunge: Nach pflichtschuldig getaner Arbeit geht der sehende Wächter des Blinden befriedigt zur Ruhe.

*

Ralf ist noch immer nicht fertig mit Esthers Brief. Sie teilt ihm also mit, sie habe sich »inzwischen im animalischen Gruselkabinett der Management-Welt« eingerichtet. Sie indoktriniert, wälzt Probleme als handele es sich um einen groß angelegten, optimal honorierten Laborversuch. Starke, dominante und doch einfühlsame Männer sind Mangelware in ihrem ungeordneten Kosmos. Jedenfalls Männer, die etwas von Frauen ihres Typs verstehen. Dazu gehört, hart im Nehmen zu sein. Esther neigt dazu, zurückzuschlagen, ehe ihr stets einsatzbereiter Kopf das Kommando für Aggression gegeben hat und sanftere Aktionen folgen lässt. Meist ist es dann aber schon zu spät für Friedensverhandlungen. Nur eine bedingungslose Kapitulation kommt dann noch als Mittel der Wahl im Umgang mit der im Grunde ihres lüstern-frechen Herzens bisexuellen Esther in Frage. Womit klar ist, dass sie Männer zwar für wichtig hält, weil sie ihren hormonellen Haushalt stabilisieren. Dass aber auch Frauen, in Zeiten des Mangels an geeigneten maskulinen Bewerbern, ihr meist ungemachtes Bett teilen dürfen.

Manchmal, daran erinnert er sich mit gemischten Gefühlen, treibt Esther auf dem Markt der sogenannten Freien Liebe ein junges Ding mit kleinen, festen Brüsten auf. Das Mädchen muss es kräftezehrend mit ihr treiben, nachdem Esther den Körper der für ein paar Stunden in ihre Wohnung bestellten Gespielin glänzend eingeölt hat. Dann gibt sie die sich total verausgabende, erfahrene Freudenspenderin mit unumstößlichem Glauben an die Existenz des G-Punkts und lässt es sich so lange besorgen, bis ihr die Luft ausgeht. Danach sehnt sie mit Inbrunst wieder einen Mann herbei, einen wie *er* das für sie war, ehe sie sich herzlos »für immer« getrennt hatten und seine erotische Sedisvakanz begann. Gefolgt von neuer Suche.

Frank fühlt, nein: er weiß sicher, Esther hält es ohne ihn nicht mehr aus. Sie bettelt auf ihre Art um ein Wiedersehen, ein *revival*. Auf seinem romantischen Erinnerungs-Atlas markiert sich, ganz von selbst, fluoreszierend das Gebiet um Esther. Nagende Neugierde beflügelt seine Entscheidung, sich bald wieder mit ihr zu treffen.

Einmal noch? Einmal noch!

Um seinen Entschluss zu bestärken, hört er sich eine CD mit *Answer me my Love* aus dem München-Konzert von Klassik-Jazzer Keith Jarrett an. Wenn danach die engelsgleiche Selena Gomez *Same Old Love* singt, schmelzen halbherzige Einwände dahin. Wie oft hat er mit Esther, mehr oder weniger high, zu diesem Song die sternengespickte dunkelblaue Stratosphäre durchquert. Dabei konnte er sogar atemlos den Saturn umrunden und in seinen Ring aus Eis und Gestein eintauchen, ohne sich weh zu tun.

Same old Love? Schluss mit halbgarem Gezweifel. Ein echter Mann rätselt nicht. Er ist sich sicher. Die Impotenz der Gefühle, das Rütteln an den Käfigstäben im Verlies der Unsicheren, bringt nichts.

Gern würde er wissen: Gibt es diese unsere Liebe vielleicht noch, die sie aus vielen Gründen, zum Beispiel aus Kleinlichkeit oder Überdruss, aber auch aus übertriebener Großzügigkeit, zugrunde gerichtet hatten?

Er *muss* Esther wiedersehen. Muss herausfinden, ob andere Männer Veränderungen an ihr bewirken konnten. Zum Beispiel Holm Bothflicka, der Mann, der zuletzt als ihr allmächtiger Verlagschef einen Teil ihres stets risikoreichen Lebens dominiert hat.

*

»Also, bis übermorgen. Ich hole dich ab.« Ungerührt sagt er das und hört seine eigene Stimme als Echo süßtrauriger Erinnerung.

»Ich warte vorm Büro, gegenüber vom Lampenladen …« Esther sagt es mit gepresster Stimme, was ihm verrät, dass sie emotional darum kämpft, cool und überlegen zu wirken.

»Aber wirklich pünktlich!« Sie sagt es und versucht zu verstehen, was genau ihm so kritikwürdig erscheint.

»Ganz bestimmt! – Freust du dich eigentlich auf mich?« Sie flattert mit angespannter Kopfstimme über seine anzügliche Bemerkung hinweg.

»Ich glaube … ja …«. Klingt gnädig-huldvoll.

»Was soll ich anziehen?« Ein in Satz, der nur eine Füllsel-Frage ist.

»Tailliertes Kostüm, weiße Bluse.«

»Wie gehabt. Habe ich mir schon gedacht.« Sie wird lockerer, fühlt sich auf festerem Terrain.

»Und was … trage ich – drunter?« Hingehaucht, atemlos.

»Wie gehabt.« Frank könnte jetzt auch mit einer Spitze reagieren, bleibt aber gelassen.

»Also nichts? Auch nicht mal das winzige Ding von *Allmonde,* das du mir mal in der Louis-XV-Silberdose mitgebracht hast?«

»Kein Parfüm! Und – es war keine Louis-XV-Dose sondern eine Schatulle von Tünkel aus Nürnberg, von 1670, um genau zu sein … Ich brauche jetzt Ruhe, um dich einzuloggen in mein altes System.«

»Kein Parfüm – das sagst ausgerechnet *du,* der damals beim Duft von *Gin Fizz* an meinen Brüsten fast den Verstand verloren hat …«, hält Esther dagegen als sei sie die deutsche Synchronstimme der betrunkenen Marilyn Monroe.

»Ich dachte, es war *Chypre Palatin* mit der Herznote Pflaume und der Basisnote Leder – eigentlich ein Männerduft, der an Dir immer schnelle Hingabe bewirkt hat …

»Egal. Jedenfalls kein synthetischer Geruch!« Die Belehrung zur Auffrischung ihres Erinnerungsvermögens schien ihm nötig.

»Verstanden. Ich gehorche.« Esther behält doch die Oberhand, auch wenn sie sich nachgiebig zeigt. Das war immer so und – Frank mochte es. Es war von Anfang an das Elixier ihrer Beziehungen.

*

Sein Fahrer Favero, den Frank bei schwierigen Missionen gern in seiner Nähe weiß, hat ihn an diesem Freitagabend mit seinem Mercedes in Sichtweite des einfallslosen Bürogebäudes aus den

70er Jahren abgesetzt. Er geht, um ihn beim Warten auf Esther nicht zu stören, ein paar Auslagen anschauen. Dabei freut er sich selbst aufgeregt auf das Wiedersehen. »Gut, dass die Frau wiederkommt!« Er mochte Esther sehr, war ihr manches Mal ein väterlicher Ratgeber – auch gegen Franks manipulative Interessen, wie er weiß. Ein Spiegel- und Lampengeschäft und ein feiner Laden, in dem ausgerechnet *Prelüd* seine kostbaren Dessous anbietet, despektierlich dekoriert an Miss-World-Kleiderpuppen, erregen sein Interesse. Dabei hat er die Lage genau im Blick: Favero schaut, Präsenz und Diskretion simulierend, durch einen der im Schaufenster dekorierten Spiegel auf die Straßenfront. Ein Privatdetektiv in einem Krimi fände für diesen Auftritt lobende Erwähnung in den Kritiken.

*

Esther kommt zu spät, wie immer. Sie tritt beschwingt, mit federnden Mannequin-Schritten, erhobenen Hauptes aus dem durch zu groben Putz und zu kleine Fenster verunstalteten Gebäude. Ihr anthrazitfarbener Kreidestreifen-Männeranzug ist tailliert, hat hochpolierte große weiße Knöpfe. Das hellgraue Seiden-Einstecktuch weht sanft wie ein verwelkendes Rosenblütenblatt. Ein angestrengtes Lächeln schmückt ihr Gesicht. Ihre Assistentin Vanessa hatte vor zwei Stunden schon mitgeteilt, dass Esther es »mal wieder nicht« pünktlich schaffen wird: »Sie ist etwas später … – der Chef hat … – er hat Esther in sein Büro bestellt, seitdem ist sie hier nicht wieder aufgetaucht …, weiß der Himmel, was da so Wichtiges anliegt. Aber: was soll man machen. Bei uns ist einfach immer *alles* wichtig. Von unserem Privatleben mal abgesehen!«

Der Chef, das ist Holm Bothflicka, ein stattlicher Manager ohne nennenswerte Eigenschaften (was, wie wir wissen, Karrieren in großen Unternehmen entscheidend fördern kann). Er hat über Röntgen promoviert, den ersten Physik-Nobelpreisträger. Was seinen Zwang zur analytischen Durchleuchtung auch der unwichtigsten Themen erklären könnte. Ein Mann mit dem penetranten Willen zu einer psychischen Verrenkung, die ihn stigmatisiert. Die beweist, dass er aus der ausdrucksstarken Verweigerung einer großen, schönen Frau wie Esther Kapital schlagen kann für seine, genau betrachtet, fast nutzlose Form des Daseins: Erfolge, abgebildet in unzähligen Dateien, schrägen Excel-Tabellen, unnützen oder zu aufwändigen Power-Point-Shows: Der geborene Verlierer-Star, hamburgisch-schicker Allrounder mit Winner-Attitüde in hellbraunen, genagelten Maßschuhen mit zu vielen Riemchen und Schnallen. Und dem Monogramm *HB* auf Manschetten, Socken und Unterhosen. Ein Meister der gezierten Camouflage. (Wie ein teurer Wein mit guter Farbe, aber ohne erinnerungswürdigen Nachklang.)

Holm lebt mit einer aus verderblichen Hoffnungen gemachten Projektion von einer »irgendwie« (sein Lieblings-Adverb) schönen Zukunft. Genau betrachtet ist er ein Einfaltspinsel, den seine Zähigkeit und seine instinktiv arbeitende Vernunft zuverlässig vor Gefahren, sogar vor Katastrophen, warnen. Frauen sind für ihn kleine Orden an seinem hansestädtischen Flanell-Revers. Sie zeugen von den verlorenen Schlachten eines längst verbrauchten, müden Helden, der vieles will, nur nicht aufgeben. Frauen haben für Holm Eventcharakter. Sie sind für ihn tätig als untertänige Berichterstatterinnen, zuständig für jede Art von Weltuntergang. Wenn sie vom bleigrauen Tod in den verminten Schützengräben des Berufsalltags berichten, von den verirrten Truppen krisengeschüttelter, geldgieriger Wirtschaftskrieger, von menschlichem Treibgut – dann ist das für den blasierten Manager Nachrichtenmaterial. Es erregt ihn.

Andererseits ist dieser Holm ein guter Typ, äußerlich. Auftreten okay, dazu ein gewisser Weitblick. Der eigentlich monogame Oberchef ist ein Mann, der den Frauen gern und ohne Zeitlimit zeigt, wie es sich an seiner Seite leben ließe. Wenn man nur verwirklichen könnte, wovon ein Mann wie er jeden Tag von neuem träumt. Das aber weiß er nicht zu erklären. Er kriegt es einfach nicht hin.

Seit langem schon will er sich Esther auf seiner dunkelbraunen Chefbüro-Ledercouch gefügig machen. Über dem Sitzmöbel hängt das riesige Schwarzweißfoto eines weiblichen Torsos in einem Männertrenchcoat mit knallrot koloriertem Gürtel und grasgrünen Knöpfen. Fotokunst als gigantischer Spickzettel seiner klar umrissenen Sehnsüchte. Wenn nicht: dann seiner Bedürfnisse.

Manchmal wäre er gern tot; jedenfalls vorübergehend.

Holms Versuch, Esther auf dem mit grauen Schildkrötenpanzern gezierten roten Teppich unter seinem Schreibtisch zu verführen, blieb bisher erfolglos. »Lass' das«, zischt Esther, wenn er wieder einmal beginnt, über sie herzufallen (so lautete ihr ganz sicher manipulierter Bericht an Frank, vorgetragen mit sanft-verlöschender Stimme). Ein Verbot, ein striktes Nein – genau das braucht einer wie Holm. Erniedrigende Zurückweisung ist sein Ersatz für pointierten Sex, vor dem er in Wahrheit eine Höllenangst hat – wegen all der Schwächen in seiner maskulinen Leistungsbilanz. Selbst die blauen Potenzspender können bei ihm nicht mehr bewirken als eine Kreislaufkrise.

Eigentlich hat Bothflicka manches mit Frank gemeinsam. Der aber *kann* lieben. *Exorbitant, lässig und mit einer tiefschwarzen Note.* Das hat Esther, dankenswerter Weise, über ihn gesagt. Frank hat es nicht vergessen. Er hat es *ihr* nicht vergessen.

Verlassen wir Holm und Esther, die Frau aus seiner alten Welt, fürs Erste jedenfalls. Die Verbindung wird wohl nicht wieder abreißen. Auch wenn sein Interesse schon fast erloschen ist. Fast.

Da bin ich aber gespannt, mailt der Verleger anderntags an den Autor. Die Mutter erinnert mich ein wenig an meine, sogar in Duft-Fragen! Ich gebe Grünes Licht, soweit Sie mich involviert haben. Dass ich eine dunkelbraune Ledercouch in meinem Büro stehen habe, ist ja wohl kein Indiz für eine Ähnlichkeit mit Ihrem mediokren Verlagschef Bothflicka!? Ich kann feinstens damit leben. Entspannte Grüße! Ihr M.

II.

Mutter, Vater, Schlangenkopf

Und nun ein Sprung in Franks neue Welt. Er würde sie gern auf Umwegen darstellen und tendiert zum Konditional, wenn er erzählt, was sich alles so ergeben hat. Fast von selbst, jedoch nicht ganz ungewollt. Real, aber mit jener bewusstseinsverengenden Note von Rosenwasser, das zunächst mit einem Potpourri der Wahrnehmungen seine Sinneswelt bis an die Grenzen belastet und fast zur Ohnmacht führt. Frank kann bestimmte Gerüche kaum ertragen. Weshalb er alles, was mit ihnen zusammenhängt, in den Orkus verbannt und sie fortan meidet wie der Teufel das *Laudate dominum*, Mozarts Seelenglückspender von 1780.

Rosenwasser war der Tag-und-Nacht-Geruch seiner Mutter Heli, eigentlich Heliane, die aus dem Haus Droste von Wittenhain stammt und mit einer unumstößlichen Lehre aufwuchs: Rosenwasser bewahrt vor unbotmäßiger, voreiliger Entjungferung und anderen Misslichkeiten, zu denen auch der Umgang mit Dummschwätzern zählt. Obendrein sagte sie dem penetranten Destillat nach, dass es geeignet sei, Deutsche Wespen und andere unliebsame Insekten zu vertreiben und ebenso, aber nicht ganz so zuverlässig, unerwünschte männliche

Aggressoren in die Flucht zu schlagen. Mit 16 wurde Heli in ein von *4711* durchwehtes Internat in Oblanden bei Pfäffikon in der Schweiz verbannt, einen Viertelliter Rosenwasser im Gepäck. Geholfen hat es nicht. Schon nach zwei Monaten wurde die ebenso ahnungslose wie anbahnungswillige Heli von dem gleichaltrigen banalen Schweizer Rotschopf Örli halbherzig entjungfert. Der neigte in ihrer Gegenwart zu übermäßiger Schweißabsonderung, deflorierte sie fast schmerzfrei und – folgenlos.

Erinnerungen an seine Mutter, die eine seltsame Mischung war aus Kokotte und Künstlerin, aus Kindfrau und wissender Matrone, ängstlicher Glucke und mutiger Suffragette, geben Frank immer und immer wieder Stoff zum Nachsinnen über das in ihm abgespeicherte Potential: Er liebt es, ganz besonders in Situationen voller Peinlichkeit und Schwäche, sich Schuldbekenntnisse abzuringen. Er wäre, so viel steht fest, nicht der, der er ist – hätte er nicht so intensiv Grundlagenforschung betrieben zu Helianes Duftwasserwelten: Seine machtvolle Mutterliebe und seine kaum zu sättigende Lust an Selbstbestrafung waren die billigen, leicht verfügbaren Auslöser für seine Erlebnissuche in der Welt der schwierigen, dafür aber wohlfeilen Frauen. Jedenfalls hat er das so rekonstruiert.

Franks Vater, ein autoritärer, sich stets sehr gerade haltender Polizeibeamter mit je einem goldenen Stern auf den Schulterklappen, bewegte sich generös abstandswahrend um die Kunstblume Heli herum. Er trug nicht viel bei zu seinen Entwicklungsjahren, war oft für längere Zeit nicht in der Stadt. Er sei »wieder mal läufig«, sagte die Mutter abfällig. Sie bekam erstaunlich zeitgleich Besuch von einem ortsfremden Mann.

Der interessierte sich nur mäßig für sie. Frank ließ er links liegen, weshalb der ihn *Schlangenkopf* nannte. Schlangenköpfe sind aus China stammende Wasserwesen, die ganze Teiche leerfressen, aber auch an Land gut überleben können. Fest steht: es sind Tiere der gefährlichsten invasiven Ari. Nicht zu vergleichen mit seinem Lieblingsinsekt, der Essigrosendickfühlerweichwanze, die in der nicht gerade anmutigen Wanzenfamilie wegen ihres plumpen schwarzen Körpers optisch besonders benachteiligt ist. Frank konnte das hässliche Wesen auch beim lateinischen Namen *excentricus planicornis*) rufen, was aber im Wittenhainschen Haushalt auf wenig Interesse stieß.

Der Vater kam immer seltener nach Hause. Sein betretenes Schweigen irritierte Frank noch mehr als sein einfältiges Fragen nach seinem ihm rudimentär bekannten Leben. Meist wollte er nur wissen, welchen Mädchen er in letzter Zeit begegnet war. Ob er schon mal was mit einer Jungfrau hatte. Er wartete nie auf Franks Antwort. Der sah ihn dann mit seiner Mutter vor die Tür treten, auf den Streifenwagen zugehen, in dem ein Polizist am Steuer saß. Der Vater machte eine hochaufgeschwungene Man-wird-sehen-Geste (es konnte auch ein Mir-doch-egal-Zeichen sein) und verschwand im Fond des Autos. Wenig später wurde der Pappa-Bulle nach Braunschweig versetzt. Frank und die Mutter blieben erleichtert, ohne Bedauern, zurück. Der ortsfremde Schlangenkopf tauchte jetzt regelmäßig auf, bald auch mit ausdruckslosem Gesicht und leeren Händen. Er brachte keine Geschenke mehr mit. »Es gibt«, sagte Heli zu Yvonne, einer ihrer wenigen Freundinnen, »ein Sterben ohne Tod, ein fades Erlöschen. Wie beim Untergang einer Supernova am Sternenhimmel. Jedenfalls stelle ich es mir so vor …«

Der Schlangenkopf-Fisch hatte den Teich seiner Dreipersonenfamilie leergefressen. Frank blieb vollkommen unbeeindruckt. In seiner Mutter sah er bis auf weiteres das bestimmende Element seines Lebens. Ab und zu träumte der Zögling von einem übergroßen, elegant uniformierten Mann. Einmal hatte er das Aussehen eines von George Grosz gezeichneten Haifischs in Kampfmontur. Auf seinen Schulterklappen begannen Goldwanzen irritierend zu rotieren. Befremdlich atonale Marschmusik übertönte seine Stimme. Er lachte extrem laut und griff zu seiner Waffe.

Eine Woche später war der Vater tot. Wieder war Frank überhaupt nicht beeindruckt. Im Gegenteil, es ließ ihn kalt.

Heliane, Franks Mutter, erwähnte Bullen-Papas Ende mit keinem Wort, als habe er nie gelebt. Den Beileidsbrief des Braunschweiger Polizeipräsidenten warf sie verächtlich in den Papierkorb. Das Bundesverdienstkreuz des Vaters, das in einer Dannemann-Zigarrenkiste im Bücherschrank aufgebahrt lag, schickte Heliane kommentarlos mit einer der billigen Polizei-Visitenkarten aus dem Nachlass des Verblichenen an den Behördenchef zurück. Die Kiste nahm Frank an sich. Sie wurde zum Lebensraum seiner Dickfühlerwanze. Lange hielt sie es darin aber nicht aus.

Im Jahr darauf starb auch die Mutter, nachts, lautlos. Sie hinterließ Frank zwei teure, renovierungsbedürftige Hamburger Innenstadt-Altbauten, beide schuldenfrei. Die einzige Hypothek bestand seither in ihrer testamentarischen Weisung an den Sohn, »eigennützige, begehrliche Frauen zu meiden«, die nur das eine wollen: ihr Erbe, das nun sein Erbe war. Eine nach Kölnisch Wasser riechende Hypothek. *Nie werde ich sie tilgen können. Ich will mit ihr leben*, sagte er.

Einmal im Jahr besucht Frank an Helianes Todestag das Grab auf dem Ohlsdorfer Friedhof. Fast immer regnet es. Es ist ihm nicht ein einziges Mal gelungen, mit seiner Mutter ins Gespräch zu kommen. Sie schweigt, und er ist verstummt. Das Grab seines Vaters kennt er nicht.

Ach ja, lieber Autor, schrieb der Verleger in Eile, weil unterwegs zu einer Böll-Feierstunde, jetzt geht's ans Eingemachte! Ich folge gespannt der Entwicklung und rauche dabei eine Dannemann-Sangapilla. Dass ich mit dem Bundesverdienstkreuz nicht mehr rechnen darf, haben Sie wohl antizipiert ... Alles Realsatire, oder? Ihr M.

III.

Ein wunderbares Wesen aus der neuen Welt

Ein Wesen aus der neuen Welt trat in sein Leben, weil Frank es so wollte. Es wies ihm den Weg zurück zu ihm selbst ... Das Bild des schmalen Mädchens Maya war ihm in einem Internetforum aufgefallen und er war sich sicher, dass das Bild nicht mit *photoshop* geschönt war, dass es also nicht betrügen wollte: Eine junge Frau auf einem Balkon über einer kunstsinnigen norddeutschen Stadt vor weltbekannten architektonischen Sehenswürdigkeiten. Blauweiß gemusterte Bluse, enge Jeans. Und ein Strahlen, wie man es nicht improvisieren kann. Maya war mit den Lockstoffen üppiger Lippen und irisierender blauer Augen das Dokument einer mutigen Bereitschaft, mit Frank auf eine explosive Entdeckungsreise zu gehen. *Start: Wann du willst ...*

In diesem heiklen Moment, konfrontiert mit einer vermeintlichen Wahrheit, fernab jeden Selbstzweifels, von Esthers Anziehungskraft noch immer nicht ganz befreit, erwachte Frank aus einer depressiven Starre. Er begann sich neu zu erfinden, war endlich wieder unterwegs in einem lichterhellen, bunten Welt-der-Wunder-Wanderzirkus. Aber Maya, die Dompteurin mit der anfangs noch sorgsam verborgenen

Weissagungskraft und einer biegsamen Geduld, sie ließ ihn regelrecht auferstehen. Er wurde wiedergeboren. Frank wollte, dass auch sie seine neue Welt als bereichernd und sinnenfroh erkennen sollte.

Gemeinsam mit ihm. Und, versteht sich, möglichst für immer.

*

Man kann es glauben oder nicht: den zeitweiligen Verlust seiner Fähigkeit, unbeschwert zu lieben, hat er sich nie als Versagen angelastet. Er hat auch nicht darunter gelitten, konnte sogar ohne Ego-Mitleid in seinem ganz normalen Alltag bestehen. Deshalb fand sich zu dieser Zeit noch kein Zeichen einer Selbstwertminderung. In seinem Beruf als ein international gefragter Vortragsredner und als halbherzig engagierter Hochschullehrer für Kunstgeschichte, Spezialgebiet Kunst-Kommunikation, hatte er selten ein Problem mit forsch praktizierter Außendarstellung. Er gehörte immer schon zu den eitlen Männern (puddeliges Einstecktuch, kontrastierende Seidenkrawatte, Flanellanzug, rahmengenähte amerikanische Pferdeleder-Schuhe, Geranienblatt-Kosmetik von Aesop, einmal die Woche Frisör, Messerschnitt, Maniküre sowieso).

Ansehnliche Probandinnen, die dem junggebliebenen Frank aus unterschiedlichen Gründen schmeichelten, gab es genug. Sie streichelten unkritisch sein Ego, erkämpften sich mit Ellbogen-Einsatz Plätze in der vorderen Reihe des Hörsaals bei den jüngsten Vorlesungen über *Ovid und die integrale Liebesdichtung des frühen 20. Jahrhunderts* (aber auch über *Die Digi-*

talisierung der Gemäldesammlungen des Vatikans). Viele wollten partout Hauptdarstellerin in seinem analytischen *Romeo und Julia*-Auftritt werden; andere trachteten ganz altmodisch danach, sich gute Noten zu erarbeiten, egal in welchem Bereich. Wieder andere verharrten stumm im Magnetfeld der von Frank Berenberg kenntnisreich analysierten Lippenbekenntnisse großer Autoren im Nebenfach *Kunst & Philosophie.*

Nach einer kurzen Ehe aus eitler Berechnung (Erbin einer Baustofffabrikation mit Niederlassungen in Bottrop und dem Rest der Welt), die aber im Fazit ein Nullsummenspiel war, und elf unterschiedlich kurzen Beziehungen, eine davon für ein ganzes Jahr, konnte er zu dieser Zeit fast keine Paarungsinitiative mobilisieren. Er wollte auch nicht wirklich in Erfahrung bringen, was aus seinen nur durch Frauen zu mobilisierenden Antriebskräften und aus seiner zeitweise übermächtigen, ihn niederringenden Libido geworden und was von ihr noch übrig war. Nach einem Auslandsjahr in San Vito al Tagliamento, in dem er ein Buch vollenden konnte, an dem er lange Zeit lustlos herumlaboriert hatte, nahm Frank einen neuen Anlauf. Er war ein paar Mal mit der schnippisch-eleganten Kollegin Ella ausgegangen. Deren etwas zu ausladendes Kinn, das ihn an das der schwedischen Kronprinzessin erinnerte, wirkte bei enthemmtem Lachen noch ausladender. Er hatte entdeckt, dass es nicht mehr viel für ihn zu entdecken gab: Entleert und wund bis in die Mitte seiner Seele gab er sich wieder einmal geschlagen. Dabei hatte Kunst-Dozentin Ella zuletzt versucht, ihn mit einer intuitiv veranstalteten Aktion in den Hinterhalt zu locken. Sie verlangte unmissverständlich nach einem *a-tergo*-Erlebnis. Quasi als Lehrveranstaltung. Diese Art der Begattung sei bekanntlich »keine Erfindung der Moderne, ist übrigens auch schon im Mittelalter nicht unüblich gewesen«, erklärte sie mit maliziösem Lächeln und dem leicht behindert wirkenden Silberblick der Maddalena Doni, die von Raffael 1505 in Öl auf Holz gemalt worden ist, und von der man glauben darf, dass ihr solche Praktiken gefallen haben. Maddalenas unschuldige Anmutung ist ein Indiz für die Wirkung versauter Phantasien. Den Beweis für diese kühne Behauptung bleibt er schuldig. Das würde einen zu tiefen Einblick in seine eigenen psychoneurotischen Verschränkungen und Verstrickungen geben. Und auch, weil die Ex-Souffleuse Eva Rössel seine Abenteuerwelten zu durchleuchten imstande ist – wie sonst nur gewiefte Ehefrauen.« Es wäre also eine Frage der Zeit gewesen, bis die Rössel in einem ihrer Selbstgespräche fabuliert hätte: *Klar ist, dass dieser Mann zwei Leben lebt. Zwischen Tragödie und Lustspiel. Er ist Autor und Hauptdarsteller zugleich. Nun ja … Wir werden es aufmerksam miterleben.*

sms vom Verleger: Sieh einer an, werter Autor, wer lebt nicht in zwei Welten …? Ihr Text gab mir heute morgen ganz schön zu denken! Auch über meine gewiefte Frau habe ich herumgegrübelt. Sie bewegen allerhand in meinem Kopf! Ihr Morgenschön

IV.

Maya, ein Glücksfall?

Maya brachte die wunderbare Wende. Sie ließ sich von Anfang an mit einer eindringlichen Vehemenz auf Frank ein, wie er sie lange nicht erlebt hatte. Sie begriff und akzeptierte ihn mit allen seinen männlichen Arabesken und tat so, als sei es eine leichte Übung, ihre deutlich unterschiedlichen Lebenswege und Auffassungen ohne massiven Aufwand im großen Y der Empfindungen zu vereinen. Und daraus eine Reise in eine neue Welt (gemeinsam mit ihr) zu machen.

Er nannte Maya gern M. Und er hielt sich ganz bewusst zurück, obwohl es ihm nach einer libidinösen Monsterrallye durch Mexikos Maya-Urwälder zumute war. Über die faszinierenden Steinreliefs von Chiapas plant er seit einer Studienreise vor Jahren ein Buch zu machen. Er kommt aber nicht über Seite 10 hinaus und versinkt dann untätig in Wehmut.

M. erkannte seine nun wieder aufgeblühten himmelstürmenden Träume mit klarer Leichtigkeit und ließ sie wahrwerden. Auf die selbstverständlichste Art – kunstvoll und vor allem durch den tabufreien Einsatz der glattrasierten glänzenden Frische ihres wohlproportionierten Geschlechts. Es bot sich an – ohne sich anzudienen. Es öffnete seine feinen Lippen ein wenig: *Komm, sagte sie. Nimm Dir, was Dich glücklich macht.*

Als M. begann, sich ihrerseits zu nehmen, wonach ihr der Sinn stand, wurde ihm schnell klar, dass er eine Frau an seiner Seite hatte, der Spiel und Ernsthaftigkeit, Sanftheit und auch Härte geläufig waren. Sie wurde im Umgang mit ihm zu einem auf Erlösung programmierten *Hardbody,* konnte dennoch so weich, sensibel und einfühlsam (aber auch unsentimental und manchmal kleinlich-unerbittlich, ja egoistisch) reagieren, wie man es selten bei einer jungen Geliebten findet. Was Frank immer wieder faszinierte, waren ihre fein definierten Bauchmuskeln. Sie traten beim Lachen plastisch hervor und bildeten immer neue Muster.

M. lachte oft. Sie entwickelte sich zu einem Glücksfall. Sogar Frau Rössel soufflierte indigniert ihre maßgebliche Meinung, nachdem sie erstmals das Bett der Liebenden frisch bezogen hatte: *Eine saubere Dame!, würde Wedekind im Prolog sagen: Kann sich sehen lassen. Schmutzt kein bisschen.*

Die erste Begegnung mit M. und einige kurz darauffolgende Rendezvous lagen nicht lange zurück. Frank fieberte vor Sehnsucht. Sie beschlossen, auf einem Kurztrip ihre Hamburgische gegen eine unbekannte Welt zu tauschen. Sie wollten sich erproben, ausforschen, sich zueinander bekennen.

Als Frank von diesem Abend und der Nacht mit M. erzählt, geschieht es unter dem Vorbehalt, dass auch trügerische Bilder Anwendung finden werden: »Ich bin mir nicht sicher, ob sie eine detaillierte Schilderung unserer Eskapaden gut fände. Dabei ist, trotz mancher liederlich zugemörtelter Erinnerungslücken, in gewisser Weise alles wahr. Ich tische hier keine Lügen auf, jedenfalls keine, die die Wahrheit diskriminieren würden. Keine, die durch eine Röntgenaufnahme vom Herz eines erotisch-fatalistischen Hochschullehrers nicht enttarnt werden könnten«, poetisierte er in sein Tagebuch.

Die Wahrheit hat in der Liebe bekanntlich immer schillernde Aspekte. Das Unwahre formt sich in der Hitze des Liebeslebens gern zu seltsam-schönen Erinnerungen. Sie leben davon, dass sie im Schmelztiegel der schwer nachzuvollziehenden Phantasien zu wundersamen Gebilden werden, zu einem schwärmerisch gebundenen Strauß aus Erwartung, Vollzug, Erfüllung.

Für einen Abend und eine Nacht mit M. hatte Frank Berenberg ein Hotelzimmer außerhalb der Stadt, hoch über der Elbe, gebucht. Unter ihrem enganliegenden Samtpullover bemühten ihre Brüste sich mustergültig um Plastizität. Das aufrichtige Teil aus elastischem Material ließ sich schnell von Mayas Körper trennen. Dann folgte ein grüner, mattschimmernder Hosenrock, der innerhalb einer Sekunde seinen angestammten Platz verlassen und sich am Boden wie ein luftleerer Rettungsring ausgebreitet hatte.

Sparsame Gesten wiesen den Liebenden den kurzen Weg ins Bett. Frank hatte den Eindruck, dass es M. darauf ankam, einem faszinierten Mann die gesamte Palette ihrer erotischen Fähigkeiten zu präsentieren: Ihr Timing brachte ihn auf Trab als hätte er seit Monaten trainiert. In dieser funkensprühend-hochaktiven Vielseitigkeitsprüfung gab es dennoch keinen Sieger. Die beiden kamen nach sehnsüchtig inhalierten Küssen zeitgleich ins Ziel. Aus der Kissenburg, die um sie herum entstanden war, sprach sie belohnende Worte. Frank atmete schnell vor Glück. In weiter Ferne sah er auf dem Boden den untauglichen luftleeren mattgrünen Rettungsring liegen. *Save our souls!*

In einem Schattenbild zog Esther eifersüchtig an ihm vorüber, entblößt und ernst. Sie sagte kein Wort, zeigte nur ihren Ring mit seinen Initialen, ballte weibisch die Faust und wandte sich brüsk ab.

An den nächsten Tagen sah er M. nur selten. Frank hatte Termine an der Universität, die er geistesabwesend absolvierte. »Geht es ihnen nicht gut?«, fragte ihn ein empathischer schwuler Student beim Verlassen des Hörsaals. Er erinnerte ihn an den skurril todessehnsüchtigen Helden aus »Harold und Maude«, als er ihn unbeteiligt wie ein Notfallsanitäter fixierte. Der Besserwisser trug eine Hornbrille, die wegen eines fehlenden Bügels schief in seinem Gesicht hing. »Alles gut«, beschied Frank ihn im Weggehen. »Sehr gut sogar«. Dann weiß er noch, dass er für M. eine zu schwere schwarze Hermès-Tasche kaufte, ein Tuch mit kokett arrangierten Reiterbildern und ein ihn an seine Mutter Heliane erinnerndes, zu stark duftendes Parfüm.

Frauen mit Hermès-Tüchern wirken auf ihn unerotisch und steril.

Warum, und wie, kann man so schnell den Verstand verlieren?

Nach dem Einkaufscoup war Frank klar, dass sich in seinem Männerhirn wieder einmal ein ernstzunehmender Defekt breitzumachen begann. Er besann sich auf den Rat, den Don Camillo seinem unheiligen Freundfeind Peppone gegeben hat: *Wehre den Anfängen, denn Gott sieht alles. Sofern er es sehen will!*

Mit dem monströsen Gefühl eines kurz vor der Enttarnung stehenden Pleitiers ging Frank zu Fuß zurück zu M. *Sie hatte sanft und schmerzfrei sein Hirn entnommen und es, übermäßig angereichert mit Glückshormonen, wieder eingepflanzt.*

Maya wartete sehr still auf ihn. Schlechtes Gewissen verdrängte die Vorahnung einer Fortsetzung ihrer Liebesnacht mit einem eventuell noch pompöseren Akt. Sie küsste ihn mit einer Verzögerung, die ahnen ließ, zu welch dramaturgischen Finessen sie fähig wahr. Dann fiel ihr Blick auf die Hermès-Tüten. Die Küsse nahmen an Intensität zu. Sie stellte sich auf die Zehenspitzen, rieb ihren flachen Bauch an seinem, tastete seine fordernde Daseinsfreude mit ihren sensiblen Händen ab: »Du bist ein toller Mann! Wirklich! Du weißt: Teure Geschenke sind eine ultimative Form der Nötigung.«

An diesem Abend, nach einem fetten Menü mit Ennepetaler Klosterbier, vereinigten sie sich voller Genuss, vorsichtig wie zwei skeptische Geologen auf abschüssigem Terrain aus brüchigem Nagelfluh-Konglomerat. Die Hermès-Beute, eine Birkin-Bag, hatte Maya neben dem Bett abgestellt. Das Mitbringsel duftete intensiv und stimulierend nach Leder und belobigte ihr Tun durch seine ansehnliche Gegenwart. Von einer 10.000-Euro-Tasche ist das ja nicht zu viel verlangt. Vor allem, wenn man bedenkt, dass es sie – in Rosa und aus Neopren – beinahe baugleich bei Breuninger für 29 Euro zu kaufen gab. Andererseits: Nachdem man bei der ruchlosen Gattin des ruchlosen malaysischen Ex-Premiers Razak 272 echte Edelhandtaschen und 12.000 Schmuckstücke im Wert von einer Viertelmilliarde Dollar gefunden hat, war Eriks kapitalzehrende Kaufentgleisung nicht der Rede wert. Einfach nur *peanuts*.

Dass seine Liebste ihm anderntags das Seidentuch in die Uni mitgeben wollte, um es (typisch M.) »an eine Frau« zu verschenken, »die dir viel verdankt, dich aber bisher nicht rangelassen hat«, – das erschien Frank als markantes Rätsel. »Falls du eine findest, der es gelungen ist, sich von dir nicht ...«, legte sie mit einer Mittelfinger-Geste lachend nach.

*

Sein zeitweise mit seiner Moralität tief gesunkenes Bankkonto veranlasste die für ihn zuständige Angestellte, Frau Pazcewski, eine fragende Mahnung auszusprechen. Er sei sich doch wohl klar darüber, dass die hohen Überziehungszinsen den ihr persönlich bekannten Igel in seiner Tasche sehr erschrecken würden. (Frank fällt, wenn er an die herbe Pazcewski denkt, jetzt doch eine Frau ein, die sich ihm strikt verweigert hat; allerdings wohl nur, weil sie mit dem Filialleiter ein fatales *Hanky-panky* spielte. Und weil sie über Franks demotivierendes Mittelklasse-Portfolio Bescheid weiß. Und weil sie fernab seines Beuteschemas agiert. Und weil sie denkt, dass einer, der zeitweise wenig Kohle in der Kasse hat, kein Supermann sein kann.

*

Die folgenden Tage in Hamburg waren erfüllt mit dem Besuch von Kollegen aus München, die sich schon im Vorfeld nach den bekannten Touristenfallen und »aufregenden Optionen« erkundigt hatten. Kaum in Fuhlsbüttel aus dem Taxi gestiegen, ließen sich die frauenbefreiten Zweireiher ins Rotlichtviertel fahren und riefen Frank an: Sie wollten an Ort und Stelle auf ihn warten. Und zwar jetzt.

Er nahm die Einladung der Kumpane an, weil Frau Rössel seine Wohnung übergriffig auf den Kopf zu stellten begann.

Um es kurz zu machen: Melanie Whiper, die als Animierdame mit Leidenschaft ihren Nachtdienst in einem extrem bunten Etablissement versah, stand vor ihrem »Laden«, rauchte ein Zigarillo und zeigte sich entzückt: »Wen bringst du mir denn da?«, rief sie mit ihrer knalligen Stimme. »Deinen feinen Herren werde ich's zeigen! Bittesehr, treten sie sorglos näher.« (Gut, dass Frank ihr vor Jahren, als sie noch in ihren hellblonden Zwanzigern war, beigebracht hatte, nicht alle Männer gleich zu duzen und zu fragen: Wie hätten Sie's denn gern? So konnte das Münchner Trio diese Szene gesichtswahrend absolvieren. Melanie verteilte die drei Kollegen auf drei ihrer Meinung nach passende Damen, hielt sich mit wertenden Kommentaren zurück und machte sich erbötig, mit Frank die Abteilung »Landliebe« aufzusuchen. Da der dort herrschende Geruch seine stabilen Lungen hätte verätzen können und aus den Lautsprechern Heintje sein »Mama« tirilierte, die weinroten Teppiche sich vor Peinlichkeit bereits in Wellen gelegt hatten und Melanie ihre glühenden, aufgespritzten Lippen auf ihn zubewegte, – da dieses St.-Pauli-Höllenszenario sich also unabwendbar gegen ihn organisierte, machte Frank sich aus dem Staub.

Die Münchener Kollegen, ein lispelnder Assyriologe, ein Altsprachendidaktiker und ein mehrfach promovierter Astronom, meldeten sich anderntags: Ausgeweidet (auch was die Barschaft anging), weinerlich und von bockhaftem Selbstlob-Glück in die Phase des Bereuens mit schrecklich schlechtem Gewissen zurückgefallen, waren die Drei wieder am Flughafen angekommen. Sie baten Frank dringlich um ein Schreiben seines Lehrstuhls. Es sollte einen hochaktiven Wertekanon an der Uni attestieren und damit ihre Reisespesen erstattungsfähig machen. Nur der von Ernüchterung noch weit entfernte Weltall-Fachmann hielt sich bedeckt, sprach beglückt von einer Frau mit einem Himmelskörper aus einer weit entfernten Galaxie – wie eine Sssupernova, Leute!

Anrufbeantworter-Nachricht: Sie nehmen Fahrt auf, Maestro! Meine Mitarbeiterin Frau Fröhlich, die Sie ja kennen, wird sich mit Stolz wiedererkennen. Ich selbst bin jetzt richtig heiß – so sagt man doch in Ihren Kreisen? – auf den weiteren Verlauf der Handlung, die sich von der Erstfassung nun doch signifikant entfernt. Danke dafür, besonders von meiner Frau! Ihr Morgenschön, der mal wieder mit ihnen essen gehen möchte! Muscheln!

V.

Achtung: Freiheitsberaubung!

Ich komme mit, hatte M. gesagt, als Frank eine kurze Dienstreise nach Belgien aufrief. Kein Wenn, kein Aber. Andante *con moto.* Einmischung und Besitzergreifung. So wird Begehren zielführend programmiert.

In sperriger Vertrautheit flogen sie nach Brüssel. Maya glühte vor Verlangen. Sie duftete nach *Calèche* und benebelte wieder einmal seinen Verstand. Das Wartenmüssen war schön. Manches Mal war es ja schöner als die Erfüllung. Eine Art Glücksfolter.

Sie betraten ein plüschiges Zimmer im Hotel *Grand Elysee.* An den Wänden auf Plastikfolien gedruckte Warhols. Semi-Kunst macht ihm schlechte Laune, normalerweise. Mit M. aber wirkten die Bilder unerheblich, ja sogar akzeptabel. Sie gab sich rotzfrech-routiniert, als käme sie jeden Tag hierher, warf ihre schwere schwarze Tasche auf den Boden. Ein schlanker Köcher fiel heraus, in dem sie die unverzichtbare Reitgerte transportierte. Dann verriegelte sie die schallschluckende Tür.

Die alte Welt war ausgesperrt.

Ihre Küsse, von denen sie unzählige im immer gleichen Takt tauschten, mit und ohne Gegenwehr, machten sie staunen. M. setzte vom ersten Augenblick an mit begnadeten Händen alle ihre Instrumente ein. »Ich bin Dein Freudenmädchen«, flüsterte sie und legte die Finger ihrer rechten Hand auf seinen Mund, damit Frank gar nicht erst versuchen konnte, diesen hochpotenten Moment zu zerreden. Er war weit weg und ihr doch sehr nah.

Dann nahm ihm ein Schlag mit ihrer biegsamen Gerte den Atem. Als M. ihn nach dem rigorosen Überfall demutsbereit umarmte, wollte sie Verzeihung erlangen für intuitiv praktizierte Härte. Danach machte sie ihn verspielt vertraut mit ihrer raffinierten Technik der Umwandlung subtiler Küsse in wesensnahe Übergriffigkeit. Sie liebkoste ihn bis ans Ende der Welt (seine Wahrnehmung). Keine, auch die verborgenste erogene Zone konnte einen Mangel an Zuwendung beklagen.

Später werden beide von diesem Akt reden wie zwei versierte Theaterkritiker von einer attraktiven Bühnenpremiere. *Viele verdiente Vorhänge ... Komödnis und Heiliger Ernst ... Höhepunkt der Saison, wenn man so will ... Interessant vor allem: die Szene mit der hinterrücks realisierten Isolations-Idee ...*

Ex-Souffleuse Rössel fragte entgeistert aus dem Off: *Wo ist denn da der Text? Mit Stöhnen allein wird es ja wohl nicht getan sein?!*

Auch das kann M. besser als andere: Mit Frank die Schönheit und die Wahrheit und den Schmerz ganz sachlich Revue passieren lassen. Als wären sie Sexualwissenschaftler, die eine Versuchsreihe kommentieren und – jeder der bessere, dem anderen technisch ein wenig überlegen – die vielfältigen Resultaten aus dem Praxis-Labor bestaunen: Der hellrosa blasenbildende Hagolactus-Bazillenherd sieht aus wie die Rüschenröckchen emsig übender Ballerinen in ihren *Tutus*. Ich will noch einmal. Ich kann nicht mehr. Spielverderber! Sie haben gelacht und sich noch einmal umarmt. Die Flasche Weißwein leerten sie, ohne ein Glas zu benutzen. *Du siehst aus wie ein Bauarbeiter. Du wie eine Melkerin. Du wie ein affiger Dozent. Du wie seine versaute Studentin.*

Diese Nacht in Brüssel hat Frank einmal mehr die Sicherheit gegeben, dass sie einander gehören – zwei Wesen aus einem ganz neuen Universum, begierig nach Ausbrüchen aus dem eng getakteten Dahinleben in strangulierender Enge voller Hindernisse und Fallstricke. Hier war nur erlösender Genuss. Fühlen, Beben, Schreie. Stille. Schlaf.

Die Anarchistin Maya hat Frank seiner Freiheit beraubt. Sie hat sie ihm aber auch widerstandslos zurückgegeben. Sie ist ihm und sich treu geblieben. Seitdem kann er nicht mehr in den renovierten erotischen Räumen seines Selbst unterwegs sein ohne ihr Bild vor Augen zu haben.

Manchmal wird Frank von atonalen Zweifeln an Mayas schönen Versprechungen überfallen. Im Halbdunkel seiner mit Büchern vermüllten Autorenwerkstatt an der Uni treiben sie ihn ohne Vorwarnung in eine hoffnungslose Ahnung. Die Angst vor einer neuen depressiven Verstimmung steigt in ihm auf. Er ertränkt sie in Wodka Tonic. Vivaldi erweckt währenddessen seinen tiefsitzenden Frohsinn: Alles Lug und

Trug. Alkoholisierte Wollust. Er sieht, wie M. sich entfernt. Sie verlässt ihn, einfach so. Dabei ist er ihr ausgeliefert. Und sie ist ihm hörig.

Jedenfalls könnte es so sein.

Als wolle sie jeden Zweifel an der Wurzel tilgen, reitet sie ihn in der folgenden Nacht wie eine wilde, alleinlebende Tscherkessin, während ein einsames Feuerwerk überm Hamburger Hafen einen explosiven Striptease zeigt. M. wartet darauf, dass sie es sich danach gemeinsam selbst machen – damit es ein Ende hat mit der Liebe aus dem Koffer mit den Spielzeugen: Frivol-entartete Kunst zweier Menschen, die sich fortbewegen aus den Bezirken der banalen Beziehungen *ohne* Fesseln: *Wir legen sie einander nur an, um frei zu sein.*

*

Frank notiert in sein verschlossenes Tagebuch*: M. und ich, eine Liebe ohne Schutzengel? Erscheint mir wie eine Supernova, das kurze Aufleuchten eines Sterns, ehe er verlöscht.*

Keine Menschenseele darf die Notiz je zu sehen kriegen. Auch M. nicht. Sie erscheint darin wie eine Botin des gefährdeten universalen Eros, die den einen erwählten Menschen-Mann einer aussterbenden Rasse fürs ewige Liebesleben abrichtet. Sie züchtigt ihn. Sie wiegt ihn in den Schlaf. Sie dreht sich weg und geht ins Nichts.

Später fügt Frank einen Satz hinzu: *Der Stern schleudert im Verschwinden all seine Materie ins Weltall – und unzählige neue Himmelskörper entstehen.*

*

Später muss Frank den Faden wiederaufnehmen, der mit der neurotischen Esther begonnen hat und mit Holm Bothflicka, ihrem Chef aus der riesigen Retorte des Business. Er hat diese junge Frau nicht verdient, denn sie entblößt und erniedrigt ihn, schickt ihm mickrige Blümchen und eine Polaroidfoto-Anmache: Spiegelselfies im Fitnessstudio. Später, in der Zeit nach der Liebestöterin Esther, wird Bothflicka ein Schatten seiner selbst sein, einsam und auf schicksalhafte Weise untröstlich. Er wird nichts mehr verlangen vom verdorrenden Leben. Außer einer letzten Sekunde reinen Glücks. In Esthers Armen. Den Armen einer – ja, so könnte man es sagen: einer geübten Siegerin in der Haut eines falschen Reptils. Vielleicht sogar des räuberischen Schlangenkopffischs.

*

Ein Anruf seines Kreditkartenunternehmens scheucht Frank auf: »Kann es sein, Herr Professor – wir fragen nur sicherheitshalber, verstehen Sie uns bitte nicht falsch, dass sie bei einer Firma Hermès ...«

«Ja, es kann sein, nein: Es ist so. Kein Grund zur Panik, die Beschenkte ist es allemal wert«, sagt Frank. »Ich versichere Ihnen: Würden Sie je die Ehre haben, sie kennenzulernen, würden Sie sogar das Überziehungsplazet geben für den Kauf eines Striagoff-Wodkapokals aus dem Erbe der Zarenfamilie. Mindestens.«

»Dieser Erwerb wäre indes nicht gedeckt, wir sagen das nur informationshalber«, antichambriert die männliche Kundenkarte im *Pluralis Majestatis*.

Danach geht Frank auf seiner häuslichen Couch vor Anker, um Alan Bennetts Kunstbetrachtung »Die Welt ist nie so hübsch wie auf Fotos« zu Ende zu lesen. Wie gut, dass es solche Welterklärer gibt, Menschen mit irritierenden Ideen, die unseren eigenen lahmarschigen Alltag aufs Korn nehmen und unseren Kopf entleeren, um ihn danach sorgsam neu zu befüllen. Frank, der auch gern Welterklärer wäre, lässt das Buch sinken als sei es seine letzte Tat, schliesst die Augen und sieht Maya vor sich mit ihrem frühreifen Lächeln. Es erzeugt wohltätige Empfindungen, wie sie nur in Geschichten aus der alten Welt vorkommen. Sie wird bald wieder bei ihm sein. Im ihrem kunstvoll gearbeiteten *Ilyanow*-Korsett, das nach der Sattlerwerkstatt riecht und ihm ein berauschendes Gefühl vermittelt: als sei er orientierungslos unterwegs bei einem Ritt am kurzen Zügel ins heiter-glänzende Morgengrauen seiner beängstigend unzuverlässigen Welt.

VI.

Gefährliches Terrain oder Alles auf Anfang

Heute ist ein Tag mit viel Licht und schnell ziehenden Perlmutt-Wolken an einem vielversprechenden Himmel. Ein Tag, der dazu verführt, zu verführen. Er zeugt Ideen, nimmt die Angst vor dem Versagen. Alles ist möglich und alles wird gut. In geringer Höhe schleppt ein aus dem letzten Loch brummender Flieger ein kardinalrotes Spruchband: GOTT IST LIEBE!

Wer hätte das gedacht.

*

Nach zwei provokanten Erstsemester-Vorlesungen zum Thema *Fragwürdige ethische Normen im Europa des ausgehenden 20. Jahrhunderts* hat Frank Berenberg den Entschluss gefasst, die darin enthaltenen *Ideen für ambitionierte Glückssammler in Literatur und Wirklichkeit* selbst zu nutzen. Dabei denkt er an Maya, die heute mit ihrem Chef eine angeblich dienstliche Reise nach München und Salzburg antreten muss. Gestern Abend am Telefon hat sie Frank gesagt, wie sehr er ihr fehle. »Ich möchte dich jetzt lieben, in diesem Augenblick«. In seiner bedingungslosen Klarheit machte ihn das Angebot auf fast verzweifelte Weise müde. Sie sprach von ihren Gedanken im Umgang mit ihrem sich immer fordernder gebenden Chef, der dienstlich begründete Reisen mit ihr als Freikarten für eine Liebes-Session betrachtete. Er bedrängte, ja nötigte sie massiv. Nach einem frustrierenden Annäherungs-Misserfolg während der letzten gemeinsamen Dienstreise nahm er beleidigt, aber mit gutem Appetit, sein Abendessen alleine ein. Mehr über sein Verhalten gab Maya nicht preis. Manchmal ist sie taktisch maulfaul.

Es sei doch höchst verwunderlich, *dass die Menschen, bei all ihrer Schlechtigkeit au fond so schwerelos aneinander vorbeikommen*, hat sie von Botho Strauss gelernt. Frank ahnt, dass sie ihn nicht ganz richtig verstanden hat: Die Wahrheit ist, dass die Menschen sich aus dem Weg gehen und gar nicht erst versuchen, die anderen Bewohner ihres Planeten mit ihren eigenen Werten zu erfreuen und ihnen damit missionarisch näherzukommen. Auch egal, wie Franks Mutter zu sagen pflegte, wenn sie keine Lust auf leeres Argumentieren hatte. Botho Strauss wird zu einer Gastvorlesung einladen. *Dann werden wir ja sehen, wie es um die Schlechtigkeit bestellt ist.*

Lieber Herr Wolff, schrieb Verleger Morgenschön, wie meistens zu sehr später Stunde, ich nippe an einem Wodka und höre Vivaldi – genau wie Ihr (Weiber-)Held. Kann es also sein, dass wir, ehe die Ernüchterung das Gegenteil beweist, zu einer Person verschmelzen (so wie Ihre Rössel und meine Rössel?) Ich bin froh über den Verlauf ihres Reiseberichts durch das Universum der Liebe, denn darauf läuft die Erzählung wohl hinaus? Bleiben Sie vorsichtig unterwegs!

Gefährliches Terrain!

Ihr Verleger, der sich ernstlich fragt, wieso Botho Strauss unser beider Favorit ist. Das habe ich nie zu erkennen gegeben, oder doch?!

*

Eine Welle heiterer Gelassenheit und Vorfreude stieg in Frank auf, als er seine Reise-App nach einem Reiseziel durchsuchte. Reims, Lugano oder Konstanz (etwa das Étoile, das ihnen schon einmal seine prächtigen Betten für Sternstunden der Liebe vermietet hatte?) – die Navigation des Glücks der Ungebundenen bot viele Plätze zur Auswahl an. Frank fand ein »Häuser am Wasser«-Angebot, das ihn faszinierte: Eine altmodische Villa am Ufer eines grünen Sees im Salzburger Land. Frank rief sie an, bat sie, eine Besprechung mit Holms' Mandanten sofort zu verlassen, es sei sehr wichtig – und überraschte sie mit dem fertigen, höchst provozierenden Plan, nicht mit ihrem Chef zurück nach Hamburg zu fliegen, sondern am Flughafen Salzburg auf ihn zu warten, für ein langes Wochenende mit ihm.

»Du weißt, was das für mich bedeutet«, sagte sie in ihrer auf Gefahrenvermeidung programmierten, unprätentiösen Art. »Holm wird mich noch beleidigter mobben als er's jetzt schon tut«.

»Nimm es leicht«, empfahl Frank. »Wenn es zum Bruch kommt, besorge ich dir einen gut dotierten Job bei *Petersens Medienberatung*. Wird Zeit, dass du aus Holms Menagerie endlich ausbrichst …« »Du hast gut reden«, antwortete M. aufgeregt mit reduzierter Stimme. »Dass er dauerhaft nach mir verlangt, würde meine Karriere und damit mein Gehalt garantiert weiter auf Touren bringen. Ich kann fast immer mit ihm machen, was ich will.«

»Wie mit mir …«

»Unsinn! Du kommst mir vor wie ein ignoranter Schönheitschirurg, der sich nicht drum kümmert, dass die meisten Frauen nach seiner OP mit aufgeplusterten Gummiboot-Lippen durchs Leben gehen müssen. Du bist ein Illusionist. Du glaubst, die Welt drehe sich nach deiner Physik …«

»Hilfe, Philosophie!«

»Manchmal geht mir deine Besserwisserei wirklich auf den Geist!«

»Du weißt, dass nicht die künstliche Intelligenz die Menschheit gefährdet, sondern die natürliche Dummheit?«

»Das musste wohl jetzt sein …?«

»Lass' uns das alles in einem altmodischen Haus am See auf der Terrasse bereden. Ich fliege heute Nachmittag. Um 16.35 Uhr lande ich in Salzburg, du holst mich ab. Ich schicke dir einen Mietwagen mit Fahrer«, schlug Frank vor.

Mit Erstaunen hörte er die Antwort dieser emanzipierten Frau, in deren Leben Männer oft nur Nebenrollen spielten (einige deutlich mehr, einige viel weniger): »Du hast sicher Recht. Ich habe sowieso vor, bald zu heiraten ... Machst du mit? Dann bin ich UniversitätsProfessoren-Gattin, Besoldungsklasse 6 – oder etwa besser?«

Maya wechselte vom Flüsterton zu einer für den Mithörer provozierend lautstarken Deklarationsstimme. Sollte Holm doch erfahren, dass sich in seinem Einflussbereich eine gravierende Änderung anbahnte.

So hatten die beiden, ganz nebenbei, telefonisch ihr Leben an eine Schicksals-Klippe manövriert. Frank wurde das Gefühl nicht los, dass Salzburg zu einem Verlobungs-Ausflug werden könnte. Es war ein stimulierendes Gefühl. Er fühlte sich plötzlich sehr erwachsen, frei von allen Zwängen.

Andererseits: Wer verlobt sich heute noch? Ein diffuser Zweifel machte sich raumgreifend breit. Hinter föhnzerfetzten Wolken enttarnte sich ein Bild aus Jürg Willis Paare-Bibel: Das Unklare und Bedrohliche, das Wirkliche, im Kampf gegen das Leben auf den erfundenen Glücksfeldern der Superoptimisten, – es stand ihm bevor.

*

Schon der erste Kuss am Flughafen Salzburg offenbarte: M. war nun nicht mehr das seltene Gespielinnen-Wesen mit der strengen und oft so rätselhaft entfremdend wirkenden Attitüde. Sie lag in seinen Armen als gehöre sie ihm. (Holm übrigens hatte ihr eine Notiz hinterlassen: Sie solle sich doch »asap einen neuen Job suchen«, er habe »einfürallemal die

Faxen dicke«. Alles leere Wörter. Noch ehe er solo die Rückreise nach Hamburg antrat, kapitulierte Holm per sms: *maya! wir kriegen das mit uns schon wieder hin.)*

Die Sonne stand schon tief als sie am See ankamen. Sie trauten ihren Augen nicht. »Wunderbar«, sagte M., »dass manchmal der Zufall die Karten für die Liebenden mischt und ein Herz-As zieht, einfach so …«. Wenn es romantisch wurde, lag Rilke ihr allemal mehr als Benn. Er las ihr, weil ihm so unbedingt nach Literatur war, aus *Dichtung und Wahrheit* vor. »An den Fehlern erkennt man den Menschen allgemein, an den Vorzügen den einzelnen …«

Sie nahmen das altmodische Haus am waldigen Seeufer in Besitz. »Alles deins«, sagte Frank, als sei er der zu plötzlichem Reichtum gelangte Ganghofer'sche Jäger von Fall. »Die Natur versucht, so schön zu sein wie du.« Ein Satz, den er abends in aller Eile in sein Tagebuch schrieb, in der Sorge, M. könne ihn dabei überraschen und mitlesen, was dieses Dossier über sie verriet – und über all die Vorgängerinnen und Nebengespielinnen, denen er zahllose Macho-Pointen gewidmet hatte. Dass die Rechnung fraglos im Haben stand für Maya ist eine Sache. Dass solche Aufzeichnungen aber immer zu beziehungsschädlichen Erkenntnissen bei unbefugten Leserinnen führen ist eine andere.

Sie tranken jeder zwei Gläser Rotwein vom Burgenländer *naked red*, stießen auf ihr animierendes blaukariertes Nachtlager an, lachten über eine Flaumfeder, die sich aus dem Kopfkissen hervorwand, und fühlten dabei etwas, was bisher so nicht zwischen ihnen gewesen war – eine verlobte Nähe, die alle ihre Wesensarten schicksalhaft an einem einzigen Ort, dem weiß-grünen Holzhaus mit dem grauen Schindeldach, vereinigt hatte. Oder besser: im Hochzeits-Himmelbett. Auf dem Kopfteil der ausladenden Schlafstatt hatte ein Maler der kunstgeschichtlich noch unentdeckten Millstädter Schule mit der Jahreszahl 1931 einen naiven, rotbackigen Cupido platziert. Der rundliche Gott der Begierde sah ebenso lüstern wie lausebengelhaft auf die beiden herab, während sie sich in den Armen lagen.

Nach einer Nacht im Tiefschlaf, erst aneinandergeschmiegt, später dann, Kühle suchend voneinander weggerückt, erwachten sie im schon wärmenden Morgenlicht und hörten staunend, wie der See monoton ans steinige Ufer schwappte. Ein Angler hatte einen Felsen als Hochsitz gewählt. Konzentriert, die Rute aufgestellt, strahlte er eine Ruhe aus, um die sie ihn beneideten: ein Einsamer, der die heilige Stille zur Seelenheilung nutzte. (Es sei denn, er war von zu Hause geflohen, hatte sein zänkisches Weib Ilsebill zurückgelassen, weil dieses partout König, dann Kaiser und zu guter Letzt auch noch Papst zu werden verlangte. Wir wissen ja, wie sie endet, die schauerliche Mär vom Butt in der See.)

Während sie Anna Hausswolffs *Track of Time* hören, das Frank immer wieder mit aromatisierten Märchen-Gefühlen überschwemmt, beugt sich Maya, zart nach Wäscheweichspüler duftend, über ihn und gibt die einfallsreiche Poetin: »Still und wohlig warm, das ist die Seelenströmung, die den Menschen zum Träumer werden lässt … Sind wir nicht alle nur Sternenstaub?«. Sie verlangt, dass der Lover erst mit ihr schwimmen geht und sie sich dann – noch mit kühler Haut und feuchtem Haar – entspannt umarmen. Nein: umgekehrte Reihenfolge. Sie schiebt ihn mit aufreizend elastischen Bewegungen aufs Bett, massiert ihninH mit zärtlicher Leichtigkeit und spricht melodiös mit dem sich theatralisch erhebenden Helden der Handlung. Sie nennt ihn ihren *schönen großen Kerl*, lächelt dabei wieder ihr vertrautes Feenlächeln und setzt sich, noch immer nachtschlafduftend, federleicht auf ihn. Sein Mund ist glücklich verschlossen. Eine Minute später hebt sie sich eine Handbreit hoch, stützt sich auf ihr nun aufgestelltes linkes Bein und bietet sich bedingungslos an: Er umfasst sie fest. Ihre Seufzer sind ehrlicher Applaus. Als könne nur *er* etwas für ihr Wohlgefühl, dem sie sich ganz undramatisch ausliefert. Wie eine schöne Blume im sanften Bestäubungswind.

Sie lösen ihre ermatteten Körper voneinander. Nur Mayas Hände bleiben noch eine Weile im Spiel, schwerelos gleitend, fast absichtslos, ohne Ziel.

Vielleicht gehen sie nun doch im See schwimmen, oder fahren mit dem Boot hinaus in die malerische Landschaft entlang des überall dicht bewachsenen und von moosigen Felsen gesäumten Ufers. Oder Frank lässt sie, sich selbst ausgeliefert, liegen und taucht allein in den funkelnd-kühlen See ein, ohne den Angler zu stören … (Wie er sich kennt, ist er in einer Viertelstunde wieder zurück und nimmt M. noch einmal mit gleichgültig wirkender Vehemenz. Sprachlos. Ein weihevoller Moment.)

Am Sonntag-Nachmittag des noch immer goldenen Wochenendes packen Maya und Frank ihre wenigen Gepäckstücke. Der Abschied von dem so schnell zur Heimat gewordenen Haus am See fällt ihnen schwer.

Auf der Fahrt zum Salzburger Flughafen wird Frank wieder einmal von diesem vorrauseilenden quälenden Abschiedsschmerz überfallen, der ihn schon so oft brutal in eine noch nicht bekannte Wirklichkeit zurückgeworfen hat.

*

Nach ihrer Ankunft in Hamburg muss er im Zug nach Berlin weiterreisen, um mit einem Team des Kultursenators eine Giacometti-Ausstellung vorzubereiten – eines jener grundsätzlich einzigartigen Projekte, für die Werke aus der ganzen Welt zusammentragen werden sollen, damit die Macher einen Lob-Dreispalter im Feuilleton der *FAZ* und der *Financial Times* Wochenendausgabe bekommen. Was nur für die Fachwelt von Bedeutung ist und ganz nebenbei lobendes Gesäusel in *art* zu provozieren versucht.

Maya wird nach Hause fahren, so stellt Frank es sich vor, dann wird sie sich vor dem Spiegel entkleiden, die Spuren ihres Liebesglücks mit Vaseline zu tilgen versuchen, um dann ins Land der unkeuschen Träume hinabzusinken.

M. aber berichtet ihm am nächsten Morgen mit einem lautmalerisch ins Handy formulierten Kuss: »Ich bin sofort eingeschlafen – stell' dir vor, nicht mal richtig abschminken konnte ich mich, ich war einfach zu müde …«.

VII.

Fit for Fun in New York

Während Maya ein Meeting ihres Chefs (der zwar Abbitte geleistet hatte, sie von da an aber noch tätlicher verfolgte) mit den Vertretern externer Presse-Vertriebszentren vorbereitete, zweimal am Tag eine sehnsüchtige mail an Frank schrieb und weiter ihre unabhängige Unabkömmlichkeit lebte, hatte er mal wieder eine USA-Reise zu planen. Er meldete sich bei Erica in New York an, die ihn ein Jahr zuvor mit dem Satz eingeladen hatte: »Mann, Fränk, du kannst wieder kommen. Dann darfst du wieder … kommen!«

Ericas Wort-Witz hat er in guter Erinnerung, weil ihre Methode, Liebe zu praktizieren, ungeahnte Erlebnissen bereithält. Das Universum, in dem Fitnesstrainerin Erica ihre Beute ausnimmt, ist ein Studio in der *4th Avenue*. Sie hat das Loft mit wenigen Möbeln ausgestattet – *perfectly equipped, fitness for the fittest*, wie sie immer wieder preistreibend erwähnt, als könne das ihr übertreuertes transpiratives Tun veredeln. Ihr Freund, ein Muskel-Prahlhans mit deutlich zu vielen Tatoos (darunter eine Erica-Karikatur auf dem rechten Bizeps) ist so dumm wie stark. Sie kann ihn eigentlich nicht mehr ertragen. Aber er ist ein Bringer: Er reißt physiogeile Kundinnen auf, die erwartungsfroh ins Studio joggen und im besten Fall ihre gedopten Kerle mitbringen oder ihre nächstbeste Partnerin, meistens eine Kampf-Lesbe. Einige sind ganz ansehnlich und für hartes Erotik-Training auf der Bodenmatte gut geeignet. Mit diesen dreht der Typ dann »authentische« Videos. Die Laiendarsteller-Kunden kriegen davon nichts mit. Auf einem der Filme aber ist der Video-Pirat deutlich als Kameramann in einem Wandspiegel zu erkennen. Das würde für eine Beweisführung ausreichen, sollte eine der provozierend aktiven Hauptdarsteller:innen es wagen, Honoraransprüche geltend zu machen.

Als Frank in New York zum ersten Mal mit ihr zusammentraf, führte der Zufall Regie. Sie trug metallisch glänzende Leggings, maßgeschneidert für ihre muskulösen Beine. Dazu spitze Cowboy-Boots der Marke *Shit Kickers*.

Er musste Erica noch einmal erleben. Es gab keinen Hinderungsgrund, aber ein ultimatives Triebverlangen.

Kurz zuvor war die Bodybuilderin zur *Miss Madison Avenue* gekürt worden. Kein Wunder, bei dieser Figur mit Waschbrettbauch, dem feinen weißen Gesicht und dem irritierend funkelnden Lachen. Mit diesem mimischen Narkotikum hatte sie vermutlich auch den Bizepsboy an ihrer Seite kirregemacht und zum hündischen Bereiter werden lassen – ehe er den Spieß umdrehte und sie fast gewaltsam in Besitz nahm. Sie musste ihm kniend ihren Venus-Hintern entgegenstrecken und unablässig schreien, weil er das als animierend verstand. Mit einer von verlogener Anerkennung gefärbten Stimme erzählt sie von dem »übertrainierten Tölpel mit den Hochglanz-Muskeln«.

Ein Tatoo auf seiner Männlichkeit wurde, bei voller Aktion imposant aufgestellt, von einem spillerigen Salamander zu einem kleinen Alligator. Zweimal am Tag. Morgens bretterte der Macho mit seinem silbernen Rennrad *Racer's Luck* durch Manhattans von jaulenden Polizeisirenen verunsicherte Steinwüste. Später kam er verschwitzt nach Hause, wollte erst essen: ein Steak, blutig, fast roh, Lust auf Fleisch! Und dann
– *You can get ready for something, baby!*

Immer wieder hatte er beim Sex Fotos gemacht. Erica, die auf den vielversprechenden zweiten Vornamen Joy hörte, hatte keine Ahnung davon, dass er auf diese Weise mit ihrem Körper seinen Lebensunterhalt bestritt. Die Steaks musste *sie* kaufen und, von-was-auch-immer, bezahlen. Die mittelmäßig scharfen Bilder verscherbelte er an die polnische Pornomafia *Hardpolac*s der von der menschlichen Artenvielfalt zerrütteten New Yorker *Eastside*.

Als Erica von seinen Nebengeschäften erfuhr, durfte er sein Rennrad nicht mehr in ihrer Wohnung abstellen, geschweige denn sich selbst weiterhin dort zu Hause fühlen. »You are out, pig«, hast ausgedient, hat sie auf einen zerknitterten, aus dem Papierkorb geholten Behörden-Brief gekritzelt. (Absender war das von Ericas Macker schwer enttäuschte Finanzamt.)

Kurz danach ist sie mit einem weniger muskulösen, dafür aber geistig anspruchsvollen Reporter der *New York Times* nach Campo Celita in Mexiko abgetaucht. Abgetaucht ist eigentlich falsch: Sie war nämlich *hydrophobic*, ziemlich wasserscheu. Im sicheren Badewannen-Milieu allerdings brachte sie den heiß entflammten Redakteur der Abteilung *Reise und Frei-*

zeit innerhalb von ein bis zwei Minuten auf den Stand eines herausragenden Leuchtturms. »I'm your lighthouse keeper, sweety!«, bejubelte sie ihre Aufbau-Arbeit.

Der entthronte Fit-For-Fun-Lover also war abgemeldet. Auch der ihm nachgefolgte Zeitungsmann schaffte es nicht, aus der kurzen Venezuela-Reise zu Dreharbeiten an einem abstrusen Film über einen im Urwald lebenden pickligen Wunderheiler mehr als ein oberflächliches Liebesabenteuer zu machen. Mag sein, dass ihr der Sinn nach einem 49-jährigen Mann stand, der perlende Poesie zum Besten geben und dabei ruhig und feinsinnig dem Liebesspiel nachgehen konnte, ohne zu verbergen, dass explosive Ideen ihm jederzeit die spontane Entfaltung seiner Manneskraft ermöglichten. Also nahm *Fränk, my German* unspektakulär, vom wohlmeinenden Zufall gesteuert, für ein paar Tage seinen Platz ein.

Erica Joy lernte schnell und leidenschaftlich Gedichte von Paul Verlaine bis Stefan Worring aus einem *Poems*-Band in englischer Sprache, darunter *Mir allein gehört das Land in meiner Seele* in kongenialer Übersetzung. Jedenfalls sagte sie immer wieder: *Oh, I love it so much.* Vielleicht meinte sie etwas ganz anderes, das Zusammensein mit Frank – mit all seinen von Anfang an bestehenden Ungereimtheiten und den wilden Körperübungen, bei denen sie immer wieder ihre makellosen Beine um seinen Hals schlang. Der Duft ihres gestählten Körpers prägte sich ein, während seiner unter der federnden Last fast erstickte. Frank widmete ihr Gedanken aus seinem Lieblingsgedicht: *Ahnst du … Überall werde ich Dich finden. Nicht nur, weil ich Dein Gesicht leuchten sehe im Halbdunkel der entlegenen Orte unseres Liebens, sondern auch weil ich Dein*

Sehnen atme, das mir für alle Zeit den Weg weist. Bei Mondlicht. Und bei Sternenfinsternis …

Als seine Zeit in Manhattan zu Ende ging, hatte Frank eine betrunken-verrückte Nacht mit Erica in seinem Hotel verbracht. Sie lag neben ihm wie eine keusch lebende Ehefrau, die mehr den Schlafkomfort als den Hautkontakt sucht. Am Morgen war sie stiller als sonst, küsste ihn unbeteiligt und legte ihre Arme um seine Taille: »Verlass' mich nicht,« flüsterte sie, »verlass' mich nicht. Mein Herz tut weh.«

Auf dem Badezimmerspiegel hatte sie, mit lilarubinrotem Lippenstift hingemalt, ein *L* und ein *U hinterlassen*. Als er es entdeckte, war sie nicht mehr da. *LU! – Love You …*

Erica war unauffindbar. Frank blieb verunsichert zurück. Sein Feinripp-Unterhemd, in dem sie die letzte Nacht verbracht hatte, wurde für kurze Zeit zur Liebestrophäe. Er packte es in seinen Wäschebeutel, der später aber von Frau Rössel entleert und, mitsamt seinen Erinnerungen, gebügelter Gleichmacherei überantwortet wurde.

Lieber Autor! Schön, dass Sie mich mit kleinen Etappen-Happen über den Fortgang ihrer Saga informieren. Müssen Sie nicht, es darf schon mal ein längeres Stück sein, es sei denn, Sie fühlen sich mit diesen kleinen Kostproben auf der sicheren Seite, aber ich bin ja kein Zensor!? Ich beginne, Ihnen für unsere Tandem-Entwicklungsarbeit viel Vertrauenskredit einzuräumen. Übrigens: bin ich auf einer Tagung in New York. Sollte ich das Fräulein Erica zufällig treffen, was sage ich ihr dann, bitteschön? Ihr B.A. Morgenschön

PS. von Martha Fröhlich: Lesen Sie doch bald mal »Der Kampf um den Mann« von Carry Brachvogel, eben wieder aufgelegt, erstaunlich heutig! Erstausgabe von 1910!

In dieser gewittrigen Phase traf Frank eine interessante Schriftstellerin aus der Bronx. Leslie, die seltsam-verrückte junge Frau, war mit einem provozierend freidenkerischen Buch für kurze Zeit auf den Einsteigerplätzen in die US-Bestseller-*Shortlist* zu finden. Im Henry-Miller-Stil schildert sie autobiografisch offensiv eine hitzige Begegnung mit einem in New York gestrandeten Europäer und die darauffolgenden wilden Monate des ungleichen Paares: *Pretty Girls Don't Cry – The Story of a One-in-a-Million-Encounter.* Das Foto auf dem Umschlag zeigt ein schmales, melancholisch-sehnsüchtig die Welt betrachtendes Mädchen. Es trägt sehr kurze, an den Seiten geschnürte Shorts, ein weich gewebtes T-Shirt und eine locker fallende Strickjacke.

Als er erkannte, dass ihm auf dem Buchtitelbild Erica Joy wiederbegegnete, musste er sich, bis in die Tiefen seiner Ich-Seele erschüttert, in sein Hotelzimmer verkriechen. Erinnerungen an die ins Niemandsland der Riesenstadt emigrierte, unauffindbare Geliebte stürzten auf ihn ein. Er warf sich vor, nicht hartnäckig genug nach ihr gesucht und nicht sorgsam genug recherchiert zu haben. Die Erinnerung an Joys Herzschmerzen ließen ihn mit unsäglich schlechtem Gewissen ratlos zurück. Und auch sein Herz tat weh.

Das Foto auf dem Buch-Cover raubte Frank die Sinne. Ericas Outfit hatte er an ihr gesehen, bei *South Vendor* an der 5th Avenue in New York hatte sie es gekauft. Frank rief den

Inhaber des Geschäfts an, fragte ihn, ob er sich an Joy erinnern könne. Er konnte. Sie sei drei Wochen lang immer mal wieder als Aushilfe bei ihm beschäftigt gewesen, bis ein *absolut kranker Radrennradfahrer* Erica unter strafbaren Drohungen mitgenommen habe.

Leslie schrieb damals in jeder freien Minute an einem neuen Buch, aber sie half ihm, über ihren Verlag mit dem Fotografen des Schutzumschlags in Kontakt zu kommen. Der arbeitete zu dieser Zeit auf Hawaii an einer Aussteiger-Reportage. Frank hinterließ eine Nachricht, der Fotograf rief zurück: »Sie ist eine Nutte, Mann. Aber die feinste von allen. Eine, die dir einen Sehnsuchtsvirus verpasst; du wirst ihn nie wieder los. Vergiss sie, wenn du kannst. Wäre das Beste für dein Seelenheil. Erica oder Joy oder Selma, Alexandra, oder wie sie sich jetzt gerade nennt, wird irgendwann vom Rand der Erde fallen, in die Tiefe des Weltalls, als ein Stern, der nur für dich allein scheint, solange du lebst. Dann wird er als Supernova verglühen. Ich weiß wovon ich rede, mein Freund. Ich liebe sie im Traum jeden Tag. Sie macht, dass all die Fünftausend-Dollar-Models, mit denen ich jeden Tag arbeite, mich absolut kalt lassen. Das ist schon was … Good luck, Loverman!«

Ericas unaufgeklärtes Verschwinden quälte Frank seitdem noch intensiver als bisher. Er folterte sich mit Bildern aus ihrer gemeinsamen Zeit, wie ein Vater, der seine einzige Tochter in einem Niemandsland verloren hat und sie nicht begraben konnte.

Sein Herz rebellierte, seine Sehnsucht peinigte ihn, er nahm sie wahr, wenn er aus dem Fenster seines Hotels am *Colum-*

bus Square sah: Sie tanzte so schön und leichtfüßig über einen Zebrastreifen, dass er sicher war, sie wiederentdeckt zu haben.

Der Tagtraum attackierte die fragile Glaubhaftigkeit seiner Wahrnehmung. Er lag neben ihr in seinem Lieblingshotel. Das Bett mit der etwas zu harten Matratze war ein Ort stiller Träume, leiser Gesten, nachdem sie es gefährlich ins Schwanken gebracht hatten. Es hatte sich unter ihren Körpern im Zweikampf bewegt wie ein mit Glückseligkeit überladener Tanker in schwerer See … Das Quietschen des Eisengestänges hörte sich an wie ein Glissando aus einem Geigenkonzert des Neutöners Norman Liebig.

Erica, dieses Wesen aus der Neuen Welt, hat Frank mit ihrem Verschwinden so verunsichert, dass er ein paar Tage lang nicht mehr an dauerhafte Beziehungen glauben mochte. Obwohl er ja selbst im Clan der Untreuen eine Hauptrolle spielt.

Inzwischen sind die Bilder der kapriziösen New Yorkerin verweht. Und doch scheint ihr Gesicht manchmal magisch durch seine libidinösen Phantasien. Erica steht dann auf einer schmalen Brücke im *Central Park*. Ihr vielversprechendes Lächeln sagt: *Es wird kein Wiedersehen geben, such' nicht weiter nach mir …*

*

Beim Antiquitätenhändler Paul Turk, Chef des New Yorker Hauses *Holst & Rindsman* in der Third Avenue, entdeckte Frank einen *Meditierenden Buddha* aus grauem Schiefer. Seit Jahrhunderten richtet das aus dem pakistanischen *Gandhara* stammende schlanke Steinwesen beharrlich den Blick nach innen; dennoch betrachtet es die Heutigen mit hypnotisierender Anmut, zeugt von der ewigen Freiheit des Geistes. Nachdem er ihn für fast das gesamte Honorar seines vorletzten Buches *Entdecker-Weltwunder im Leben moderner Kunstsammler* gekauft hatte und von Verleger Morgenschön hoch gelobt worden war, bekam er einen gut dotierten Autoren-Preis, der den Rest der Zahlung an Mr. Turk ermöglichte.) Was vom Honorar noch übrig blieb, reichte für eine Nacht mit einer euroasiatischen Zauberin, die sich bei ihm einnistete, als gäbe es so etwas wie die lautlose Morgenröte im Gefühlswunderland wirklich. Die Samthäutige ließ ihn bei sanfter Massage auf alle Trips gehen, die nur durch Fantasie möglich werden. Dann legte sie sich neben ihn, küsste ihn sanft wie ein Blütenblatt und schlief an seiner Brust ein. Er atmete ihren mit Minze und Korallenjasminblättern parfümierten Atem. Unhörbar, um sie nicht zu wecken, sprach er mit seinem zeitenfernen Buddha und bat ihn, zu weissagen, ob er Erica Joy wiederfinden könne. Noch immer weiß Frank nicht wirklich, ob die heiligen Hände des *Erwachten* auf seinem unterm Hafis-Tuch verborgenen Lingam ruhen oder ob er entrückt zu Shiva betet, damit dieser auch ihm ein göttliches Wesen wie Ling Wi für eine weltbewegende Nacht zuführen möge.

VIII.

Allein im Universum

Es gab in Hamburg viel zu tun in der folgenden Zeit, zwei Vorlesungsreihen waren vorzubereiten, Arbeiten zu korrigieren, nervöse Studentinnen mussten vertröstet werden. Dann hatte Frank einen Beitrag zu schreiben für ein Hörbuch mit dem Titel *Nebengeräusche. Der Sound der Liebe.* Das Manuskript wollte Frank möglichst in einem ununterbrochenen Angang – wie es ohnehin sein Arbeitsstil ist – realisieren. Während der Verlag freizügig den Co-Autoren der geplanten Anthologie seinen Namen verriet, erfuhr *er* nur durch gute Beziehungen zur Sekretärin des Cheflektors, dass *auch ein Schriftsteller vom Format eines Martin Walser* im Team sein sollte. Dieser sagte dann aber ab, weil seine Gesundheit nicht mehr mitspielte, oder auch, weil das Sujet zu sehr nach physischer Beanspruchung klang. Als der Redaktionsschluss nur noch 48 Stunden entfernt war, schrieb Frank innerhalb eines Tages eine 31-Seiten-Ballade des zärtlichsten Unterwerfungs-Sex, den man sich vorstellen kann. Er erzählte von einem nimmermüden Schriftsteller, der auf dem JFK-Flughafen in New York in der Lounge eine asiatische Beauty von erregender Präsenz anspricht und sie später in eine Junior-Suite des *St. Regis* widerstandslos entführt. Dort redet er mit der jungen Frau eine Stunde, zwei Stunden, drei Stunden esoterischen Nonsens, erzählt ihr von einem allmächtigen Buddha und von seinem Plan einer Reise zur Erforschung spezieller kulturbedingter Ausprägungen der Erotik im fernen Ostasien. Er bittet sie, ihr Können *by the way* hier und jetzt zur Verfügung zu stellen. Die Orchidee zeigt sich stolz, aber entblättert sich zu Studienzwecken. Sie ölt seinen Körper mit kunstvollen Handbewegungen ein, bis ihm die Sinne schwinden im Morgentau-Geklingel der Essenzen. Dann bewegt sie sich, sehr sanft, auf seinen Lenden in die vielversprechende Abenddämmerung mit noch einigen weiteren fantasiereichen Variationen gegenseitiger Beglückung. Der Rest ist genauso matt, der Schluss bloß eine Hypothese: Geil zu sein bedarf einer systemisch begründeten Hoffnung auf Erlösung.

Martin Walser hat »Briefe an eine unbekannte Geliebte« geschrieben, hätte sich aber vermutlich, obwohl plastischer Erotik in Buchtexten nicht abgeneigt, vor Peinlichkeit gewunden. Sogar Franks geliebter steingrauer Buddha zeigt sich seit seiner degradierenden Mitwirkung in seiner Auftrags-Schmonzette noch weltabgewandter als in den vergangenen eineinhalb Jahrtausenden. Frank fürchtete, der Buddha verachte ihn. Zu Recht, denn er hat selten eine Geschichte wie diese, voller sündiger Alles-schon-mal-dagewesen-Volten, geschrieben. Im Vergleich zum Geschehen im echten Leben ist hier seine sensible, wahrhafte Begegnung mit Ling Wi als jederzeit beliebig wiederholbare Beglückungsshow missbraucht worden. Obwohl er bei jedem Höhepunkt brav an Maya dachte.

Sorry, liebe Ling. Vielleicht warst du ja nur die nackte Heldin einer der unsäglichen, die Impotenz fördernden Pornofilme mit der meist asynchronen Stöhn-Tonspur aus den angeblich so prüden USA.

*

Seine Präsentation ist trotz aller Klischee-Rezepte wider Erwarten ein Erfolg geworden. Die ihre Friedenspflicht untadelig erfüllenden Damen des Verlags schickten ihm anschließend eine anzüglich gemeinte Postkarte (Amor und Psyche auf einem überdimensionierten *Magic Wand* reitend) – gedacht als ein vollbusiges Lob für seinen mageren Abklatsch der komplizierten Lehre vom Liebesleben.

*

Es gibt im Menschenleben Augenblicke, da man bedeutend dümmer ist als sonst. Maya hatte Frank irgendwann diese Weisheit auf einem roten Blatt Papier in der Innentasche seines Sakkos hinterlassen. Ich fürchte, sagte er zu ihr, du hast mir diese kluge Gemeinheit gewidmet, nachdem ich dir von meinen ereignisreichen Tagen in New York erzählt hatte. Ganz gegen ihre Verabredung war Maya in eifersüchtiges Brüten versunken – für Frank untrügliches Zeichen einer Besitzergreifung, einer Annäherung über all die Grenzen hinweg, hinter denen sie sich so liberal und fehlerverzeihend verschanzt hatten.

*

Einige von Fachzeitschriften in Auftrag gegebene Aufsätze waren zu Ende zu schreiben, was Frank Berenberg zu seiner eigenen Verwunderung mühelos in wenigen Stunden gelang. Sein Lebensentwurf, wegen der beruflichen und privaten Freiheiten ohnehin ein Sonderfall, hielt aber noch eine Fülle fordernder und erfüllender Termine bereit. Maya hat daran einen größeren Anteil als sie selbst glaubt. Denn sie lebt voller Kraft ihre Art von Single-Leben, aus dem sie – einstweilen – nicht das machen kann, was es zu bieten hätte. Ausgenommen jene Tage, an denen sie ihre Lust auf Liebe streng an die kurze Leine nimmt und sie zur Freude interessanter Männer spazieren führt.

M. ist genau genommen, bei liebevoller Betrachtung, eine Performance-Künstlerin. Nur: ihre Bühne ist noch zu klein. Und der Vorhang fällt zu oft. Hauptdarsteller zu sein neben ihr muss einem *multitasking*fähigen Mann mit Neigung zu provokanter Unbotmäßigkeit ein Gefühl schierer Größe und gewagter Dimension geben – der ziemlich schiefe Turm von Pisa neben der Hollywood-Diva. Und Frank Berenberg, der strahlende Held.

*

»Die Erde, *unsere* Erde, macht es mir leicht, mit ihr umzugehen, auf ihr zu leben – sie ist dominierend unsichtbar. Sie erstaunt uns nur, wenn Katastrophen uns erschüttern. Oder wenn eine Nachricht aus den Forschungszentren der Astronomie uns aufhorchen lässt.« Maya ist verblüfft über ihre Gabe der spontanen Deutung komplexer Zusammenhänge. »Da kommt was auf uns zu! Eine Sensation! An der *Queen Mary* Universität London spricht man von einem Planeten außerhalb unseres Sonnensystems. Da soll es ähnliche Bedingungen geben wie auf unserer Erde.« M. lacht ihr ansteckendes Gewinnerlachen und zeigt ihre prächtigen Zähne (von denen zwei teure Implantate sind, hinten links, unsichtbar selbst dann, wenn sie vor einem ihrer geliebten *Deepthroats* Einblick gewährt). »Also sind wir wohl doch nicht allein im Universum!?« denkt M. laut nach. »Liebestolle Männer wird es da hoffentlich geben. Männer mit tausend Hoffnungen und zweitausend Sehnsüchten. Das alte Lied … Oder Astronauten, die schwerelos, auf Entzug, durchs All taumeln. Auch egal …«

Ihr Blick richtet sich nach oben. An der Decke ein Sternenhimmel aus vielen kleinen Lampen nach dem Muster einer Dekoration, die Frank vor Jahren in einem der *Telos* in Argentinien gesehen hatte: Die 120 Stundenhotels von Buenos Aires dienen jungen Paaren und genauso ihren Eltern regelmäßig als Zufluchtsort, um ungestört und ungehört die schönsten Dinge des Lebens zu repetieren.

Maya setzt sich unvermittelt in die Hocke, sieht hinauf zu dem jetzt fast ganz verdunkelten Sternenzelt und sinniert: »Sternenfinsternis … Wohin, wenn wir gelebt haben, verschwinden wir eigentlich? Sag es mir … Finden wir Platz in der Unendlichkeit des Himmels, wir alle – die ungezählten namenlosen Seelen von diesem und vielleicht von zahllosen anderen bewohnten Planeten?«

Sie seufzt. Ein feines Signal ihrer Durchdringung der Wunderwerke eines Schöpfers, der sie zu einer der – für Frank – begehrenswertesten Frauen auf Erden gemacht hat. Sie seufzt so, wie sie auch seufzt, wenn sie besonders tief gekommen ist. Geliebt von einem Mann, der es nicht nötig hat, befeuert zu werden von einer lobenden Bekundung seiner leidenschaftlichen Vielseitigkeit. Wissenschafts-Utopie und getane erotische Höhepunktarbeit – zwei Auslöser der gleichen Siegestöne bei Maya.

Wenn sie phantasiert, dass sie eine martialische Raumpatrouille ins Reich des erdähnlichen Planeten begleitet, stellt sie sich auch vor, dass sie den Kommandanten des Raumfahrzeugs in der Sternenfinsternis – schwerelos auf seinem Schoß balancierend – mit feiner Raffinesse nimmt (sie nimmt ihn – er aber ist der Kommandant!, das hat schon was). Und dann kommt dieses langgezogene *Bravissimo* aus ihrem arbeitsamen Mund. Womit Himmel und Erde von ein paar nahezu identischen Seufzern zusammengehalten werden: Astrophysik dient hier als Grundlage eines unergründlich-offensichtlichen weiblichen Meta-Verhaltensmusters. (Was Franks universalgebildeter Kollege Hans Lösch dazu sagen würde? Er käme zügig zur Sache, um den heißen Lebenskern des Seufzers als eine ureigene Ausprägung der Natur zu benennen. Ihr Atem hat schon so manches Glück gezeugt, würde Professor Lösch sagen, und mit einem Lächeln aushebeln, was seine Studenten an berechtigten Zweifeln zu äußern wagen.)

Wie schön, dass wir Lichtjahre entfernt sind von der befreienden Selbsterkenntnis: All die Finsternis und das Geflimmer am Himmel folgen strengen Regeln, die wir trotz aller Forschung noch nicht wirklich erfassen können. Und doch, enthemmte Sommernachts-Liebe unterm Sternenhimmel erlöst uns vom quälendsten menschlichen Makel: dem Nichtwissen. Lösch allerdings würde Frank einen zu banalen Ansatz vorhalten. »Lieber Kollege Berenberg! Wollen wir nicht alle nur das eine?«

Jetzt muss er an Erica Joy aus New York denken, die inzwischen als eines der goldenen flackernden Zeichen in der Dunkelheit für ihn leuchtet. Es wird ihm heiß ums Herz, er spürt, dass sie ihn umarmt, in ihrem Rhythmus führt, sich nimmt, was sie braucht. Weltallbewegend.

Gefühle sind Wegelagerer unseres Seins: Sie lügen und betrügen, geben sich erst zufrieden, wenn wir im Gespinst unserer Ängste aus eigener Kraft wieder aus dem Labyrinth herausgefunden haben. Dann aber sind wir, wie sagt man so schön: geläutert. Dann verbinden sich Wirklichkeit und unerfüllte Hoffnungen zu einer Art Weltsicht, mit deren Hilfe man sich gut genug orientieren kann, um auch bei Sternenfinsternis zu existieren.

Frank hat sich in Albert Camus' *Die Pest* eingelesen. Fasziniert von dessen Wahrsagekraft hält er immer wieder an sich, um nicht in Meinungsverschiedenheiten mit sich selbst unterzugehen. Frank weiß nicht wieso, aber er spürt beklemmend, dass Maya ihn verlassen wird. Einfach so. Lieblos, ohne sich zu erklären … Es ist nicht die erste solch bitterer Angstattacken. Sie verschwinden zum Glück so schnell, wie sie gekommen sind. Aber er schläft sehr schlecht in dieser Nacht, ist am nächsten Tag nicht wirklich denkfähig und sucht nach einem Ausweg. Maya ist wieder einmal unterwegs. Sie hat kein Ziel genannt, wie schon so oft.

So ein langes Stück haben Sie mir bisher nicht übermittelt, alle Achtung, mein lieber Autor. Einen Augenblick gab es, da wurde ich zurückgeworfen auf alte Ängste (geschürt von meiner Frau!) wg. zu viel »Körpernähe« – ist aber zum Glück

umschifft worden, und die Story macht weiterhin neugierig. Dass es mit M. und ihrem Helden nichts wird, ach, ach, ach! Bitte nicht. Wäre doch schade. Sagt übrigens auch »meine« Rössel. Erbitte bald Entwarnung und mehr zu erfahren! Ihr neugieriger Morgenschön

PS.: Habe gerade gelesen, dass der Mount Everest 96 cm höher ist, als wir bisher dachten. 8.848,86 Meter! Wer hat nachgemessen? Und das noch: In Nepal heißt der Berg »Spitze des Himmels«, in Tibet aber »Heilige Mutter«. Thema für ein Feuilleton?

IX.

Wollen wir wirklich immer nur das eine?

In dieser von stechendem Einsamkeitsschmerz bestimmten Lage kommt es zu der Begegnung mit einer üppig tätowierten Taxifahrerin, die Frank Berenberg später (in seinem Tagebuch) als *Kontakt zu einem schimmernden Himmelskörper unbestimmter* Art beschreiben wird – Rekonstruktion einer verwunschenen Wahrheit.

Die Sache ist die: Er hatte (nach dem ornamentalen Albtraum und der Camus-Lektüre) einen zu ausgiebigen Besuch in der mit Second-Hand-Möbeln eingerichteten »Bar jeder Vernunft« in Hamburg hinter sich. Wie eine jener Plastik-Schneekugeln, die nach intensivem Schütteln in ihrem Innern weiße Flocken schüchtern-sanft rieseln lassen, reagierte sein Hirn unaufgeregt aber gewohnt zynisch: *Selber schuld, wenn Du die Kontrolle über Deine Körperfunktionen verlierst und Dir alles recht, oder alles egal ist*, krittelte seine innere Stimme. Kann auch sein, dass es die Stimme der Rössel war, die wiederum so gebrochen-fiepsig klang wie die der kleinen rundlichen Köchin Patmore in der genialen deutschen Synchronisation der britischen Fernseh-Serie *Downton Abbey*.

Es ist segensreich, wenn sich dir unter solch alkoholisierten Umständen ein Engel in Menschengestalt in den Weg stellt und fragt: »Wohin soll es denn gehen?« Die leicht manierierte Sprache, die nicht zu Frau Rössel, eher schon zu Jennis Joplin gehörte, drang aus einem fernen Off an sein Ohr.

»Nach Hause, wohin sonst«. Er hatte wohl mit einem Mitleid erregenden, reduzierten Unterton geantwortet, denn die Stimme reagierte sanft-überheblich: »Sie wissen aber schon, *wo genau* sie zuhause sind?« Es folgte jenes Hin-und-Her, das in solchen Fällen hochprozentigen Weltschmerz-Zweifels an der Tagesordnung ist.

»Okay, Mann«, sagte die Stimme und setzte sich prominent neben Frank. Dann verwandelte sich die Straße in eine Achterbahn, begann sich in Wellen zu bewegen und zu verformen, Lichter wechselten die Straßenseite und die Farbe, mal rot mal grün mal sonstwie bunt. Es fiel ihm auf, dass sie in einen verkifften, rumpeligen Lift mit Linoleumboden einstiegen und er seltsam berührt war von einer eigentlich nicht unwichtigen Tatsache: Einerseits konnte das, was sie – die Stimme und er – benutzten, nicht der feine Lift in *seinem* feinen Haus sein, andererseits war es ihm total egal, welcher Aufzug in welcher Beschaffenheit ihn ins Irgendwo transportierte. Allerdings, merkwürdig eigentlich, machte er sich quälend Gedanken darüber, dass er nicht rasiert war. Dann war ihm auch das wieder egal. Frank erinnerte sich für Millisekunden an das Heiligenbild im Schlafzimmer seiner Oma: an eine hocherotische Madonna, die von einem feixenden kleinen Mädchen begleitet wurde. Das Kind verbarg seine Hand unter ihrem veilchenblau schillernden Gewand, während die schrille Gottesmutter *Halleluja* rief und aus einer unsakralen Magnumflasche ein Desinfektionsmittel versprühte. Aus ihrem Mund stiegen blubbernd Blasen auf. Eine davon wurde grösser und grösser und setzte sich dann hinter ihrem Kopf als fein glitzernder, eitel vibrierender Heiligenschein fest. Als sich die Madonna dann die Züge von Frau Rössel angenommen und sich in einen Theater-Klappsessel vor leeren Publikums-Reihen hatte fallen lassen, schlug sie ein Textbuch auf und zeigte auf Frank: »Wir proben nochmal den Abgang unseres traurigen Helden! Dieser lichtscheue Prof. hatte bis heute schon 19 teure Dienstreisen und 21 Fehltage an seiner Uni. Untragbar! Arbeitslicht bitte!«

Hier war erstmal Pause. Keine Wahrnehmung mehr, keine Aufzeichnung von Bildern in der Hirnrinde oder im Limbischen System, also auch keine Neugier. Null Interesse am eigenen Tun und Lassen. Weißes Rauschen nach Sendeschluss im analogen Kopf-Fernsehen des Frank Berenberg ...

Dann aber: Die Weichheit der Unterlage, auf die er gebettet wurde, und der sedierende Verveine-Duft der Wäsche (wessen Wäsche eigentlich?) ernüchterten ihn für einen Moment. Der Rest steht auf der Liste seiner One-Night-Stands ganz weit oben. Unter denen, die er nicht selbst arrangiert hatte, oder besser: die er nicht imstande war selbst zu arrangieren, nimmt dieser Termin den einsamen ersten Platz ein. Sein später rekonstruierter Tagebucheintrag sagt nur: *Hochprozentig weggefetzt, aus der Bahn geworfen, wider Erwarten noch einmal mit dem nackten Leben davongekommen.*

Als er im knallbunten Nirwana feststellte, dass die sich friedvoll in unmittelbarer Nähe erhebende Stimme zu einer Tasse

Kaffee gehörte, zu der ein kleines Glas Wasser gehörte, das zu einer kräftigen, langgliedrigen Hand gehörte, da sickerte Tageslicht in sein strapaziertes Sinnesorgan ein. Nachdem ihn die jetzt burschikos laute Stimme fragte: *Alles gut, Mann?*, entspann sich in seinem Kopf ein zackiger Dialog seiner beiden Ichs. Sie schoben einander, ausnahmsweise mal nicht als zwei Besserwisser, die Beweislast zu. Wofür auch immer.

Über ihm, bedrohlich nah, aber doch in weiter Ferne, konnte Frank das Gesicht zu der umgänglichen Ordonanz-Stimme ausmachen: Tiefbraune Augen, ausladende, ruhelos auf und ab wippende Wimpern und zuckende Brauen, blasse Lippen mit einem sehr sinnlichen Schwung und eine besonders fein geformte Nase mit zwei scheußlichen, in den Flügeln verankerten rosa Glitzersteinchen.

Time to get out of the wet clothes, sagte das Gesicht, zu dem sich im Zeitlupentempo zwei Brüste mit hochaufgerichteten Nippeln (einer davon quer-gepiercet mit winzigen Gewichtheberstangen) in sein Blickfeld schoben. Er nahm den Kaffee. Trank das Wasser. Und blickte versonnen auf die Fata Morgana, die sich im etwas zu hellen Morgenlicht über ihm aufgebaut hatte. Klar, er musste diese Nacht in einer nach *Desinfektol* stinkenden Notfallambulanz verbringen. Schöne junge Schwester! Der nackte Wahnsinn! Abteilung allererste Hilfe!

Als das Gesicht ihm die Tasse aus der Hand nahm und auch das leere Wasserglas, wurde er von einer warmen Welle reinen Glücks geflutet. Er hatte den Abend also überlebt. Paradoxon: Frank war gar nicht so tot wie er dachte, dennoch aber im Himmel. Die Hand mit dem silbernen Ring griff mit einer nicht häufig anzutreffenden Entschlussfreude nach seinem Glied. Es war bereits frei zugänglich, und trotz der Alkohol-Lage offenkundig bereit zu klinischen Versuchen. Die andere Hand der Rettungsschwester legte sich resolut auf Franks Mund, stoppte den Versuch, zu sagen: *Wer immer du bist, du bist kein Racheengel sondern eine Wiederbelebungsartistin ...*

Sie setzte sich, als sei das eine Punktlandungs-Übung, auf ihn. Fast tonlos befand sie: »Hab' ich mir gedacht, ein besonders interessantes Exemplar«. Dann, etwas lauter: »Ich kriege noch 41 Euro und 40 Cent für die Fahrt. Ich brauche die Kohle. Tut mir leid, Mann. Quittung liegt da drüben auf deiner Maßanzughose. Den *Grund für die Fahrt* solltest du am besten selber eintragen. Ich schlage vor: Notfall-Rettungseinsatz!«

Ein bemerkenswertes Erwachen. Frank nahm sie mit vorsichtiger Härte, immer gewärtig, dass ihm der Restalkohol in seinem heiß strömenden Blut die assistierte Besitzergreifung doch noch vermasseln würde. Genau so kam es. Ein Knick im Selbstbewusstsein. Aber sie küsste ihn beherzt zurück ins Leben und kommentierte trocken: »Luxuriöses Französisch bis zum Abschluss in der Mietwohnung von Hilda Manstein, Studentin der Verhaltensforschung im sechsten Semester, Aushilfs-Taxifahrerin, auf Kurzstrecke spezialisiert, militante Nichtraucherin, dauerhaft Befriedigung suchend.«

Hilda plauderte fröhlich, zitierte, kommentierte, fragte und beantwortete zeitgleich ihre eigenen Fragen; sie lachte, leckte, küsste und versorgte Frank in zu kurzer Zeit mit mehr Kaffee als ihm guttat. Dazu kommt, dass er mit Kaffeenachgeschmack im Mund nicht wirklich gern küsste; eine seiner Marotten, die ihm schon manche Gelegenheit vermasselt hat. Obwohl, es gibt Schlimmeres. Mitleid entfällt diesmal. Ersatzlos gestrichen. Sie wusste, worauf sie sich einließ.

»Bist Du wieder auf dem Damm?«, fragte Hilda und zeigte auf seine Hand, die untätig verirrt ihren Venushügel behütete. Sie strich seine verschwitzten Brusthaare glatt, als habe Sie in dieser Woche turnusmäßig Putzdienst im Treppenhaus, wuschelte emsig durch seine lädierte Frisur. Dann warf sie eine Kopfschmerztablette in ein Glas Wasser. Das Aspirinplättchen begann *Csàrdàs* zu tanzen, sich schäumend aufzulösen und verhalf ihm damit zu einem rätselhaften Hintergrundrauschen in seinem noch immer nicht ganz abgedrehten Film. Irgendwann verstummte das im Glas zischend untergegangene, in einen anderen Aggregatzustand gewechselte Medikament. Es ließ Frank mit der wiedererwachten Lebenslust in dem Glauben zurück, er sei mit grobperlendem Schaumwein abgefüllt worden, gekeltert von einem tablettensüchtigen Mosel-Winzer.

Dieses Mädchen, ein wenig maskulin (was ihm gut gefällt) und mit einer herzlichen Aggression gesegnet, hatte ihn im Handstreich genommen. Er dankte Hilda dafür, indem er mit ihr in ihrem Auto eine Ernüchterungsfahrt (Taxameter abgeschaltet, rechte Hand auf seinem linken Schenkel) durch die Stadt bis ins verschlafene Pinneberg unternahm und sie dafür königlich entlohnte. Am Ende ahnte er, dass sie sich wohl nicht wiedersehen würden, zu abstrus war ihr Zufallstreffen gewesen. Dem Gesicht der herben Aphrodite war beim Abschied anzusehen, dass sie dachte wie er. Schiffssirenen aus der Ferne.

Wäre sie nicht zu burschikos gewesen für seinen Geschmack, vor allem aber zu redselig – dann hätte Frank gern immer mal wieder Unterricht in Erster Hilfe für alkoholisierte Hochschullehrer bei ihr genommen.

Durch diese forsche Amazone aus dem Droschkengewerbe war ihm klargeworden, wie wichtig es ist, sich auch mal gehen (oder auch fahren) zu lassen und die deformierte Welt fatalistisch im Liegen zu genießen, selbst bei Blutdruck 160:110 …

*

Ein paar Monate nach diesem Erlebnis begegnete Frank dem robusten Taxi-Engel zufällig wieder. Hilda Manstein erzählte in überhöhter Geschwindigkeit mit stolpernden Wörtern von ihren Erlebnissen und Erfahrungen mit Männern und Frauen, und dass sie damals den Morgen und den Tag mit ihm wie ein Naturereignis erlebt habe – obwohl für eine bekennende bisexuelle Nymphomanin solch ein Intermezzo nicht ganz ungewöhnlich ist? Mit ihm aber, dabei hob sie sich in ihren vertrampelten Baseballschuhen auf die Zehenspitzen und küsste ihn schnell, fast verlegen, auf den Mund, sei die Sache aufregender gewesen: »Einen betrunkenen Mann zielstrebig wiederzubeleben um ihn dann granatenmäßig zu verarschen … – sorry, zu vernaschen«, – das gehöre selbst in ihrer turbulenten Vita zu den Ereignissen mit Seltenheitswert. Sie habe, warf sie zum Abschied hin, die private Verhaltensforschung drangegeben, in letzter Zeit ruhiger gelebt und sich höchstens einen Kerl pro Woche reingezogen. Sie drückte ihre Schultern turnerisch nach hinten und gab damit ihren Brüsten sichtbar mehr Spielraum. »Das Studieren habe ich geknickt.

Jetzt ist wieder mal Taxi angesagt«. Alles in allem sei ihr nur ein einziges Mal ein Typ untergekommen, den sie gern jeden Tag in ihrem Bett hätte liegen sehen: »– und das warst du …«

Zu spät. Verlorene Zeit ist noch nie wiedergefunden worden.

Hildas Bemerkung vom »wiederbelebten« betrunkenen Mann hat Frank übrigens schwer irritiert. Kontrollverlust, wie gesagt, ist nicht sein Ding. Er hat sich trotzdem ihre Telefonnummer notiert – für den Fall, dass es ihn mal wieder reizen würde, nächtens im hochprozentigen Bereich verloren zu gehen.

X.

Hochprozentig weggefetzt

Was Maya betrifft, so hat sie zwei Gesichter. Sie betört und sie verstört. Virtuos. Sie funktioniert auf mehreren Ebenen. Das ist nicht wirklich einmalig, das gibt es besonders bei Frauen, denen das Wissen um ihre Ausstrahlung oftmals als Zumutung erscheint. Sie nehmen sich selbst die Freiheit, die Bastionen des Glücks bei anderen zu überrennen. Dabei wissen sie abzuschätzen, ob hinter den hoch aufgetürmten dunklen Wolken ihrer Handlungen noch einmal wärmender Sonnenglanz sichtbar werden könnte.

M. stellt das duftende und erhebende mit Glücksschmerz erfüllte Spiel in Frage. »Nimm mich, wenn Du noch willst«, sagt sie und schaut, als sei die Rückseite des Mondes für sie zum Greifen nah. »Nimm mich und halte mich so eng, dass ich nichts von dem tun kann, wozu es mich treibt.« Wenn sie ausgepowert ist und ihre Spielsachen zurück in ihren Koffer packt, wie ein Arzt nach dem Hausbesuch Stethoskop und Blutdruckmessgerät akribisch verstaut, schaut sie Frank immer wieder schuldbewusst an. »Ja, es geht nicht anders. Ich muss dich jetzt verlassen, das weißt du. Ich komme aber zurück.« Sie küsst ihn noch einmal, greift (ein wenig zu beiläufig, wie er findet), nach seiner demütig in seinem Schoß verharrenden Hand und lächelt ihr ungelogen wirkendes Lächeln: »Ich liebe dich. Obwohl ich jetzt gehe. Das eine hat mit dem anderen nichts zu tun.« *Eins in der Hand, eins im Sinn,* wie man so sagt.

Die Tür des Lifts, der sie nach unten fahren wird, entzieht sie seinem Blick. Hartes metallenes Klacken. Es bleibt der Duft ihres pudrigen Parfüms *Je Reviens,* der aldehydisch für eine winzige Ewigkeit als sinnliches Schicksals-Statement durch den Raum schwebt. *The End* oder nur – Filmriss.

Frank versinkt, wie schon so oft, in einer banalen, aber bleiern schweren Traurigkeit, wie immer, wenn M. gegangen ist. Sie verlässt ihn durch den Hinterausgang ihrer sträflich-abhängig zelebrierten Lust; wissend, dass für ihn – während er sie mit ihrem rollenden *Louis-Vuiton*-Koffer auf hohen Hacken zum Lift schreiten sieht – die Farbe Rot aus der Palette seiner Glücksempfindungen verschwindet und ein sämtliche verlogenen Illusionen übertünchendes Dunkelgrau an ihre Stelle tritt.

»Ich sage Dir«, hat sie zuvor noch hingehaucht, ohne jeden Versuch, Glaubwürdigkeit zu entfalten, »wie es weitergeht …« Da draußen gebe es eine wirkliche Welt, in der zu leben sie sich wünsche. Das WIR sei nun limitiert und neuen Regeln unterworfen. Ihr Spiel-Raum verenge sich … »Aber ich liebe Dich. Besonders Deinen Mund, der mir so viele Schönes sagt.«

Ein Versprechen? Oder vielleicht nur eine Schwäche, ein Moment des Sich-gehen-lassens? Ein Plan für eine Mauer, die errichtet werden soll? Er müsste lügen, wollte er behaupten, dass er seit seinem der Pubertät hoffnungslos unterworfenen 15. Lebensjahr schon einmal in eine so trauervolle Nervosität gestürzt worden sei. (Damals war es die mit blonden Zöpfen geschmückte Lore, deren trockene, jungfräuliche Lippen er nie vergessen wird, genauso wie ihre fatalistisch hingeworfene Sorge, dass sie von den Küssen auf ihren schrundigen Himbeermund schon sehr bald ein Kind bekommen würde. »Wirst schon sehen. Dauert nicht mehr lang. Ich sag's dir. Es wird ein Bub.«)

*

Egal, wer sich den Satz ausgedacht hat, der Franks Leben immer wieder tangiert und ihn, entspannt die Weltläufe bedenkend, befreit träumen lässt – er ist *das* Motto für wenig belastbare Zeitgenossen: *Keiner hat sich selbst gemacht.* Soll heißen: Lehn Dich zurück, die Natur bewerkstelligt all das für dich Vorgesehene fein säuberlich, die Welt dreht sich auch ohne dein Zutun und niemand fragt, warum gerade *du* so und nicht anders denkst, handelst, redest. Im Umgang mit Frauen hat das den oftmals entscheidenden Vorteil, dass sich dir wie von selbst ein gesegneter Fatalismus an die Seite stellt – du bist der nicht wirklich verantwortliche Zeitgenosse. Was immer auch geschieht.

Großartig, diese kleinkarierte Weltschau. Sie könnte von der Kurzstrecken-Taxifahrerin Hilda stammen, deren Erste-Hilfe-Erweckungserlebnis immer dann in Franks von Sehnsüchten verwalteter Wiedervorlage erschien, wenn er null Bock auf seelenferne Momente hatte. Hilda war es gelungen, ihn nach der Karambolage mit sich selbst wieder aufzurichten: eine Samariterin mit Seltenheitswert – bei fairem Erwerbssinn. Selten zu finden. Schwer zu vergessen. Und für die Rössel ging es im Umgang mit dem Stellwerk des Lebens sowieso nur um das, was die Entscheider hinter dem Vorhang befahlen. »Theater hat mehr Wahrheitsgehalt als Wirklichkeit, da kann sich jeder eine Scheibe abschneiden, dann wird er schon sehen, wie sich's verdauen lässt«. Ach, Rössel. *Es gibt im Menschenleben Augenblicke, da man noch dümmer ist als sonst ...*

XI.

Eine bemerkenswerte Lust-Attacke

Als er M. zuletzt gesehen hatte und sich, ergriffen von einem auf Anklage getrimmten Selbstmitleid, anschickte, mit wundem Herzen zu neuen Horizonten aufzubrechen, hatte er sich für eine Streckenführung entschieden, die auf keiner Karte verzeichnet ist. Frank wollte sie suchen und herausfinden, was sonst noch möglich war in seinem Leben. Einem Leben im Krebsgang.

*

Nach einer nicht wirklich gelungenen Vorlesung über die *Systematische Typisierung massenmedialer Entwicklungen in der Zeit vor 1990* beschloss Frank Berenberg, sich einen psychischen Bypass zu legen – vom Hirn *stante pede* zum Herzen und weiter zu seinem missliebig-freudlos gestimmten Zentralorgan. Es fand sich zwar damit ab, dass eine aktivitätsfreie Phase aus Tristesse und Trink- und Fressfreude die libidinösen letzten Aktions-Wochen ablöste. Jedoch war nicht zu verhindern, dass es emsig auf der Lauer lag, auf dass ihm nichts entgehe, um es zu voller Aktivität anzuspornen.

Also war es von großer Bedeutung, dass diese rothaarige Frau in ihren frühen Dreißigern auf den Fluren der Universität vehement um die Ecke bog – und dabei erst ihre kraftlos unterm Arm getragenen Papiere und dann auch ihre Fassung verlor. Da es sich um die exaltierte Assistentin des völlig paranoiden Kollegen Perlman handelte, spürte Frank sofort: ein Zyklon zog auf. Als Kartographin glückverheißender Routen durch die Labyrinthe der Uni-Welten (mit heftigen Flirts und einigen satanischen Entgleisungen, soll heißen: Streng! Verbotener! Sex mit Professoren!) galt das enigmatische Sonderwissenschaftswesen allen Eingeweihten als *QQ, Queen of Quickies*, Königin der schnellen Nummern. Diese hatten, so wurde gern und offen berichtet, den Nachteil der Nachhaltigkeit. Klartext: Wer in die Venusfalle getappt war, geriet in eine fatale Abhängigkeit von der Quickie-Queen und sah in seinen Träumen ständig den Moment seiner Vereinigung mit der auf wilden Mut getrimmten und sich blitzschnell ihrer Kleider entledigenden Rothaarigen dokumentiert: perpetuierende Wollust auf vermintem universitärem Gelände. Der Wunsch nach einer Wiederholung blieb in aller Regel unerfüllt. Die Rothaarige entließ ihre Einmal-Lover mit einem betörenden Lächeln und der Versicherung, es seien besonders erfüllende Momente ihres an Beglückungen wahrlich nicht armen Lebens gewesen. Sie führte eine Liste mit bereits abgehakten Opfern, noch unerledigten Typen im Wartestand und mit Hartleibigen, die partout nicht die Absicht hatten, auf ihre Sprengfalle zu treten. Dass er auf ihrem Plan als eines der bisher noch nicht überwältigten Wesen verzeichnet war ... – Frank hätte es wissen müssen.

In seiner Situation, im Jetzt und Hier, leicht demoralisiert wegen seiner beschämend substanzlosen Vorlesung (kaum Resonanz bei den Studierenden, Pflichtübungs-Gehüstel und inhaltsloses Geflüster, Kramen in muffigen, verkrümelten Rucksäcken und hektisches Kugelschreiberklicken ruft bei ihm unweigerlich ein Gefühl von Impotenz hervor) – in dieser verletzlichen Seelenlage also bückte er sich eilfertig, um das überschaubare Häufchen linierter hellgelber Blätter aufzusammeln. Die Rothaarige ließ, eine erschütterungsfreie Loreley, die Hilfsaktion geschehen. Frank war klar, dass sie von oben herab den Papieraufsammler bei seiner submissiven Arbeit ungerührt beobachtete. Unwichtig. Auf den nächsten Zug kam es an: Sich elegant erheben und das Konvolut überlegen-selbstverständlich an die Dame zurückgeben. »Ordnen müssen Sie die Blätter selbst!« Sie lächelte schuldbewusst und arretierte dabei irritiert ihre blauen Augenlider. (Was sagt das dem Kundigen? Dass klug steuernde neuronale Prozesse unumkehrbar in Gang gesetzt worden sind, die man nutzbringend in das abgefeimte Eroberungs-Konzept der nächsten Stunde würde einbauen können.)

Die Rothaarige hatte ihren sattroten Lippenstift ohne Farbempfinden ausgewählt, weswegen Frank eine geschmackliche Kollision größeren Ausmaßes vor sich sah. Es war ihm dann aber gleichgültig, weil sie ihn mit der trainierten Entschlossenheit einer Polizeibeamtin bei einer Festnahme unterhakte und in den Bibliotheks-Lagerraum zur Linken abführte. Ein verstörendes Gefühl für einen Mann, der darauf trainiert ist, die Richtung vorzugeben.

Seine Gegenwehr war nur für Frank selbst und nur schwach zu spüren. Sie wurde zudem *ad hoc* wegsortiert von einer heftig anflutenden Lust-Attacke, ausgelöst nicht nur von ihrem strengen Griff sondern auch von einem anästhesierenden Geruch, der den roten Haaren entströmte – *Je Reviens*. Und damit war M. im Spiel, deren unangestrengte Körperlichkeit beim Vollzug seiner unbedeutenden schnellen Nummer mit der Rothaarigen wie ein Spannungsregler für das richtige Maß gesorgt hätte.

XII.

Heißer Tag im eisigkalten Montreal

Wieder einmal Zeit für eine kleine Flucht. Bloß weg aus dem Alltag. Frank Berenberg hatte sich eine Vier-Tages-Studienreise nach Montreal genehmigt. Maya bekam von seinem Entschluss nur wenig mit. Ein paar Zeilen per mail: *Meetings mit Kollegen, alles kurzfristig, bin bald zurück.* Sie reagierte nicht. Typisch Maya: Versteckspiel mit Machtmenschen-Haltung.

*

Am ersten Abend in der kanadischen Stadt Montreal, bei einem Spaziergang entlang der Straße vor dem Hotel, öffnet sich Franks Blick auf eine nur für Augenblicke existierende Situation: Ein Mädchen mit hochgewehtem Rock über dem U-Bahn-Schacht vor blattlosen Bäumen, trist-graue Ast-Silhouetten, und in der Ferne der gewaltige Fernsehturm mit ein paar, ihrer Unschärfe wegen faszinierend aufpoppender roter Positions-Lichtern. Das hochaufragende Bauwerk stimuliert ihn. Angesichts des Turms beginnt Frank erst über die Attacke der Rothaarigen und dann über den Abend nachzudenken, den er gleich im *Luna* mit dem Cheflektor seines kanadischen Verlags *artBooks* verbringen muss. Soviel ist klar: Sie würden

Nullachtfünfzehn-Steaks essen, nach Ahornblättern schmeckendes kanadisches Bier dazu trinken, das er *Brättvädda* nannte. Mit von Fleischfasern verunstaltetem Gebiss würden sie sich schwer kauend und um Aufräumarbeit in den Zahnzwischenräumen bemühten Zungen über die eiskalt schäumenden Niagara-Fälle unterhalten, die sie vor Jahr und Tag mit einer kleinen Gruppe übereifriger Doktoranden besichtigt hatten. Genau so kam es.

Der Lektor warf sich nach schmallippiger Begrüßung und der Frage: »Wie geht es eigentlich meinem Verleger-Freund Jürgen?« auf sein Lieblingsthema, die Gefahr, die uns weltweit durch einen fatalen Bildungsüberdruss (»Wer hat denn heute noch ein Buch im Regal?«) drohe. Deutschland verfüge zwar einerseits über die meisten Puffs, aber andererseits über »nur mittelmäßig lesefähige Grundschüler«, merkte er süffisant an. »Schwer zu glauben, dass das ein Zufall ist?!« Sein ständiges Pferde-Nicken, ohne im Takt mit seinen Sätzen zu bleiben, war schwer zu ertragen.

Dann endlich erklärte er, ein bisschen zu farbig, warum sein Chef, der *artBooks*-Verleger der englischsprachigen Ausgaben fast aller Frank-Berenberg-Bücher, »es beim besten Willen nicht geschafft hat, uns zu begleiten«. (Dazu die lächerliche Zwei-mal-zwei-Finger-Geste wegen der hinzuzudenkenden Anführungszeichen, und ein Geißbock-Grinsen ohne erkennbaren Grund.) Als der Lektor anhob, höflich aber weiterhin uneinfühlsam über den leider nur mittelmäßigen Erfolg seiner Bücher im »so schrecklich lesemüden Amerika« zu sprechen, wurde ihm schlecht. Tagesordnungspunkt zwei: Detaillierte Angaben zu seinem eigenen bröckelnden Dasein an der Seite einer arbeitslosen Ehefrau, einer Psychologin (sic!). Frank sah provozierend deutlich auf die Uhr. Er fühlte dieses unstillbare Fluchtbedürfnis, das Pflicht-Gespräche mit fast ganz normalen Menschen bei ihm in lästige Wahrnehmung einer unwirklichen Wirklichkeit verwandelte. Meist mit, selten ohne Übelkeit.

Über Frank Berenbergs in mühevoller Übersetzerei (er sprach von *painstaking work*) befindliches neues Buch sprach er nur am Rande. Abgesehen von dem Hinweis, dass in einigen Passagen komplizierte Fragen mit der Lektorin zu klären seien (»weil ihre deutschen Formulierungen oft etwas *affected*, verzeihen sie, gespreizt daherkommen«), gab es keine sachdienliche Konversation zur Zusammenarbeit. Die Dame, sagte er mit einem ungenierten Versuch, sich dabei mit dem Zeigefingernagel einen weiteren Essensrest aus dem Zwischenraum seiner gelblichen Vorderzahnjackets zu entfernen, sei eine sehr kritische Lektorin und deshalb prädestiniert für sein Thema. »Übrigens sieht sie aus wie die Bollywood-Queen Deepika Padukone, die es sich kürzlich mit den Muslimen so gründlich verdorben hat …«

Frank stattete ihn mit allen Vollmachten aus, zu tun und zu lassen, was er wolle – einschließlich Freude spendender Stunden mit seiner Bollywood-Diva im Lektorat. Dass Frank sich während seiner bevorstehenden Urlaubsabwesenheit mit einer Deepika-Doppelgängerin verabreden würde, um die Hürden in seinem Text mit ihr gemeinsam zu überspringen, ließ er unerwähnt. Wissenschaftliche Texte, die in allgemeinverständliche Sprache transformiert werden sollen, bedürfen von jeher einer besonders engen kongenialen Zusammenarbeit zwischen Autoren und Übersetzern. Frank war gespannt, ob die Schöne mit der indischen Anmutung seine Bedürfnisse würde befriedigen können. Er wird sie morgen zum Lunch treffen und die dringendsten Fragen zum Buch und zur Grammatik des Autorenlebens dann am Abend klären – falls sie das will und falls sie wirklich *die* Bollywood-Prinzessin ist, von der ihm glaubwürdige Quellen die schönsten Versprechungen gemacht hatten.

Dem präpotenten Lektor entronnen spürte Frank eine Sehnsucht nach intensiver Umarmung und nach dem Schmerz des unverbindlich Liebenden. Er beschloss, Leonie anzurufen, eine schmale Frau (wie Jean Seberg mit ihrem *Pixie Cut* in »Außer Atem«). Sie hatte ihm vor einem Jahr nach einer Buchpremiere des kunstvoll illustrierten Romans »Die weiße Hündin« bei *artBooks* den Abend und die Stunden danach intuitiv gerettet: unter ihrer braven Bluse trug sie ein enges, streng tailliertes Seidenkorsett und fragte während dieser Offenbarung, ob er bereit sei, ihren Hals mit einer ihrer schweren Gliederketten zu schmücken.

Es wurde damals eine Nacht mit einer (aus Franks Macho-Sicht) *olympischen Vereinigung.* Weiter vertraute er seinem Tagebuch an: *Noch solch eine Nacht und ich muss vorzeitig um Emeritierung nachsuchen und kann von da an nur noch zum Thema Underdog bloggen. Eine herbsüße Entdeckung, diese Frau. Wäre eine scharfe Romanfigur. Erinnert mich an M. (wenn sie gut drauf ist.)*

Dem Kollegen Bird, einem genial querdenkenden Völkerrechtslehrer an der McGill Universität Montreal mit vielen Regierungsaufträgen, sagte Frank für den Abend windelweich ab. Dabei wollte Bird ihm Montreals angesagten Sternekoch im *Lovelane's* vorführen, mit dem ihn eine »große Liebe« verband. (Bird war super-bi und trieb es gern mit prominenten Männern, allen voran mit einem Ex-Gesundheitsminister der Provinz Quebec, weil dieser sein ausgeprägtes Renommierbedürfnis und ihn selbst zu hundert Prozent befriedigen konnte.)

»Mein Magen spielt verrückt, ich kann beim besten Willen nichts essen«, teilte Frank ihm in gequälter Stimmlage mit. Das war nicht wirklich gelogen. In Wahrheit aber spielte er verrückt, weil Leonie – ohne geheucheltes Erstaunen – am Telefon ihr geplantes Rendezvous als *heiß ersehnt* beschrieben hatte.

Als er vor ihrer Wohnung aus dem Taxi stieg wurden seine Knie schwach, ein bei ihm sehr selten auftretendes Zeichen unstillbaren Verlangens. Er sah alles vor sich, was folgen sollte.

Eine Minute in der frischen Luft, die vom St.-Lorenz-Strom herüberwehte. Tief einatmen. Reflexe bändigen. Dann entschied sich die banale Strategie: Er wollte männlich-wortkarg, ohne übertriebene Gesten agieren und der Lady auch diesmal zeigen, was er so drauf hatte an einem nach welken Blättern und enthemmendem Whiskey duftenden kanadischen Herbstabend. Frank klingelte. Sofort summte der Türöffner. Ein Spotlight beleuchtete ihn von oben investigativ. Er ahnte, dass er unvorteilhaft aussah. (Wer sieht schon gut aus im Fokus einer von blendendem Licht assistierten Überwachungskamera. Solche Momente sind absolut nichts für Narzissten wie ihn.) Der betagte Aufzug rappelte langsam nach oben. Ihre Wohnungstür öffnete sich wie von Geisterhand. Frank sah auf Augenhöhe niemand – zu seinen Füßen aber kniete diese feine weißhäutige Frau. Sie richtete sich auf, nicht ohne auf dem Weg nach oben seine Hose unterhalb des Gürtels abzutasten. Anerkennendes Nicken, dann empfingen ihn ihre grünen Augen. Leonie nahm Franks Kopf in ihre Hände als käme er jeden Abend um diese Zeit zu ihr nach Hause. Die Küsse entfalteten ihre Wirkung schnell und intensiv. Nach ein paar Minuten schmerzten Zunge und Lippen. Ihr alles andere als kussechter Lippenstift machte ihm zu schaffen.

»Du hast mich lang warten lassen. Dafür wirst du büßen.« Der Rest des Abends verging mit abenteuerlichen Spielen. Chris Isaak unternahm den Versuch, mit seinen samtigen Songs ihr freudvolles Tun sanft zu untermalen. *Wicked Game* ging ja noch, dann aber gab *Bad Bad Thing* den Takt vor.

Er zog Chris Isaak, ja – aus dem Verkehr. Dazu musste er ihr Liebesspielfeld für einen Moment verlassen.

Die Stille war filigran. Er nutzte sie, um sich im Bad im Spiegel zu betrachten. Selbstverliebt und voller Selbstmitleid – *ein Dorian Gray als ideale Zweitbesetzung für eine Zweitpremiere*, hatte die Rössel ihn einmal beschrieben, als sie ihn außer Hörweite vermutete.

All das, was bis jetzt in dieser schönen Wohnung hoch über Montreal inszeniert worden war, gab Frank keinen Kick.

Der Wunsch zu gehen, um allein sein zu können, überwältigte ihn.

Eine Sekunde später: Leonie taucht im Spiegel neben ihm auf, ihr Atemstrahl streift seine Schulter, betörend sanft. Sie entwaffnet ihn mit grünen Blicken. Ihre Hand fährt durch ihr kurzes Haar, gleitet über ihre Wange, setzt ihre Finger auf den Lippen ab. Frank ist wieder einmal willenlos, fühlt sich erlöst und schuldig zugleich und weiß nicht warum. Er will es nicht wissen und fragt sich, wie schon so oft, warum er derart schnell umzuprogrammieren ist.

Ein paar Minuten später schläft er in Leonies Armen ein. Ein Macho, von Jetlag und Liebe an seine Grenzen geführt, verabschiedet sich in selbstvergessene Träume von einer heiligen Hure mit verschmiertem Makeup.

*

Anderntags, nach heiter-improvisierter Morgenliebe, befahl Leonie mit einer prozessualen Anordnung ohne Widerspruchsmöglichkeit: »Wir gehen jetzt frühstücken«.

In der kalten Ödnis von Montreals Stadtmitte fand sich in der St.-Paul-Street nur ein überfülltes und überheiztes Café. Alle Tische besetzt. Dann löste eine Zufallsbegegnung bei Leonie frohes Umarmen aus: Eine aufgekratzte junge Frau hatte sich ihr in den Weg gestellt. Sie lachte Leonie an und küsste Frank absichtsvoll-spontan auf die Wange. »Ich bin Simone. Schön, dich zu treffen. Leonie und ich sind alte Freundinnen. Obwohl, so alt sind wir nun auch wieder nicht!« Sie antichambrierte mit einer für Frank schwer zu lesenden Fröhlichkeit: »Na, war sie lieb zu dir?«, begehrte die Frohnatur zu wissen. »Sie ist im

Bett eigentlich besser mit Frauen … Genauer gesagt: Mit *mir*.«
Nach diesem Aufklärungs-Akt wies Simone den Weg aus dem
überfüllten Café. Dann, der frostige Gehsteig war jetzt ihre
Bühne, gab Leonie die passive Rolle auf: Die beiden großen
Mädchen begannen ein offenes Geheimnis auf der menschenleeren Straße zu enthüllen. Ohne Zweifel – die beiden waren
ein Paar. Frank hatte für kurze Zeit Leonies Show-Drehbuch
ahnungslos folgen dürfen.

Sie gingen zwei Blocks weiter. Simone und Leonie spielten im Gehen Sandwich mit ihm.

In Simones Wohnung mit vielen Fenstern und hellen Lackdecken war ein Brunch vorbereitet. Ein hochgewachsener, dunkelhäutiger Mann machte, sichtlich unbeteiligt, Kaffee und beantwortete Franks verwirrten Blick mit dem kleinen Satz: »Alles ist fein. Take it like it is … Enjoy, my friend!«

Gut, – wie es ist. Aber was ist wie? Und: Ist er sein Freund?

Er versuchte, Simone zur Seite zu nehmen, um mit ihr die Frage zu klären: Was geht hier vor? Was, bitte sehr, soll er genießen?

»Bleib ruhig, sei ganz gelassen und übe Dich in Vorfreude«, sagte sie als erwarte man den Nikolaus. Leonie verschwand in einem Nebenzimmer, um dann gleich wieder zu ihnen zu stoßen. Der große dunkelbraune Kerl, eben noch der Diener in den Diensten der Damen, stand jetzt unbeteiligt abseits und lächelte ein Hausherren-Lächeln, er war jetzt der souveräne

Mann einer attraktiven Frau, die er im goldenen Käfig mit Stil vorzuführen wusste.

Draußen, vor den hohen Fenstern, änderte sich das Wetter. Blätter und kleine Äste klackerten hysterisch gegen die Scheiben, im Innenraum verdüsterte sich das Bild einer Gesellschaft, die eben noch heiter-gelöst aufeinandergetroffen war. Frank spürte Leonies Hand auf seiner Schulter. Sie stand hinter mir und fragte leise: »Hast du Lust?« Er wendete sich ihr zu und sah, dass sie ein Halsband mit Kette trug. »Führe mich. Ich gehöre jetzt dir«.

Generöse Aufforderungen dieser Art machen unter normalen Umständen mit seiner Libido, was ihre Aufgabe ist. Da sie aber am Morgen schon eine große Volte gedreht hatten und er jetzt mehr an Croissants und Tee interessiert war, verschwand auch die Phantasie vom entspannten Dreier aus Franks Kopf. Ein Gefühl der Unsicherheit, der nutzlosen Leere bemächtigte sich seiner, gefolgt von sedierender Verblüffung. Desinteresse folgte auf Schockstarre.

Ehe sie reagieren konnte, entriss Simone ihr die Kette. Der namenlose Vierte gab seine Zurückhaltung auf. Er legte besitzergreifend seine dunklen Hände um Leonies Taille.

Frank verstand: der Farbige und die Mädchen waren ein Team, das sich in zirzensischen Rollenspielen der banalen Welt entzog. Die Dekadenz raffinierter Shows war hier durch Frank stimuliert worden – von einem Außenseiter, den es ins züchtige Montreal verschlagen hatte – eigentlich um eine Echtheitsexpertise zu einer Neuerwerbung des *Museum of Modern Art* mit einem gut dotierten Zweitgutachten abzusichern.

Es wurde ein bemerkenswerter Tag. Der ansehnliche Kerl legte seine beneidenswerten Vorzüge ungeniert offen und zog Leonie zu sich heran. Sie durfte, in Anbetungshaltung, der ihr hohepriesterlich präsentierten Insignie nähertreten. Für einen ahnungslosen, in der Sache unerfahrenen Europäer wie Frank war das nicht eben eine Performance, die auf das bereits ins Soll laufende Konto Selbstbewusstsein einzahlte.

Dann – und dabei lächelte der namenlose Arrangeur des Spiels ihn mit seinen weißen Zähnen jovial-hoheitsvoll an – ließ er Simone auf einem breiten Pseudo-Louis-XV-Sessel knien. (Frank dachte in diesem Augenblick an Maya, die er jetzt gern an seiner Seite gehabt hätte und Frau Rössel hielt sich – in gebanntem Staunen – zurück, was selten vorkam. Vielleicht saugte sie auch gerade in Hamburg in seinem Schlafzimmer den teuren Chinesen, war also zu weit weg, um als Gewissen zu funktionieren.)

Der Schwarze trat einen Schritt zurück. Er bedeutete Frank unmissverständlich, mit einer für seinen Geschmack zu jovialen Geste, seinen Platz einzunehmen. Leonie stand hinter dem Sessel und betrachtete ihn mit einer Mischung aus moralischer Empörung und Begehren. »Komm jetzt, mein Freund«, sagte sie, als habe sie als Moderatorin einer kirchlichen Sendung die Predigt eines Würdenträgers in Purpur anzusagen. »Komm, leg' dich zu uns. Wir wollen ein Picknick machen, nimm mich an deine Seite, wärme mich.« Sie zog sich aus, beichtete ihm, dass die Begegnung mit Simone nicht wirklich einem Zufall geschuldet war, dass der dunkelhäutige Freund Ely ihr unermüdlicher und, wichtig!, durchaus wohlhabender Lover sei, und dass sie ihn sich teilten oder auch gemeinsam in Anspruch nahmen. (Sie sagte *benutzten*.) In Franks Kopfpuzzle führte das zu der Folgerung, dass *er* es war, der die beiden bediente. Außerdem sah er die Rassismusdebatte auf ein neues Gleis geschoben, das direkt in den Kopfbahnhof führte.

Sie lagen zu viert in Simones und Elys Bett, das mit kunstvoll geschmiedeten Eisengittern an Kopf- und Fußende dazu aufforderte, Liebesspielkünste auszuleben. Ely küsste Leonies Hände. Sein Slip zeigte an, dass sein Schutzbefohlener als Marktführer zu betrachten war. *Holy Moses!* Leonie vollbrachte das Wunder, sich wie eine Heilige zu benehmen – als hätte sie nicht eben noch Fellatio als Religion ausgeübt.

Erik begann sachlich darüber nachzudenken, für wann genau sein Flug zurück nach Europa gebucht war, ob er die sms an Favero geschickt hatte, damit der seine Abholung organisieren konnte, und was die Elitekonferenz inhaltlich für ihn bereithalten würde. Es berührte ihn, dass der Regen noch immer herrisch gegen die Fenster tickerte und dass in der nächsten Woche ein Konzert von Daniel Hope in Köln auf ihn wartete – Hommage an Yehudi Menuhin. Eines der grandios intuitiven Stücke des Komponisten Bechara El-Khoury würde ihn schneller glücklich machen als manche Sünde im Bett. *Unfinished Journey.*

Franks kanadische Reise war noch nicht zu Ende, die Resultate hielten sich, rein akademisch gesehen, in engen Grenzen. Anderntags führte er noch ein Gespräch mit einem extrem freundlichen, ständig nickenden Herrn, Kurator des *Montreal Museum of Modern Art*. Frank machte Fotos und Notizen zur geplanten Gemälde-Neu-Erwerbung, schüttelte zweifelnd den Kopf (er wollte nicht auch noch nicken) und versprach schnelle Rückmeldung aus Hamburg. Unvermittelt, ohne Vorwarnung, läuft eine Schwarzweißfilm-Retrospektive all seiner Wirkungsstätten in seinem Kopf ab, eine ziehende Sehnsucht erfüllt ihn. Wonach eigentlich? Nach schmerzenden Begegnungen. Nach armseligen Enttäuschungen. Nach unbestimmten Empfindungen. Nach hastigen Fluchten. Frank redet sich ein, dass die Erinnerungs-Show durch ein gnädiges Helfersyndrom seiner überladenen Sinne hervorgerufen wird. Also ist sie dienlich.

XIII.

Die Virtuosin im roten Jackett

Hartmund Tucholski, der Kollege von Rang, uneingestanden ein Fan höllenheißer Weltentdeckungen und überirdisch empfindsamer Erfinder vieler intelligenter Wahrheitsbeschreibungen, hat sich festgelegt*: Der Dumme begeht immer wieder die gleichen Fehler, der Gescheite macht immer wieder neue.* Frank nahm sich vor, sich von nun an besser zu kontrollieren, kontemplativer zu leben. Und Frauen auch mal Frauen sein zu lassen. Er sah die Rössel staunen; sie runzelte ungläubig die Stirn, was sie nicht schöner machte.

Das war ein Brocken für den Verleger, der eine Abwägung zwischen Käuflichkeit, Verkäuflichkeit und Verrat an den eigenen Vorgaben treffen musste. Morgenschön ließ zwei Tage vergehen, dann folgte eine knappe sms: Wenn Sie meinen! Hartmut Tucholski ist übrigens einer meiner entfernten Bekannten! Begeht selbst immer wieder die gleichen Fehler!

*

Maya dachte nicht daran, Frank zu fragen, wie es in Montreal war. Sie erzählte auch nichts von sich. Nach einem Wiedersehens-Liebesakt, der sich wie automatisiert anfühlte, ging Frank versuchsweise auf Distanz. Es gelang ihm nur für ein paar Tage. Dann flog er zum Hope-Konzertabend nach Köln und anderntags weiter nach Zürich. Der Autor eines Vorworts für eine Festschrift der Uni Hamburg, früher Absolvent, später selbst Dozent im Fach Ökonomie, benötigte ein Briefing für seinen Text. Man hatte Frank Berenberg als Überbringer schlechter Nachricht ausgesucht: Das angebotene Honorar betrug, in Franken, weniger als der von dem Schweizer selbst zu bezahlende Flug nach Hamburg. Der Kollege tat ihm leid. Im Vorfeld hatte er ihn am Telefon von der Aufgabe und dem ausgelobten mageren Salär unterrichtet. Der Autor sagte dennoch ohne Zögern zu – ja, er fühlte sich sogar geehrt. »Der Mensch bringt gern Opfer, wenn nur seiner Eitelkeit genüge getan wird«, hätte die Rössel absichtsvoll den von ihr adorierten Wedekind zitiert.

Am Abend erwartete Frank ein Schicksals-Komplott im ausverkauften Züricher Konzerthaus. Eine Restkarte für einen Platz rechts außen in der ersten Reihe war die Belohnung für seinen beherzten Versuch, sich von Mendelssohn-Bartholdy aus seinen unvermittelt in ihm hochgekommenen Beklemmungen befreien zu lassen. Ein *opus magnum* gegen Weltuntergangs-Blues.

Die Geigerin in ihrem taillierten roten Jackett war so ernst wie konzentriert. Sie liebkoste das Instrument wie eine leicht anzulernende Geliebte. Sehnsüchtige Griffe, zarte Bewegungen aus einer autobiographischen Partitur – eine Streicheleinheit, der Franks Fantasie viel abgewinnen konnte. Vor allem das: die Brüste der Geigerin waren eben klein genug, um die Arbeit an dem kostbaren Instrument von Emile Germain aus dem Jahr 1886 nicht zu behindern. Sie ließ sich harmonisch herab zu ihrer Geige – unbeschreiblich behutsam, dann wieder wild und scheinbar unkontrolliert.

Sie kam aus Bern, ihr Orchester auch. Der Dirigent war (es gibt untrügliche Anzeichen) ein sich nach dieser Frau verzehrender Mann, sein Taktstock nichts als ein transformierter Galan, der sich das Glück einer Nacht mit der schönen Geigerin bei jedem Auftritt dramaturgisch herbeisehnte.

Frank hat sie beobachtet, während sie sich in Mendelsohns verzauberndem d-Moll-Konzert für Violine und Streichorchester verströmte. Das Andante schmolz zu Goldguß. Ihre Augen blieben geschlossen. Keiner der Mitwirkenden wagte es, sich durch Blicke zu verraten: Eifersucht beherrschte diese Minuten. Und Sehnsucht. Ihre Grifftechnik animierte vor allen die Männer in den vorderen Reihen zu haptischen Träumen.

Als das Konzert die Zuhörer ohne Zugabe aus dem Verzückungstaumel ins Freie entließ, wartete Frank am Bühnenausgang auf sie. Die Geigerin trat provozierend hochmütig in verwaschenen Jeans und einer leicht abgetragenen Perfecto Biker-Jacke aus dem Hinterausgang des Konzerthauses. Sie trug das schwarze Lederteil offen über einem Männerhemd lässig wie ein Priester den Oratorianerkragen und streifte mit eisgrau abweisendem Blick den Mann, der hinderlich und damit unübersehbar in ihrem Weg stand.

Frank war, wie immer, wenn sein Jagdinstinkt ihn leitete, kurz angebunden und offen. Sein Angebot konnte nur zu einer Ohrfeige führen – oder einem schnellen Einverständnis. Die Ohrfeige blieb aus. Vielmehr nahm sie Franks Hand als seien sie zwei aufeinander aufpassende Spielplatzkinder. Sie führte ihn zu einem Auto mit Fahrer, den sie keiner Geste würdigte. »Steig ein«, sagte sie und wies den Mann an, uns zu ihrem Hotel zu bringen. Aus ihrer Lederjacke stieg ein seltsam-schöner Duft auf: Der Schweiß nach dem physisch fordernden Konzert gemischt mit einem Arganöl-Parfum, das die Mixtur unterdrücken sollte, sie aber zu einem Aphrodisiakum veredelte.

In der Hotel-Halle stand der magere, blasse Dirigent wie eine Erscheinung. (Niemand hätte ihm in dieser Umgebung seine hochkarätige Profession zugetraut; aber Dirigenten sind bekanntlich, kaum haben sie das Pult verlassen und sich dem Frack entwunden, selten von ästhetischer Erscheinung.) Sein Mund verharrte in seiner Strichform, der starr auf Frank gerichteter Blick kündigte unzensiert an: *Ich entmanne dich, lasse dich vierteilen und dann im Zürichsee versenken. Und keinem Klangkörper der Welt wird es gelingen, deinen unrühmlichen Abgang mit einem Requiem zu begleiten.*

Sie hielt wie selbstverständlich demonstrativ Franks Hand (erstaunlich unverkrampft, Schwiele am rechten Zeigefinger) und strich im Vorbeigehen mit der anderen unbeteiligt ihre blonden Haare zurück. Dass sie so gut wie nicht miteinander gesprochen hatten in den zehn Minuten der nächtlichen Flucht aus der wirklichen Welt, erschien Ihm selbstverständlich, ja förderlich für ihr einvernehmliches Vorhaben. Er zitterte jetzt. Untrügliches Zeichen seiner Angst.

*

Beredtes Schweigen kann, wenn man richtig (also unverkrampft) schweigt, ein grandioses Vorspiel sein. Man muss diese Form des Spannungsaufbaus nur beherrschen. Und durchhalten.

Eine geräumige Suite im 4. Stock. Die Tür schloss weich und schalldicht. Die Geigerin ließ ihre Bikerjacke fallen und verschwand im Bad. Der Duft aus Schweiß und Leder blieb. Frank musste sich entscheiden, ob ich er sich ausziehen und im Bett auf sie warten sollte oder im Abendanzug lässig in einem der Sessel. Retardierende Momente sind, wie er sehr wohl weiß, für Geigerinnen wie für Männer mit einem akuten Verlangen keine gute Sache. (Maya übrigens weiß das sehr genau; sie bringt ihn – wenn möglich – immer gleich in Stellung, »ehe die Messe gelesen ist«.)

Frank hat es damals wohl eindrucksvoll geschafft, sich souverän zu verhalten: Die Geigerin kam ins Schlafzimmer zurück. Ihre hellgoldene Unterwäsche duftete dominant nach Chanel No.5, das Höschen verriet ein Geheimnis, das musikalischer nicht hätte sein können, ihr Lächeln war bereits das Vorspiel. Die Virtuosin enthüllte in Sekundenbruchteilen, dass kein dramatisches Solo notwendig war. »Ich finde dich aufregend, Fremder. Cool, wie du das machst«, sagte sie und strich mit geübter Hand ein paar Introduktions-Akkorde über seine unübersehbar fordernde Sehnsucht. »Dein frecher Überfall hat mich fasziniert. Nur wenige Männer würden eine solche Attacke wagen … Und mein Konter würde ihnen die Aussichtslosigkeit ihres Versuchs auf der Stelle zeigen!« Das Lob wirkte wie eine Naturgewalt auf ihn. Er gab sich vibrierend hin, sie unterwarf sich in einem *vivace risoluto*, lebhaft, entschlossen zupackend. Es wurde ein Duell mit gleichwertigen Waffen. Schon nach den ersten Takten stand fest: einen Verlierer würde es nicht geben geben.

Sie benahmen sich sehr erwachsen und waren zärtlich zueinander – bis sie, weit nach Mitternacht, die Frage stellte: »Was möchtest du noch erleben?«

»Du meinst heute Nacht?«

»Ja, ich meine *jetzt*«.

So einfallsreich Frank sonst ist, er konnte nichts sagen. Am liebsten hätte er ein Bach-Vivace von ihr gehört. Aber ihr Instrument war unter strenger Aufsicht im Konzerthaus in einen Tresor gebracht worden. Seines dagegen ließ sich nicht lange bitten. Unmissverständlich demonstrierte es die Antwort auf die suggestive Frage der schönen Geigerin nach seinem Wunsch: Es erhob sich über jede Unentschlossenheit und kapitulierte schließlich.

Die Zugabe hatte es in sich. Sie küsste Frank noch einmal und legte beide Hände (erstklassig manikürte kurze Nägel, wie bei allen Geigerinnen) um ihn, als habe sie einer höheren Macht versprochen, ihn für alle Zeit zu beschützen vor den Begehrlichkeiten anderer Frauen.

Ihr seltsam schöner Abschied fand in der Morgendämmerung statt. Über der träge fließenden Limmat zeigten sich erste Sonnenstrahlen. Ein alter Mann stopfte die neueste Ausgabe des Boulevardblattes *Blick* in einen Stummen Verkäufer. Schlagzeile: *Biebli verpasst Blattschuss Innerschwyz*. (Die Deutungshoheit bleibt bei den Eidgenossen.)

Sie beschenkte ihn fast formell mit einer CD ihrer meistbeachteten Solo-Konzerte (auf dem Cover ein zu Gunsten ihrer Frisur drastisch retuschiertes Bild mit der roten Jacke und der *Germain*-Violine). Es folgte ein Kuss, den er in seiner erst weichen, dann aber räuberischen Eindringlichkeit bisher nur bei Maya kennengelernt hat. Abgesehen von Maries, Esthers, Renis, Leonies und Ericas Küssen.

Seinen einsamen, leidend ertragenen Abgang wird Frank nicht so schnell vergessen. Von der gegenüberliegenden Limmat-Seite sah er das Hotel wie eine den Liebesgöttern geweihte Fluchtburg. Sanft erleuchtet das Zimmer der Geigerin im 4. Stock, eine elysische Installation. Für ein paar Sekunden erlebte er noch einmal das Bild von der Nebelwand und den grauen Autos, die viel zu schnell auf ihn zu rasten – in ein Vibrato-Nirgendwo.

Frank suchte nach seinem entrückten Ich. Es blieb unauffindbar.

*

Die Kritiken in den Feuilletons der Schweizer Zeitungen am übernächsten Tag klangen, als hätten alle Rezensenten ihr Herz an die Geigerin verloren. Einer sprach von einer *erratischen Darbietung* der *Lady in Red*. Ein anderer von einer überzeugenden, wenn nicht sogar explosiv zu nennenden weiblichen Kraft, die sprachlos macht – falls man nicht ohnehin als musikalischer Analphabet durchs Leben geht. Nur die Kritikerin Swenja Thomae vom *Tagesanzeiger* fand den *gelegentlich zu hektischen Strich* der Geigerin *gewöhnungsbedürftig und nicht von genügend Spannung unterfüttert.*

Seltsam, dass Frank am nächsten Tag im *Café Cogolin* an der Züricher Bahnhofstrasse mit angstvoller Sicherheit darauf wartete, der Geigerin noch einmal zu begegnen. Ein trügerischer Gedanke. Unkonzentriert las er einen hanebüchen-banalen Gastkommentar von Ruedi Biehl, dem umtriebigen Adabei und Schweizer Umweltaktivisten-Papst, und sah immer wieder auf sein Handydisplay, in der Hoffnung, eine mail der Virtuosin vorzufinden. Stattdessen kamen rettende Bilder hoch – mit Maya als Hauptdarstellerin. Sie erfüllten ihn mit einem explosiven Glücksgefühl. Wie bei der Liebe im Himmelbett im Haus am See im Salzburger Land.

Und dann noch Weltbewegendes: Frau Rössel teilt mit, dass sie an »einer Art Grippe erkrankt« sei und deshalb Franks Haushalt fürs erste »sich selbst überlassen« müsse. »Ihre Musikanlage war übrigens nicht abgeschaltet, ist heiß gelaufen. Nonstop Mendelsohn! Und Angela Sinell Geige, kann mir denken, dass die Ihr Typ ist! Immer wieder der 3. Satz aus dem e-Moll 64, da wird man ja plemplem! Auf *repeat*! Habe alles stillgelegt, Stecker gezogen. Übrigens, Chef: Wenn es was Erotisches sein soll, dann doch lieber *Elvira Madigan*, oder besser: Mozarts 21 in C, Sie wissen, was ich meine?«

XIV.

»Ich bin ein andrer jetzt und doch derselbe ...«

Durchweht von den Erinnerungen an die Lady in Red, eher missgelaunt als glücklich, verging eine schier endlose Hamburger Woche. Frank versuchte sein Glück an einer Lotto-Bude (macht er sonst nie), blieb beharrlich abstinent, hörte immer wieder die Züricher Violinkonzerte, erlebte oberflächlich und fremdliebend unechte Küsse. Er war dieser virtuosen Frau noch immer nah, die ihn wie eine reife Frucht vom Baum der Versuchung gepflückt hatte, auch wenn er sich eher als Fallobst angeboten hatte. Mit Emphase fühlte er die schwielige Hand der Geigerin, atmete flach, und spürte dem himmlischen Grundton nach, dem er sich, geleitet von Zufall und Courage, spontan ergeben hatte.

In dieser Komödnis entstand die Hoffnung auf ein zweites Mal. Er recherchierte süchtig ihre Tournee-Städte und tagträumte sich in ihre Garderobe in Venedig hinein, wo sie entblößt, weißhäutig und ergeben auf ihn wartete. Ihr Bogen aber war zerbrochen. Sie konnte sich nicht einmal mehr an ihn erinnern. Und für das *Teatro la Fenice* gab es keine Karte mehr. Dennoch unternahm er den Versuch, in Venedig eine Wiederholung des Züricher Wunders zu arrangieren.

Franks Reisebüro-Komplizin erledigte alles, Rechnung »wg. Restauratoren-Meeting« an die Uni, wie schon einmal. Selbst für das inzwischen seelenlose Grandhotel Danieli gelang es ihr, eine Juniorsuite zu buchen. Frank war sicher, hier auf der fürstlich roten Treppe zwischen Halle und Obergeschoss würde er der Geigerin begegnen. Seine Virtuosin würde die Arme ausbreiten und ihn in den Dogen-Saal geleiten – als hätte sie nur auf den Wiederholungstäter Frank Berenberg gewartet.

Auf der kurzen Flugreise mit Air Dolomiti ab München las er im *Corriere de la Sera*, dass die schöne Geigerin erkrankt war und für Venedig und alle weiteren Abende ihrer Tournee abgesagt hatte. Juan Diego Florez werde für sie einspringen.

Es war ihm gleichgültig. Wie auf einer Kinder-Ritsch-Ratsch-Tafel waren alle Bilder gelöscht. Von einer Sekunde auf die andere verschwanden seine wundersamen Fantasien wie nie dagewesen.

Ach, was ist schon das wahre Leben im Zustand der Verwirrung: Gefühle sind nichts weiter als Ortungsgeräte der unsicheren, übereilt agierenden menschlichen Spezies … Berenberg will gar nicht wissen, wie er überstehen kann, was ihm angetan wird, von wem auch immer. Eben noch war alles schön und groß und begehrenswert. Warum soll eine Minute später nicht alles wieder schön und groß sein und von Neuem begehrenswert?

Einer seiner geistigen Weggefährten auf dem Trimm-Dich-Pfad der schlanken schnell zu erzeugenden Lebenslügen,

Stephen Dedalus im *Ulysses*, hat sich krisensicher festgelegt: *Ich bin ein anderer jetzt und doch derselbe.*

Andrea hatte ihm zuliebe ihre Schicht mit einer Kollegin und die Uniform mit einem erbärmlich knittrigen kurzen Rock und einer schlechtsitzenden Bluse getauscht. Ihre Beine gehörten in die Kategorie kurz und fest. Sie kam ihm aus ihrem Mittelklassehotel pomadig gekünstelt entgegen, als müsse sie den engen Gang im Flugzeug mit Balancekunst bewältigen. Für eine Sekunde spielte Franks Wunschvorstellung Bilder ein: erst kam seine Geigerin auf ihn zu, dann stand Maya vor ihm. Als diese sich dann aber in Andrea transformierte, begann der rosarote Zeiger seines Sehnsuchtsmessgeräts auf null zu fallen. Die Lust auf die Flugbegleiterin verflog.

Den Preis für seinen Karneval der Sinne musste Frank selbst bezahlen. Das Danieli gibt enttäuschten Männern keinen Rabatt.

Mein lieber Herr Autor, so also sehen menschliche Pleiten aus!? Reisen Sie besser nicht so viel! Meine Frau lässt Zustimmung ausrichten, will jetzt auch nach Venedig, findet den Sänger Florez göttlich! Ich verharre in gelassener Ruhe, obwohl die Geschäfte z.Zt. nicht wirklich beglückend laufen. (Wird schon wieder, sagt meine Rössel. Sie empfiehlt deshalb, auf Ihr Buch zu warten!) Mit kommerzieller Neugierde – Ihr M.

*

Drei Tage mit Korrekturen, Lesen, Telefonaten – ohne Maya, die mal wieder mit ihrem Chef unterwegs ist zu großen Anzeigenkunden aus der Automobilwirtschaft. *Ich habe kein richtiges Leben mehr*, sagt sie in einer sms, die sie um 00.00 Uhr verschickt hat. *Alles ist so verzichtbar. Kannst Du mich zurückholen in unser Leben?* Und kryptisch, hinter einem PS: *Du hast Dich verwandelt, verhüllt, versteckt. Du bist nicht mehr der, der du mal warst, richtig? Zeige mir den Weg!!! Morgen High-Noon-Fahrt in die Heide?*

*

Ein strahlend schöner Nachmittag wärmte ihre Welt. Frank war mit Maya in eine stadtnahe Moorlandschaft mit lichten Wäldern gefahren. Er hatte kalten Champagner, sie krümelndes Gebäck dabei. Aus Gründen, die er nicht mehr weiß, fragte er M. nicht nach dem Sinn ihrer rätselhaften, mitternächtlichen *sms*.

Es blieben ihnen nur drei Stunden. Drei Stunden – ein Anfang und ein Ende von etwas, für das man eine Ewigkeit haben sollte.

Sie waren heiß und ihre Hände tatenlos. Das sollte sich schnell ändern. Frank wusste, welches Stück sie auf den Spielplan gesetzt hatte. Sie trug eine Leinenbluse mit wenigen Knöpfen, ihren kurzen ausgebleichten Jeansrock, darunter: nichts, und geflochtene, flache Sandalen – ein Outfit, mit dem sie ihn immer wieder in eine sehnsüchtig-voyeuristische

Benommenheit treiben konnte, während M. sich für kurze Zeit von jeder Erdenschwere befreite.

Die von Maya herbeigewünschte Inszenierung im Wald gehörte, das hat sie ihm schon vor einigen Monaten gestanden, zu ihren meistens von Alltagspflichten verstellten Wunschphantasien: Mit dem Rücken zum schrundigen, grauweißen Stamm einer schlanken Birke begab sie sich absichtsvoll willenlos in seine Hände.

M. verschwand aus seiner Welt. Sie ließ sich rückhaltlos fallen in ihre ichzentrierten Phantasien. In dieser Haltung sah M. so schön aus, dass er das Bild bewahren wollte. Er machte mit dem Handy ein Foto. Für einsame Momente. Für den Fall, dass M. ihn einmal verlassen sollte. Dieses Bild sollte zur Hausaltar-Ikone seines oft schon in Frage gestellten Glaubens an M. werden.

Sie hörten in der Ferne das Bellen eines Hundes. Ein Zug rauschte hinter dem Wald vorbei, weit außerhalb der miniaturisierten Welt, in den Abteilen Menschen mit tausend Gedanken und Zielen, manche vielleicht mit versauten Träumen, darunter eine lasterhafte Sekretärin (eine wie Boutheflickas Van) oder eine auf Nachzahlungen spezialisierte Finanzbeamtin im Beförderungsstau mit der unstillbaren, fiebrigen Sehnsucht, irgendwann einmal in einem Wald den Projektionen ihrer eigenen Lüste ausgeliefert zu sein: Eine intensive Reise ins Innere erfüllender Sehnsuchtswelten. Frank hätte gern mehr über sie erfahren; aber sie alle machten die Traumsache mit sich selbst aus und verschwanden im von einem wildfremden Mann gefahrenen Zug über von unbekannten Männern gestellte Weichen ins Niemandsland der wahren, der selbstgemachten Wunder.

M. verharrte still im Dunkel unter ihrer Augenmaske, atmete leise und regelmäßig. Ihr wohliges Stöhnen verriet die Tiefe ihrer Abwesenheit. Er beneidete sie, aber mehr noch war er nah bei ihr, empfand ihre Realitätsferne auch als die seine. Es ist wunderbar, wenn man einem geliebten Menschen geben kann, wonach er sich sehnt und was er von niemandem sonst erbittet, um nicht entblößt dem peinlichen Gewitter von Missverständnis und Ablehnung ausgesetzt zu sein. Solche Menschen sind, so sagen kundige Experten, sensibler als andere, die in der Normalität ihres achtbaren Lebens mehr an das Feine und Reine beim Liebesspiel glauben. Fessel und Peitsche sind dann nichts weiter als Wunderwaffen im Umgang mit der Philosophie des von unzähligen Sehnsüchten geprägten Charakters. Im Entzug von Freiheit und Bewegungsfähigkeit verdichtet sich für kurze Zeit der Lebensinhalt – sofern einfühlsame Mitspieler diese himmlische Reise begleiten und schützen. Dass so etwas nicht verständlich ist für Menschen, deren kleine oder große Sex-Spektakel ganz andere Freuden beinhalten, weiß Frank genau. Und M. weiß es auch.

Maya sah sehr schön aus am Stamm der Birke, so verletzlich wie stark. Frank nahm einen zaubrischen Geruch wahr, der aus der duftenden Natur aufstieg, in der sie sich auf so grandiose Weise verloren hatten.

Das Bellen der Hunde kam näher.

Schweigend fuhren sie zurück in die Stadt. Seine rechte Hand suchte immer wieder ihre Hand. *Wir werden diesen Tag nicht vergessen*, sagte sie elegisch, nahm seine Hand und leckte mit ihrer virtuosen Zunge seine Finger.

Er hatte sie zurückgeholt in ihr Leben. Der Zweifel war getilgt.

Mit M. gelingt es Frank, Glücksmomente zu teilen, an denen nichts Banales ist – trotz all der waghalsigen Versuche, die Zone des Immerwiedergleichen zu verlassen (oder gar nicht erst zu betreten). Paradoxon: Mit M. sind alle Handlungen im Spiel der Körper Unikate, sooft sie sie auch exerzieren. Es sind Varianten einer einzigen Aufgabe: Mit unbestechlicher Navigation ein Wunderland zu finden, das in immer neuen Koordinaten liegt – ein Niemandsland ohne Grenzen.

Liebe mit M. zu machen ist ein physikalisch unerklärliches Schweben im Universum. Die lächerlich kleine Erde kann man aus dem Millionen Lichtjahre tiefen, sternenfinsteren All dabei kaum wahrnehmen. Weshalb sogar Liebe und Glück und Treue aus dieser Perspektive unsichtbar werden.

XV.

Bergheil, Gipfelstürmer!

In den bayerischen Alpen kennt Frank einen Ort, den er zweimal im Jahr besucht. Er hat M. eingeladen, ihn übers Wochenende dorthin zu begleiten. »Weil du eine dramatische Seele hast.«

Sie quartierten sich in einem Berghotel ein. Es roch nach zu hoch erhitztem Fett, bot aber einem mit einem wackeligen Stern dekorierten Koch eine kreative Bühne. Auf dieser sichert sich Annett die Zuneigung der in Ferienlaune gern applaudierenden Gäste. Anmut und Herzlichkeit des Mädchens im lila Dirndl schlagen Wurzeln im Gemüt der Menschen, man kann dabei zusehen.

Im Hochturner Hof gibt es zudem einen Chauffeurdienst mit einem fröhlichen jungen Kerl, der sich in seinen Allgäuer Bergen besser auskennt als Luis Trenker oder Anderl Heckmair.

Maya und Frank staunten, aneinandergeschmiegt und glücklich, aus den Panorama-Fenstern ihres großen Zimmers in die Alpen-Welt hinaus, die ein dramatisches Beeindruckungswerk inszenierte: Ein magisches Naturschauspiel ohnegleichen. Hauptdarstellerin ist ein himmelhoch aufragendes Massiv, Reiterspitz genannt, hinter dem die Sonne früh verschwindet. Danach ist innerhalb von Minuten das Tal in silberblaues Dunkel gehüllt. Der Riesenturm aus Fels, mit mageren Fichten locker begrünt, hat Frank immer schon in seinen Phantasien bewegt. Er soll, sagt die Sage, von seltsamen Bergfexen bewohnt werden, die Tannenblüten zu Honig-Met vergären können. In den Schneewintern kreisen sie kreischend auf bunten Adlern um die kalten Gipfel, verfolgt von geilen Gespielinnen, die auf baldige Deflorierung hoffen. Das alles kommt daher, dass sie jene Plätze kennen, an denen Silberdisteln ihren verklärenden Zauber entfalten. Jungfrauen aus den kleinen Dörfern im engen Tal bekommen am Morgen nach ihrer Frauwerdung eine der (streng geschützten!) strohtrockenen Korbblütler-Pflanzen geschenkt – als Zeichen für ihre mutige Bereitschaft, sich jetzt dem erotischen Leben zu öffnen und die Silberdistel künftig als Symbol für ihre stachelbewehrte Einnehmbarkeit zu betrachten.

M. küsste ihn minutenlang und zog ihn dabei aggressiv aus, zugleich sich selbst – soweit das ging. (Ist es nicht höchst erstaunlich, wie sehr Routine dazu führt, dass zwei Menschen ohne Verluste an Lust und Ästhetik einander mit haptischer Eleganz in Szene setzen, um erst dann hellwache Besinnungslosigkeit zuzustreben.)

Draußen illuminierten sich einladend die Häuser: Fenster begannen spiegelnd zu leuchten und am Himmel wartete ein rosaroter einsamer Jet-Strahl auf das Erscheinen des Abendsternpartners. Wer imstande war, zu ahnen, was hinter den Fassaden geschah, konnte sich jetzt in bunte Träume verlieren.

M. hat es sich angewöhnt, beim Betreten eines Hotelzimmers unauffällig zu erkunden, wie ihre Pläne von den Gegebenheiten des Raumes und seiner Einrichtung unterstützt werden könnten. Diesmal war es der feste Kleiderhaken im schmalen Flur zu ihrem Zimmer, der sich anbot. Sie drehte Frank den Rücken zu und überkreuzte ihre Arme über dem Gesäß wie eine der Choreographie folgende Ballerina aus einem gegen den Strich gebürsteten Stück von Tina Bausch. Was sie anbot war alles andere als eine Kapitulation. Eher stachelbewehrte Einnehmbarkeit.

Ein Blumenstrauß im Badezimmer (potent aufgeblühte Calla und affige Orchideen mit herausgestreckten Zungen) verströmte einen intensiven Duft, der ihm zuvor nicht aufgefallen war. Sex aktiviert die Sinneswahrnehmungen, wie man weiß, besonders den Geruchssinn, der zu einer Stimulanz der besonderen Art werden kann. Man könnte damit im Alltagsleben nur schwer zurande kommen. Der Physiologe Richard Fährmann, ein norddeutsch-verhaltener Forscher im Reich der Düfte, hat sehr blumig darüber aufgeklärt, dass der Frau beim Liebesakt ein Aphrodisiakum entströmt, eine den Höhepunkt des Partners provozierende Variante des *Parfüms Frau*, in dem, man glaubt es kaum, Spurenelemente von Ajax zu finden seien. Frank weiß sicher, es gibt diesen Duft, und seine Haushälterin Rössel würde altklug soufflieren, *Ajax* sei nicht nur *ein die Sinne reizendes Reinigungsmittel sondern vielmehr und vor allem der gleichnamige Held jener Theatertragödie, die Sophokles bis zum heutigen Tag zu Ruhm und Ehre gereicht.*

Frank spürte ein Vibrato und den sich unabwendbar ankündigenden Schlussakkord. Das brausende Finale raubte ihm für einen Moment Standfestigkeit und Orientierung. Er hörte Maya in der Fan-Kurve ihren Höhepunkt bejubeln. Sie lag weit unter ihm auf dem Bett. Von dort beobachtete sie mit ihrem hellblauen Laserstrahlblick die Vollendung ihres so oft geprobten Zweiakters. Erlöst lachend stützte M. sich auf der Bettkante ab und küsste ihn leichthin mit einer *That-was-it*-Geste: *Bergheil, Gipfelsürmer! Dir hab ich's aber gegeben, Mann! Hat sich ein bisschen wie eine Erstbesteigung angefühlt.*

Dass Frank in Augenblicken größter Lust an die virtuose Geigerin aus Zürich denkt – M. würde es ihm sicher verzeihen.

Während er die CD mit Mendelssohns Violinkonzert in Mayas Gegenwart hört, empfindet er so etwas wie eine vorweihnachtliche Schuldhaftigkeit. Das macht ihn aufnahmefähig für disharmonische Nebengeräusche. Maya spielt in einem Spiel mit, bei dem die Rollenverteilung nur ungenau festgelegt worden ist: Während sie sich lieben, sieht er die Geigerin vor seinem geistigen Auge. Die Züricher Eskapade in D-Moll wirkt wie ein Aphrodisiakum. Es lässt ihn Maya so stark spüren, als sei ihre Gegenwart nötig, um den wundersam-virtuellen Erinnerungseffekt zu erzeugen.

*

Drei belanglose Wochen später, kurz vor den Semesterferien. Frank ist von einem Businesstrip aus Irland zurück. Ein erfolgloses Unterfangen liegt hinter ihm, wie so oft. Der unerfahrene Museumsmann, mit dem er in Cobh verabredet war, hatte bei Nacht und Nebel Irland verlassen. Zwei Tage vor seiner Ankunft soll er sich nach dem überteuerten Ankauf des als meisterlich gearbeitete Fälschung aufgeflogenen *Seestücks mit Viermastbark in rauer See* nach Island abgesetzt haben. Die

Zeitungen waren voll von dieser amateurhaften Aktion und vom chancenlosen Fluchtversuch des Kurators. Ein englisches Blatt schilderte das unprofessionelle Vorgehen ironisch als *Schiffsuntergang mit falscher Kunst.*

Für die unerwartet geschenkte Freizeit hatte Frank gern Verwendung. Er schaute sich, voller Freude an dem von seiner Uni bezahlten Leerlauf, die kleine Hafenstadt Cobh an. Am musealen Ticketschalter der *White Star Line,* betrat er den Ort, von dem aus am 11.4.1912 mehr als 3000 Menschen voller Abenteuerlust zu ihrer Amerika-Todesreise mit der angeblich unsinkbaren *Titanic* aufgebrochen waren. Liebende Männer hatten nach der Kollision des Riesendampfers mit einem gewaltigen Eisberg ihre Kinder, Frauen oder Geliebten in die 20 Rettungsboote steigen lassen, um dann von der unbarmherzigen See verschlungen zu werden.

Die Schicksalssinfonie ließ Frank kalt. Das Melodram rauschte ohne jeden Gefühlstumult durch sein Innenleben. Mag sein, dass Professor Berenberg selbst ein Eisberg ist, an dem das Glück anderer erbarmungslos zerschellt. Falls sie an Unsinkbarkeit glauben.

XVI.

Heldendarsteller bittet um Zugabe

Maya und ihre von Frank bisher nicht als Freudenspenderin aufgefallene Freundin Phädra (was haben die Eltern sich bei der Namensfindung bloß gedacht?) ließen von sich hören. Es war ihnen nach einem *gemeinsamen Trip* zumute, der in Mayas mail aber unerklärt blieb. Klar, dass seine Schöne ausgehungert war. Mit Phädra allein konnte sie ihre Sehnsüchte, bei aller Liebe für das Griechische, nicht erfüllend ausgleichen. (Allerdings: Phädra, Theseus' zweite Frau, hatte eine Schwester namens Ariadne. Was diese fabulöse Griechin zuwege gebracht hat, weiß man ja: Sie konnte dem Labyrinth des Minotaurus mit Hilfe eines Fadens entrinnen, der sie als Wegweiser vor Irrwegen bewahrte.)

Frank hatte große Sehnsucht nach M., die während seiner Reise nach Irland eine unstete Partnerin in vielen mails und seinen Träumen gewesen war und jetzt, im vorweihnachtlichen Deutschland, die Defizite sicher ausgleichen würde. Je mehr er darüber nachdachte, ob er M. gemeinsam mit Phädra ins Labyrinth seiner Phantasien locken sollte, desto martialischer wurden seine Absichten.

Maya spürte das. Mit der ihr eigenen Coolness skizzierte sie die Pläne – eine stilsichere Architektin, der die Vermessung der Welt des Eros eine leichte Übung war. »Lass mich nur machen«, sagte sie, »dann wird dir unser Date gefallen.«

Sie sollte recht behalten. Ihr Arrangement lehrte Frank, die Liebe nicht von oben herab zu betrachten.

Die Mädchen holten ihn mit dem Auto ab, einem rubinroten Volvo S70 von 1997. Am Heckfenster klebte ein freudloser Sticker mit dem leeren Gesicht von Kurt-Georg Kiesinger. Daneben ein Kussmund-Abdruck in versemmeltem Rot, der für Lippenpomade warb. Die beiden hatten sich wie Zwillinge gekleidet, trugen brustbetonende graue Rollkragenpullover, Skinny Jeans und schwarze Stiefel. Phädra, die er bis dahin nur aus Mayas schmallippigen Erzählungen kannte, fiel eindeutig die Führungsrolle zu. Als Fahrerin bat sie, es sich auf den Rücksitzen bequem zu machen. Maya küsste ihn überdreht, sie benahmen sich wie Teenager im ersten Liebesfrühling.

Phädra fuhr verkehrsgerecht aus der Stadt hinaus, dann durch eine in ihrer Kargheit beeindruckende braungraue, bäuerlich-holsteinische Landschaft. Sie war hier zu Hause, soviel wusste er.

Als spielten die zwei Passagiere auf der Rückbank ihr eigenes Spiel, begann Phädra erst leise, dann immer lauter, Lieder zu singen. Aznavour. Piaf. Sie kopierte gekonnt das Timbre der Originalstimmen, übertraf sich schließlich selbst mit *Je t'aime – moi non plus*, dem erotischsten Chanson der Welt, erfunden von Serge Gainsbourg für Jane Birkin. Mit ihrem zweistimmigen Lied vom Liebessehnen, mit dem atemlosen Stöhnen und dem erregt angesagten, dann aber nur hingehauchten Signal: *je viens* … haben die beiden Provokateure seit 1969 unzählige Paare beim Sex begleitet. Als Frank ein paar Jahre nach Serges Tod die noch immer aufsehenerregende Jane Birkin in Paris traf und mit ihr ein Lunch im *Theodore Cinq* hatte, fiel ihm auf, dass sie in ihrem fast betulichen Englisch mehrmals sagte: *j'aime* … Daran, und an die Art, wie sie ihre Augenlieder senkte und für Sekunden geschlossen hielt, erinnert er sich deutlich. Und auch daran, dass der sie verzückt betrachtende Kellner alle Kartoffeln von ihrem Teller, also aus ihren Augen nehmen und einen neuen Teller arrangieren musste. Es dauerte Sekunden, ehe er seine Anbetungshaltung aufgab, um ihr den Wunsch zu erfüllen. Das magere Idol mit den A-Körbchen dankte ihm für seinen Service nicht einmal mit einer kleinen Geste.

Phädras kongenialer Gesang mit einer verzagten und doch stimulierenden Stimme wirkten wie ein himmlisches Vorspiel. Maya und Frank lagen aneinandergeschmiegt auf den Rücksitzen des betagten Volvo, verzaubert von den Liedern voller Empfindungs-Magie.

Sie erreichten ein niedriges freistehendes Haus, Besitz von Phädras Hamburger Familie. Ein Automat erleuchtete den Weihnachtsbaum neben der in Tannenzweige verpackten Eingangstür. Den Torbogen konnten Maya und Frank nur in gebückter Haltung passieren, Phädra ging aufrecht durch das *Tor zum Himmel*. Die teure Dekoration ließ vermuten, dass hier organisierte Geselligkeit zu Hause war. Glühwein und Gans und Gebäck – und die Ausdünstungen von altem Bohnerwachs auf dunklem Parkett …

Weit gefehlt.

Phädra verschwand und Maya führte Frank in einen quadratischen Raum im Tiefparterre, der angenehm warm und intim beleuchtet war. Auf den ersten Blick sah er: hier hat schon manche Orgie stattgefunden, eine Heiligabend-Bescherung wohl nicht. Es sei denn, das Thema Weihnachtsmann, Sack und Rute hätten die Szene bestimmt.

Die drei saßen wie vom Christkind voradventlich angelieferte Zufallsgäste um den Tisch herum, redeten bangloses Zeug, lachten gezwungen und belauerten einander amüsiert. Phädra musste aus der Deckung kommen – es war schließlich *ihr* Tatort. Nach kurzer Zeit hatte sich in der Stille eine erotische Spannung aufgebaut. M. rührte beharrlich-abwartend mit dem Teelöffel in der Tasse und tat so, als sei Frank ihr fremd. Der schlicht konstruierte Einakter, den er kurzatmig in einer nervösen Endlosschleife zu durchdenken begann, versprach hochnotpeinliche Aktionen. Frank ahnte, was gespielt werden sollte.

Ohne Vorankündigung fühlte der Professor aus Hamburg eine aufkommende Schwäche, einer Ohnmacht ähnlich, begleitet von massiver Unlust. Nie zuvor war ihm so unvermittelt klar geworden, dass sein Ausgeliefertsein unerwünschte Fremdbestimmung bedeutete. Hilfe war nicht in Sicht. Als wäre ihm ein neues Genom implantiert worden änderten sich seine Wünsche. Sein Verlangen verlangsamte sich bis hin zum Stillstand, um dann wieder, losgelöst von rätselhaften Bremsmanövern seiner Psyche, in die Realität zurückzukehren: Er landete hart auf dem Boden erregender Tatsachen.

Der kurze Entzug, wie eine Mahnung aus den Katakomben des Gewissens, fiel in sich zusammen. (Tizian hat ein solches Ausgeliefertsein ins Bild gesetzt. Vor einigen Wochen stellte Berenberg es in den Mittelpunkt eines Seminars. Es gab wenig Resonanz bei den Studierenden. Wie so oft.)

Maya stand unvermittelt auf, verließ das Zimmer. Phädra folgte ihr wortlos. Frank ahnte, dass *er* auf dem Altar phantasiegetriebener Freuden geopfert werden würde. Nach einer kleinen Ewigkeit kamen die Mädchen leise in den Raum zurück.

Phädra näherte sich provokativ und zugleich vielversprechend. Ihre Scham hatte sie mit einem so kleinen Slip bedeckt, dass Frank für einen Moment dachte, eine silberne Zunge habe Besitz von ihrem Unterleib ergriffen. M. hatte eine Peitsche mit einem roten Herz als kleine Schlagfläche zwischen ihre Zähne geklemmt und sah ihn herausfordernd an. Allein das mobilisierte in ihm unzählige Szenarien, in denen der Hauptdarsteller immer auch ein Nebendarsteller war. Die Paradoxie war eingebettet in Wünsche, mit denen er gut umgehen konnte – Faszination aus einem Experimental-Labor mit Wirkstoffen aus den Tiefen weiblicher Begierde. Und auch der seinen.

Das Dreipersonenstück begann mit Phädras Satz: »Du wirst tun, was wir Dir sagen.« Sein Ego umrundete im Eiltempo den Couchtisch. Gedanken an Glühwein, Gänsebraten und Gebäck erloschen ersatzlos.

M. nahm ihn an der Hand: Demütigung durch die zärtlichste Liebesbezeugung, die sich denken lässt. »Du bist jetzt unser beider Mann«, sagte Phädra so leise, als müsse etwas unerwartet Wunderbares geschehen, das durch falsche Bewegungen zunichte gemacht werden könnte. Dann nahm sie ihm den Gürtel und die Hose ab (was nicht so leicht war, weil sein aktiver Freund sich wie ein Dübel-Anker gegen die Preisgabe des ihn schützend umhüllenden Stoffes stemmte).

Phädra schnitt mit der Geste einer Kinofilm-Chirurgin seinen Slip auf. Dann halfen ihm beide, synchronisiert vom Gott der sträflichen Liebe, sein Hemd auszuziehen. »Leg' Dich hin«, bat M. mit einer Stimme aus Samt und Stacheldraht. Sie streckte ihre Hand aus um zu besänftigen, was sich ihr respektlos entgegenreckte.

Die Mädchen sahen, ihre Köpfe mimisch schüttelnd, indigniert auf ihn herab als sei er ein aufsässiges Zoo-Tier, dem man Genügsamkeit anerziehen musste. Seine Erektion, die sie lobend in ihren kundigen Händen wiegten, fühlte sich sichtlich wohl im Angesicht der Anbeterinnen.

Frank fühlte sich warm, stark und von einer heiteren Neugierde erfüllt. Das wohltemperierte, nicht mehr lange zu beherrschende Begehren zeigte an: Er wollte bedient werden – wie man so schön und so präzise sagt. Aber der Joker musste sich Zeit lassen für das abgekartete Spiel der Verführerinnen.

Aus einem Nebenzimmer hörte Frank das hektische Trommeln der Klöppel einer Uhr, die mehrmals hintereinander durch zwölf Schläge vorgab, es sei nun Mitternacht. Jedenfalls war es zu spät für Protest – abgesehen von ziemlich nutzlosem Widerstand in dem engen Gewahrsam.

Für einen Moment schweifte seine Fantasie ab zu Annett, der Silberdistel aus dem fernen Allgäuer Bergtal. Wäre die smarte Unschuld jetzt bei ihm – sie könnte viel lernen fürs lustvolle Leben. Ihre vorgegebene Unschuld bewegte ihn in der Erinnerung stärker als während der Begegnung mit ihr – und jetzt fungierte sie als ein verstärkendes Element für all die vor ihm liegenden Vergnügungen mit den beiden Frauen.

Phantasie, wie wir wissen, ist der Motor aller Lust. Die Hormone allein sind arm dran, wenn ihre Herrschaft nicht durch irisierende Impulse aufgeputscht wird.

Maya bestieg in Jockey-Haltung seine Lenden. Sie nahm ihn mit jener Routine auf, die sie sich in vielen geglückten Feldversuchen erworben hatte. Gemeinsam ritten sie ins vom flackernden Marlboro-Kaminfeuer imitierte Abendrot. Dann war es mit seiner *Contenance* vorbei.

M. streichelte ihre beiden Wangen mit der uralten Geisha-Geste, die dem philanthropischen Glücksgeist Shi-Shin-Me gebieten, sich nicht mehr wegzubewegen von einem die Erlösungsstarre genießenden männlichen Geschöpf der Gattung Mensch, das seinen Rang innerhalb der Hierarchie biologischer Systematik als überwältigende Erlebniswelt begriff. Und zwar jedes Mal aufs Neue.

Die Mädchen gingen mit Frank sanft um, ohne besondere Eile, routiniert wie ein eingespieltes Mechanikerteam beim sauber getakteten Boxenstopp. Er sah ihnen dabei zu und entdeckte, dass sie ihn mit einer Freude erlösten, der man im erotischen Theater so gut wie nie begegnet. Phädra glühte förmlich vor Enthusiasmus und bat ihn, noch sitzen zu bleiben. Sie trat vor ihn hin, rieb ihren Bauch an seinem Gesicht und sagte: »Auf einen wie *den* habe ich lange gewartet …« Dabei kam sie in langen Wellen, atmete tief und laut. Ihre Hand suchte zaghaft-kindlich nach seiner. Der Heldendarsteller begann so ungefragt wie selbstbestimmt auf eine Zugabe hinzuarbeiten.

M. lächelte dazu jenes weltbewegende Lächeln, dem er längst verfallen war. Dann drehte sie sich weg und überließ es ihren Händen, das Werk zu vollenden. Zitternd quittierte sie das Finale mit Tönen, die den Übertritt in die Welt des wirklich Wesentlichen zuverlässig anzeigen: Ein zärtlicher an- und abschwellender Gesang mit wechselnden Melodien, komponiert nur für diese eine Ich-Frau und ihre steile Himmelfahrt ins rosarotgoldene Paradies besonders phantasiebegabter Frauen. (Dass in diesem Garten Eden die Glanzstimme der alle Kenner verzaubernden Russin Aida Garifullina den Ton angab – kein Wunder, aber Zufall.)

»Ich liebe dich«, hörte er M. sagen, das erste Mal übrigens, präzise ausgesprochen, nicht einfach so dahingesagt oder von flüsterleiser Peinlichkeits-Unschärfe gemindert. »Ich liebe dich auch«, jedenfalls im Jetzt und Hier, und in dieser entrückten Szene. Eigentlich wollte er sagen: »Du bist eine Heilige. Wer von dir gesegnet wird, der gelangt ohne weitere Aufnahmeprüfungen ins Land himmlischen Glücks, geleitet und verführt von den schönsten Engeln der Erfüllung«. Aber das schien ihm dann doch zu sehr der pseudoliterarische Stil einer kitschgetränkten Romanze aus den siebziger Jahren des vorletzten Jahrhunderts zu sein. Wir Heutige lieben sie insgeheim; zugleich missachten wir die hellblauen Schutzengel-Schlafzimmerbilder unserer Urgroßmütter. Die Nazarener-Traumfrauen berühren uns heute wieder. Wegen ihrer unkeuschen Inbrunst und damit einer fragwürdigen Gottesgläubigkeit).

**Lieber Freund, Sie stürzen mich in tiefe Nöte, das wissen Sie ja. Nachdem ich lange nicht mit unserem (!) Werk befasst war, musste ich mich desensibilisieren. Ich merke, Sie lassen sich doch nicht wirklich vom Pfad der Untugend abbringen. Wollen wir gemeinsam unsere Toleranz erproben? Da meine Frau im Engadin urlaubt, geht das Komplott auf meine Kappe. Sie wird irgendwann dahinterkommen, dass wir sie ausgedribbelt haben. Ihr Protest wird sich in allerlei Formen zeigen. Ich will nur vorwarnen. Die »fragwürdige Gottesgläubigkeit« könnte nochmal aufs Tapet kommen. Wir werden Seit' an Seit' kämpfen und mit kaltem Ruinard brut das Schlachtengetümmel aufschäumen. Lieber Autor, beunruhigen Sie mich weiter! Attacke!
Ihr Morgenschön**

XVII.

Wo die Bosheit keinen Raum hat

Genau eine Woche später kam Frank aus Köln zurück, wo er das wuchtig-marmorne Grab von Helianes Eltern, seiner Großeltern, besucht hatte. Er landete nach einem finster umwölkten Flug in Hamburg, noch befasst mit dem Versuch einer ehrlichen Rekonstruktion jenes nicht immer einfachen Lebensabschnitts, seiner Kindheit ohne dominante Farben, glanz- und absichtslos bestimmt von Frauen, deren hehre Ziele ihm unverständlich blieben und daher nicht zu den seinen werden konnten. Nur die naiven Weissagungen seiner Kinder-Gespielin Linde erfüllten sich immer sofort, denn ihre wohltuend limitierte Weltsicht (»Will ich alles gar nicht wissen, weißt du!«) machte sie zu einem unverfälschten Instrument seiner Sehnsucht nach beständigen Werten. Sie wies Wege zu einfachen Lösungen, selbst in schwierigen Fragen. Sie erlaubte ihm, an ihr zu erleben, wie impulsiv vergossene Tränen einen kindlichen Mann aufwühlen können. Sie ließ ihn fühlen, wie Mädchenhände sich gebärden, wenn sie hilflos nach einem hilfsbedürftigen Helfer greifen. Sie zeigte ihm mutig, wie aus dem Nichts eine feste Bereitschaft erwachsen kann.

Damit setzte sie die Lockstoff-Injektionen, mit deren Hilfe Frank immer und immer wieder das Mann-Frau-Erlebnis zu deuten versucht.

Beim Spiel in den Bäumen am Fluss, ich Tarzan sie Jane, fiel sie an einem sehr heißen Tag lautlos von einem Ast in das eiskalte, reißend rauschende Wasser. Linde war sofort tot. Es war ein Herzschlag. Auch für Frank.

Er fühlte sich schuldig, wurde schlaflos zum Bettnässer, bekam die Mumps, Onanieren blieb ohne Folge, er entwickelte sich zum Einzelgänger, sprach leise vor sich hin mit Linde. *Er hat den Verstand verloren*, sagten seine Lehrer. Mutter Heliane bejammerte ihr Schicksal mit dem schwierigen Sohn bei dünnem Kaffee (»Das Herz!«) und fetten Torten mit fetten Freundinnen, von denen eine adeliger war als die andere. Immer häufiger griff sie zur Flasche mit Kölnisch Wasser, was seine Distanz zu ihr weiter vergrößerte.

Dann, vor mehr als 30 Jahren, trat die hochgradig pubertierende Charly in Franks Leben. Sie zog mit Ihren Eltern ins Nachbarhaus und fiel schon wenig später, himmelhoch jauchzend, über ihn her. Charly war die paar entscheidenden Monate älter und adoptierte ihn, wie sie das beherzte Spiel ihrer behaupteten Überlegenheit mit seiner gestörten Männlichkeit nannte. Sie berührte ihn tabulos und trainierte unermüdlich sein schwach entwickeltes Verständnis für jene Wunder, die die Geschlechter aneinander wirken können.

Es war also Charly, die Lindes Werk vollendete.

Charly verschwand so unvermittelt aus der Stadt wie sie gekommen war, ohne Abschied. Tief in seinem Innern leben die beiden seither ein eruptives Leben. Bis heute. Er will ihre Anwesenheit nicht tilgen, will sie als Sendboten einer obskuren Zweitwelt in seinem von vielen unzumutbaren Lasten beschwerten Herzen wohnen lassen.

(Frank hat bis heute niemand von den beiden Seelchen an seiner Brust erzählt. Er spürt, dass er von einer Last befreit ist und Lust hat auf ein beflecktes, erwachsenes Abenteuer.)

*

Favero wartet vor dem Flughafen Fuhlsbüttel, unaufgeregt wie immer: Ein Freund, ein Vertrauter. Er winkt Frank zu, fragt in famoser Lässigkeit, wie die denn die Reise war. Eine Antwort erwartet er nicht. Der Italiener hat ihn oft mit seinem rätselhaften und doch so warmen, Nähe beweisenden Verhalten erstaunt. Mit dem alltagstauglichen Tucholsky klammert er sich an die schlaue Devise: *Der Vorteil der Klugheit besteht darin, dass man sich dumm stellen kann. Das Gegenteil ist viel schwieriger.*

*

An einem Sonntag mit anstrengendem Nichtstun, unpässlichen Gedanken, die aufwühlen und desensibilisieren zugleich, aber nichts bewirken als eine unbestimmte Sehnsucht nach Abstand von sich selbst – an einem Sonntag wie diesem beschloss Frank, herauszufinden, wie er endlich autark und stark werden könne, um die Abhängigkeit seines *Alter Ego* von seinen übermächtigen Bedürfnissen zu überwinden. Mit den Büchern *New York City* von Abe Frajndlich und Fotografien von Lillian Bassman setzte er sich an sein Erkerfenster. Eine anthrazitfarbene Wahrnehmung der bunten Außenwelt verschaffte ihm für eine halbe Stunde stillen Genuss. Die Angst vor seinen rätselhaften Abhängigkeiten verflog. Die schwarzweißen Lichtbilder tilgten alle Tristesse, machten Franks überraschte Seele frei und sorgten für ein kluges Verständnis für noch schwelende Beklemmungen. Als nähme eine Hundepfeife erfolgreich den Kampf auf gegen einen vertrackten Tinnitus.

*

Esther, schon nach einer Sekunde am Telefon, gibt zu, auf Franks Anruf gewartet zu haben. »Ich spüre Dich, seit ich aufgewacht bin heute morgen«, sagt sie. »Ich wusste, dass Du mich wiederfinden würdest.« Ein Augenblick der Wortlosigkeit. Gänsehaut, ein Glücksgefühl und – Angst, als wäre ein Irrtum der Auslöser solch spiritueller Bewegung. Er fragt nach ihrer Befindlichkeit, wie ein Beichtvater, der gierig darauf ist, zu hören, was der eigene Zölibat *ad absurdum* führt, um seine sexuellen Notstände zu mindern. »Alles gut«, sagt Esther, wie sie es immer tut, wenn überhaupt nicht alles gut ist. »Ich habe mich entlobt, ach, du weißt ja gar nicht, dass ich mich verlobt hatte. War eine Schnapsidee, braucht echt kein Mensch!«

Alles, was diese Frau für ihn bedeutet hat, alle Glücksmomente und die Aura der einst so beharrlichen Sehnsucht: verflogen, ohne eine Spur zu hinterlassen. Frank fiel wieder einmal in jene misogyne Erschöpfung, gegen die er schon hundertmal gekämpft und hundertmal verloren hatte.

Lange hörte er Esthers wirrer Lebensbeichte zu, ein Wortgestrüpp ohne Sinn. Er antwortete nicht. Esther fragte nach einer Weile: »Bist Du noch da?«

»Ja«, sagte er. Und schon für dieses eine Wort fehlte ihm die Luft, denn in Wahrheit war er nicht mehr da.

*

Es tat ihm gut, ledig zu sein, ledig aller Bedürftigkeit, all die Frauen in seinem Leben richtig zu platzieren. Er fühlte sich klein, aber wichtig, eingeschränkt und dennoch frei. Wenn jemand ihm gesagt hätte, dass er ein Leben voller Lug und Trug absolvierte, er hätte nicht widersprochen. Beim Blick in den Spiegel erwartete ihn die böse grinsende *Cheshire Cat*, die von Lewis Carroll erdachte Krüppel-Katze, die in *Alice im Wunderland* für Schrecken sorgt: *You may have noticed that I'm not all there myself.*

M. konnte ihm nicht helfen. Er blieb antriebslos verloren in seinem auch für ihn selbst unbegreiflichen Ich. Waidwund schrieb Frank einen mageren Vortrag über *L. W. Stapenhorst und seine anfechtbaren Renaissance-Interpretationen*, die zu Recht unbekannt geblieben sind. Ein Alibi-Historiker-Versteck für faule Forscher. Als er, erschöpft von der Bedeutungslosigkeit der Arbeit, von neuem in teerzäher Tristesse versank, erreichte ihn unerwartet eine Einladung nach Rom.

Frank Berenberg kehrte sofort zurück ins glückverheißende Leben.

Die Nachricht kam von dem ihm immer mal wieder, meist bei dröge dahinrappelnden Kongressen, begegnenden Kollegen Rolando Menotti. Er lehrte an der römischen *Sapienza* (eine der größten und ältesten Universitäten Europas). Ob er sich bei einem Kolloquium mit Experten aus vielen europäischen Ländern mit einem ihm völlig freigestellten Thema einbringen wolle? Da die Veranstaltung in der *Salla Mendipio* von dem italienischen Lebensmittelkonzern *Cormo* unanständig-neureich gesponsert wurde, nahm er den üppigen Honorarvorschlag ohne Zögern an und schlug vor, das Thema »Entmenschlicht uns die Digitalisierung?« vor dem ausgewählten Fachpublikum zu thematisieren – in seiner saloppen Art und Weise, also mit vielen eingängigen Thesen, Vermutungen und ein paar irritierenden, aber beweisgestützten Argumenten. Fragen wie: *Machen Haferflocken süchtig?* oder: *Kann man von einer Blockchain gefesselt sein?* würden ihm grinsenden Applaus und entspannte Gesichter eines Hoch-IQ-Publikums einbringen, dem es vor allem auf die italienischen Delikatessen und den spritzig-kalten *Virolito* am Ende der Veranstaltung ankam.

Als Frank seiner Maya anderntags von dem Vorhaben erzählte, antwortete sie: »Macht sie uns denn kaputt, die Digitalwelt mit ihren Blockchains?«

»Das hängt von vielen Faktoren ab. Ich weiß noch nicht.«

»Wie – du weißt noch nicht …?«

»Muss mich erst sortieren.«

»Sich sortieren? Wie sortiert man sich? Wie geht das?«, insistierte sie.

»Komm doch mit nach Rom, dann wirst du es erfahren, du kannst mir live beim Sortieren zuschauen. Die *Salla Mendipio* liegt ganz nah bei der *Via della Croce*, wo wir wohnen werden. Von da aus kannst du schön shoppen gehen, Rom ist ja …«

»Rom ist was? Ist gut für einfältige Frauen, die dir erst deine erotischen Wünsche erfüllen, dann preisgünstig shoppen gehen und … im Gegenzug keine unnützen Fragen stellen, ja?«

»Preisgünstig habe ich nicht gesagt!«

Die strittige Sache endete wie strittige Sachen bei ihnen immer enden. Ohne griffigen Plan. Aber bei ihr mit der Frage, die eigentlich mehr eine Behauptung ist: *Du liebst mich?!* In der Pause, die sie sich Arm in Arm gönnten, erlebte Frank ein Glücksgefühl, wie nur M. es auslösen kann. Vorausgesetzt, sie ist gut drauf.

Dann drehte sie ihn auf den Bauch, fuhr mit einer Hand über seinen unteren Rücken, er ist da besonders empfindlich, und sagte: »In deiner Welt zu leben – als *DU*, das wünsche ich mir. Da hat die Bosheit ja wirklich keinen Platz. Weil sie nichts weiter als die Maske der Dummheit ist.«

Während er andächtig ihrem philosophischen Kompliment hinterhergrübelte und stolz war auf die allwissende Frau in seinem Bett, zog M. ihm unvermittelt ein paar Mal ihre schlanke Peitsche über, und zwar so, dass er danach nicht mehr genau sagen konnte, wo seine Schmerzpunkte verortet sind. Dann leckte sie ihn sanft mit knabenhaft-penibler Zunge und streichelte vorsichtig mit ihrem im Mund angefeuchteten Zeigefinger über die von Striemen gezeichneten Stellen. Karitative Wiedergutmachung. Liebesgottgewollt.

»Ich finde deinen Arsch schön«, flüsterte sie. »Weil er mich liebt«.

»Wie soll er das hinkriegen?«

»Kein Unsinn! Hyperkluge Weisheit! Er reagiert auf meine begnadeten Hände …«

Dann lachten sie, rollten sich auf dem Teppich übereinander (er deutlich zurückhaltender als sie), und liebten sich wie Trolle im Comic: Märchenhaft, ohne erkennbares Konzept, hart und zahm, dann zahm und hart. Als sie, noch einmal, ohne Ankündigung und beinahe lautlos gekommen war, sagte M. mit sinnlichem Timbre:

»Doch, er … er liebt mich wirklich. Ich bin jetzt ganz sicher.«

»Wer liebt Dich?« fragte er erschrocken.

»Dein Hintern. Schlagendes Argument: Auch mit rosa Striemen ist er eine heile Welt für sich. Oder … erst recht …« Ihr Nicken verlangte nach Zustimmung. Er war bereit, diese zu geben, um sich vor weiterer Züchtigung zu schützen.

XVIII.

Reni und die Römischen Elegien

Zwei Tage vor seiner Abreise nach Rom verbrachten Maya und Frank bei Trüffelnudeln und einem 2013er *Corte Mura* einen Abend im Hamburger *Neuherbergswirt*, zwei zugeparkte Straßen weiter, gleich an der Ecke. Mit gespielt strengen Blick sagte M., dass sie *nicht* mit nach Italien kommen werde. »Rom steht nicht auf meiner Agenda.«

Er verstand sofort, dass ein anderer Mann an der Reihe war und nahm es gelassen, weil er damals noch sicher war, dass er sich ihrer sicher sein konnte. Wer auch immer nach oder vor ihm das Bett mit ihr teilte, wer auch immer sie treffen durfte – M. war ihm treu. Inmitten ihrer weit gefächerten freien Welt zelebrierte dieses durch sein munteres Leben mäandernde Menschenkind eine erstaunlich selbstbewusste Lebensstrategie aus Pflichterfüllung, Erwerbssinn und Genusskunst. Manchmal kam eine heftige Besserwisser-Ignoranz dazu, die (aus Franks Perspektive) nie verletzend gemeint war, sondern eher Ausdruck ihrer Bequemlichkeit und ihres wohl angeborenen, pingeligen Organisationsbedürfnisses. Dann und wann hatte M. keine Lust auf Höflichkeiten und klassische Jedermann-Konversation. Dann blockierte sie, wie eine zu dicke

Dame unter dem Einfluss eines sehr schmalen Diätberaters mit schlechten Absichten.

*

Später am kühlen Hamburger Abend schlenderten sie Arm in Arm zurück zu seiner Wohnung, zogen sich aus wie ein altes Ehepaar, und schliefen ein, ohne sich noch einmal zu umarmen oder wenigstens einige frivole Küsse zu tauschen.

»Manchmal liebe ich dich ganz anders als sonst«, flüsterte sie.

Danach schien sie sich abzuwenden, sich von Frank zu entfernen. Sie trat eine Reise an zu einem anderen Mann.

*

Als Frank am nächsten Nachmittag in Rom landete, erwartete ihn Rolando am Flughafen und brachte ihn mit seinem schwarzen *Lancia Pininocco* in die kaffeeduftende Via Condotti zum von zahlungskräftigen Touristen belagerten *Antico Cafè Greco*.

(Dass Goethe, Wagner und Fontane hier schon zu Gast waren, belebt Frank Berenbergs phantasiebegabte Seele jedes Mal aufs Neue. Er nahm sich vor, so bald wie möglich den *Cimitero Accatolico*, den menschenleeren Friedhof der Nichtkatholiken an der Cestius-Pyramide, zu besuchen. Am Grab von Goethes Sohn August würde er umwölkte Gefühle haben für diesen bedauernswerten Schöngeist, der im Schatten des Giganten-Vaters als ein Niemand endete. Am 26. Oktober MDCCCXXX, also 1830, starb er in Rom. Der Grabstein nennt ihn lieblos nur

Goethes Sohn. So wurde er für alle Zeit zur namenlosen Gestalt aus einer religiös verblendeten Welt, die Nichtkatholiken selbst nach dem Tod aus ihren Mauern verbannte.)

Ein Entschluss war in Frank schnell gereift: Er bat den stets fröhlichen Kollegen Rolando, Ihm an diesem Abend freizugeben, weil er seinen Vortrag noch »feintunen« müsse (so nennen hyperaktive Jungakademiker ihre Korrekturarbeiten an nicht einmal ansatzweise existierenden Texten). Genau in diesem Moment erleuchtete ihn eine Idee, wie er den Aufsatz über absonderliche *Steinreliefs in Mexiko* zu einem guten Ende bringen konnte. Flash.

Rolando Conte Perticcio, ganz Mann von Welt, antwortete ungläubig-fröhlich auf das Dispens-Begehren: »Wie sieht sie denn aus?« Dabei zwinkerte er mit einem seiner lustigen Augen, was Frank irritierte, ihn aber zugleich von seinem stolzen Schuldgefühl befreite. »Viel Freude wünsche ich dir«, sagt Rolando mit offenem Römer-Lächeln, das Frank zu gerne beherrschen möchte. »Bis morgen dann! Komm' nicht unausgeschlafen. *I colleghi non sono sempre amici!* Wie sagt man es in Deutsch? Die Herren Kollegen sind nicht nachsichtig … sie zerreißen sich liebend gern das Maul …«

Frank trank an der Bar ein Glas *Gioia, einen* Weißen aus Umbrien. Danach rief er Reni an, Marketingchefin in einem der von peinlich lauten Russen, modeverrückten Japanern und orientierungslosen Herdentrieb-Chinesen überlaufenen Protz-Geschäfte nahe der Spanischen Treppe. Reni wartete bereits auf ihn.

Wieder erfüllte ihn dieses papiertrockene Gefühl einer Zwangsehe mit dem Schicksal: Er sah in einen Abgrund von Entscheidungen, mit denen er im Leben voller missliebiger Affären und Irritationen und Lügen, aber auch wilden, schönen Momenten konfrontiert worden war. Und doch – so liest man es immer wieder in der einschlägigen Boulevardliteratur – hüpfte sein Herz vor Freude.

Renis Arbeitsplatz im *Avatare, Via Condotti,* war eingerichtet wie Ex-Präsident Trumps unsäglich totalvergoldete New Yorker Wohnung. Die Verkäuferinnen mit ihren teuer operierten Nasen und den aufgespritzten Lippen bildeten zum Abgreifen der Kunden schon im Eingangsbereich eine Phalanx. Diese Avatare, Comic-Frauen eigentlich, taten ihm leid: Neben der provokativ naturbelassenen Reni, die gelegentlich als Model bei Gucci über den Laufsteg lief, verloren sie Glaubwürdigkeit und Würde.

Reni hinterließ bei Kennern den faszinierenden Eindruck, dass die Liebe in all' ihren Facetten ihr eigentliches Metier sei – schon bei Franks erster kurzer Begegnung mit der Römerin (der noch zwei weitere gefolgt waren) hatte er diesen Eindruck. Er erinnerte sich lächelnd daran, dass sie ihm, mit ein paar frechen Zeilen, eine Hermès-Krawatte mit Reitermotiven nach Hamburg nachgeschickt hatte. Sein sündhaft teurer Seiden-Binder war nach einer ihrer Galoppaden im Hotelzimmer in Rom zurückgeblieben. Renis Nachricht auf der Karte im Päckchen lautete: *In Submission there is Freedom; in Domination there is Responsability. In both there is love …*

Frau Rössel hatte sich damals erlaubt, zur postalischen Rückkehr seiner Pferdekrawatte zu gratulieren: *Ein Rössel kommt selten allein. Gibt es was auszubügeln?* Es war der Beginn eindrücklicher Poetik-Hinterlassenschaften der investigativen Zeigefinger-Souffleuse.

*

Über dem ewigen Rom stand ein dunkelblauer Bühnenbild-Himmel. Die Laternen gaben ihr dämmriges gelborangenes Licht großzügig an den Abend ab. Der renovierte Barken-Brunnen unterhalb der Spanischen Treppe sprühte schmutziges, leicht faulig riechendes Wasser in den Sommerwind, als habe er in einer Verdi-Ausstattungsoper deutliche Klischee-Akzente zu setzen. (Unfassbar, dass die römischen Stadtwerke die elegant geschwungenen Kandelaber mit ihren schummrigen Lichtspielen auswechseln werden. Kaltweißes, stromsparendes Licht soll die nobel-dekadenten Straßenlaternen ersetzen, deren Zauber im Lauf der Zeit für viele Liebespaare zum Begleiter vielversprechender Träumereien geworden ist.)

Reni kam gelöst und sichtlich frivol gestimmt in das Hotel nahe der Via della Croce. Sie hatte eine von Begehren bestimmte Annäherung erwartet. Es sollte ein Abend werden, der ihr und ihm gab, was sie sich wünschten. Manchmal wollte sie langsam, fast rituell genommen werden. Sein Wunsch, Liebe dominanter zu zelebrieren und dann eine Frau in den Armen zu halten, die heiß und glücklich die Revanche in die Tat umsetzt, passten nicht wirklich gut zusammen. »Wir sind eben keine Freaks, oder etwa doch?« Bei *Punt e Mes* am verzinkten Tresen des *Pioni*, einer quirligen, nach Espresso duftenden Lebensmittelladen-Bar, fällte Reni dieses ungenaue Urteil. Dann schrubbte sie mit der Papierserviette ihre blanken Lippen und startete einen Aufruf, der kein Zögern zuließ: »Amore, via! Let's go!« Mit ihrem hüpfenden italienischen Englisch hinterlegte Reni in Franks Gedächtnis einmal mehr einen Marker. Er würde imstande sein, in seinem Archiv der Freuden, Verlustängste und verdrängten Besitzansprüche für plausible Ordnung zu sorgen.

Beim letzten Mal war das genauso gewesen. Aber beim Wegsortieren muss etwas schiefgegangen sein: Alles fühlte sich diesmal anders an.

Auf dem Rückweg zum Hotel machten sie einen Abstecher zum *Trevi*-Brunnen. Vor diesem Sehnsuchtskulissen-Kitsch-Klischee hatten sie erste Küsse getauscht, wie sich das für Frischverliebte mit einem unerklärlichen Hang zu Kleingeld gehört. Sie wiederholten jetzt, was als Erinnerung an *amore e palpitatione* geblieben war. (Reni wusste zu berichten, dass jedes Jahr eine Million Euro in Münzen aller Währungen aus dem Wasser der *Fontana* gefischt werden – und dass das Geld Italiens *Caritas* zugutekommt. Das jedenfalls erzählen gutgläubige Römer, flüchtig zweifelnd.)

Auf dem Weg zum *Hotel Greco* blieben die beiden immer wieder stehen, um vom *Punt e Mes* parfümierte Kinderküsse und vielversprechende Lippenbekenntnisse zu tauschen. Die aufgefrischten Annäherungs-Erinnerungen an ihre zunächst unverbindliche, dann aber vielschichtige römische Vergangenheit verstärkten sich: sie bauten schnell die Brücke für eine Erfüllung ihrer Liebesspiel-Bedürfnisse, die sie einander in animierenden Details gestanden. Reni gab zu, dass sie nach ihrem ersten Treffen erst ein schnell wachsendes Interesse und dann immer mehr Freude an Unterwerfung gefunden habe. »Ich kann kaum erwarten, dass du mich nimmst, ohne dass ich mich wehren kann.«

*

Die Fenster des Hotelzimmers lagen in tiefen Nischen mit verblichenen Polstern. Man konnte darin liegen, lesen, denken, den lärmenden Menschen auf der engen Straße zusehen. Und man konnte sich in der einladenden fensterbreiten Bucht lieben. Reni hatte sich ausgezogen und saß plaudernd in der Koje (dabei gab sie, bei genauerem Hinhören, wichtige Nichtigkeiten von sich). In dem kleinen Schaufenster zur Welt ging sie sorgsam, ohne Eile, in die Knie: »Amore, genieße uns!«, als wolle sie sich für eine Weile verabschieden. Das Vorspiel fiel aus. Die Welt draußen vorm Fenster konnte das Glück sehen. Lustig-freche Mädchen und Männer, die im Haus gegenüber eine knallige, laute Party feierten, schienen die beiden anfeuern zu wollen, sie winkten ihnen mit anzüglichen Gesten zu. *Fare l'amore* auf Italienisch – solch eine Operettenwirklichkeit ist wohl das Schönste, was einem unkeuschen Paar passieren kann.

Reni löschte das Licht. Aus den Fenstern im Haus auf der anderen Straßenseite konnte man das animierende Lachen der jungen Leute hören, die applaudierten, bis Reni den Vorhang vor die Liebesnische zog. In den Polstern sah Frank noch die Abdrücke ihrer Knie. »Das kann es noch nicht gewesen sein, amore, d'accordo?«

*

Rom ist – mehr als Paris! – *seine* Stadt der Glückseligkeit, der guten Gefühle und der warm pulsierenden Vergangenheitsszenen. Franks Erinnerungen sind so vielfältig, dass er in den Katakomben seines Denkens lange auf die Suche gehen kann: Er findet immer wieder abgelegte Bilder und Filme. Frank lässt sie mit heißem Herzen ablaufen und entdeckt das schon einmal Durchlebte neu. Die dramatische Schönheit dieser Stadt gibt ihm Lebenslust. In Rom spürt er sich besser als anderswo, fühlt eine besondere Kraft. Das Wichtigste: Rom renoviert sein Leben. Es blitzt und strahlt. Es erzeugt die aufregendsten Bewusstseins-Explosionen. An seinem 35. Geburtstag ist ihm das zum ersten Mal klar geworden. Die 28-jährige Flavia hat ihn damals zum *Avventuriero*, ihrem Glücksritter, ernannt: *Du bist mit deiner Lanze unbesiegbar.* Frank war stolz und hat lange an die Nacht mit der jungen Lehrerin gedacht, die ihm Rom so erklärt hat: *Es ist die schönste Stadt der Welt, wenn man neben Dir liegt.*

Er hat Flavia nie wieder getroffen. Totalverlust ohne jedes Bedauern. Wie so oft. Nur wer alle Facetten Roms mit ihm durchlebt hat, gehört zu seinem seelischen Inventar und durchläuft in Momenten des Erinnerns eine faszinierende Wiederauferstehung.

Er ist ein römischer Deutscher. Oder wenigstens ein Adoptivkind der Stadt, der er viele seiner buntesten Augenblicke verdankt.

Ohne die Frauen, die er in seine römischen Welten mitgenommen hat, um sein Glück mit ihnen zu teilen, wäre das nicht so. Ohne sie wären seine Besuche allenfalls archäologische und kunsthistorische Exkursionen gewesen, holprige Sightseeing-Touren aus Gründen des bewegenden Nacherlebens. Ohne seine Begleiterinnen wäre er in Rom immer nur traumverlorener Gast geblieben, selbsternannter Einheimischer dieser Metropole der Kulturen der Welt.

Verleger Abendschön hatte lange nicht geantwortet. Dann aber flutete er das Arbeitszimmer seines Autors mit Wärme: Lieber SPW, wie gern wäre ich auch einer von den römischen Germanen! Und dazu noch diese Frau für die filigranen Momente! Welch ein Glückspilz, Ihr verrückter Held, von dem Kenner wohl annehmen dürfen, dass Ihnen da auch autobiografisches Material in die Feder geflossen ist?! Ich bin ganz bei Ihnen! Ihr überdurchschnittlich animierter Morgenschön

*

Damals, als M. einen der erinnerungswürdigsten Abende mit ihm inszenierte, war die Stadt theatralisch in ein dämmriges Goldorange getaucht. Die Kuppeln über den Dächern wetteiferten mit den Brüsten seiner Gespielin. Frank war dabei so gut wie immer auf der Spur der *Gabaldini*. Das sind jene, der Sage nach von den Göttern erwählten hellsichtigen Menschendarsteller, denen die nimmermüde Stadt geheimnisvolle, ja geheimbündlerische Antworten auf nie gestellte Fragen gibt. Dass nur Frauen den Aufklärerstatus erlangen, macht die Legenden-Idee für ihn besonders reizvoll.

Jetzt erinnert er sich intensiv an die Tage, an denen er Maya die Stadt gezeigt hat und es war, als wartete sie an der *Via XX. Settembre* auf ihn, um ihn zur alten Papstburg *Castell Sant' Angelo* zu begleiten, staunend, glücklich, voller Übermut. Funkelnd vor Freude. Voll von Geschichten aus dem alten Rom.

Dabei fiel Frank ein, dass Maya gerade jetzt mit einem anderen Mann zusammen war. Sie tranken lauwarmen Champagner, und sie erzählte nur deshalb von ihm, weil ihn das eifersüchtig und unbeherrscht machte. Aus Revanche würde er sie umso gemeiner, vielleicht auch distanzierter behandeln. Wobei die Frage offen bleibt, ob M. nicht genau das von ihm verlangt hat.

An der *Piazza del Popolo* drängte Reni ihn sanft, als gelte es, die enttäuscht über den Platz dribbelnden Tauben nicht zu verschrecken, in eine Ecke eines neoantiken Torturms. Ob sie vielleicht ein anderes Hotel finden könnten? Sie sah mit jener Schulmädchen-Schüchternheit zu Boden, die bei Männern angeblich die Fähigkeit zum Neinsagen zuverlässig ausschaltet.

»Du willst … – wirklich nochmal …?«, fragte Frank und lächelte wie ein Autoverkäufer, der keine weitere Probefahrt machen möchte.

»Nicht nur einmal«.

Er spürte, wie sein männlich-subversiver Horizont sich in Sekundenbruchteilen auf die Maße einer neobarocken Puppenstube verengte.

»Dann komm!«

Er legte den Arm um ihre Taille und führte sie zu einem zwei Straßen weiter versteckt gelegenen Hotel. Durch seine Jugendstilfenster (eines von Gerhard Richter) ist es ein Ort für Liebhaber des Besonderen geworden. (Frank hat schon einmal dort gewohnt, mit einer sehr forschen, kratzbürstigen jungen Frau namens Janina. Sie war bei *RAI*-Radio für das Ressort *Karriere* verantwortlich, fragte ihn aber nicht einmal nach seinem Beruf. Es ging ihr also nur um das *Eine*.)

Die hüftgewaltige Signora Cara Bellmende, erinnerte sich aufgeregt zwitschernd an Frank, *ma certo! Come potrei dimenticare un uomo come lei?*, ohne seine damalige Begleiterin zu erwähnen. Die professionell vergessliche Vermieterin durfte sich im Glanz eines wundergläubigen Mieters sonnen. Die beiden bekamen das angeblich letzte Zimmer, hellrote Wände, geschnitztes Bettrückenteil, grün-beige Bezüge. Und ein Körbchen mit Kosmetik-Artikeln.

Eine seltsame Nacht stand ihnen bevor, eine Nacht der angespannten Beherrschung. Das Bett, in dem schon Casanova genächtigt haben soll, und die hundert Jahre alten in V-Form verlegten Holzböden in Schlafzimmer, Flur und Bad knackten und jammerten bei jedem Schritt.

Sich zu umarmen in diesem Raum und in diesem Bett hätte bedeutet: Das ganze Haus nimmt teil. Jeder hört und fühlt, seismographisch bei einer 6 auf der Richter-Skala, wie heiß-bewegt die anderen Liebenden ihre Reise durch die Nacht antreten: Eine Kakophonie der Liebe. Auch die sich in anderen Zimmern glücklich aneinander abarbeitenden Menschen spielten ihre Liveübertragungen ein in das frevelhaft wilde Gesamtkunstwerk aus Anfeuerungstiraden der Paare auf ultimativen Höllenritten. *Peccaminoso!*

Für Reni und Frank, die einander ja schon Stunden zuvor ambitioniert in den Armen gelegen hatten, war es spannend, die unsichtbaren, akustisch aber umso präsenteren Mitbewohner im *Arte Vitale* aus nächster Nähe mitzuerleben. Kleidungsstücke, seine Aktentasche und ihre Gucci-Bag lagen, wie von einem erzürnten Tsunami an Land geschleudert, auf dem Boden. Im Bett verfolgten die zwei, eng umschlungen, das Lärmen der Mitbewohner. Sie kommentierten es belustigt mit Gesten und Blicken. *Allupato!* Reni hielt seinen/ihren Liebling in ihrer Hand wie den feinnervigen Joystick eines raffinierten Computerspiels. Lächelnd hatte sie ihren Kopf in seine Armbeuge gelegt.

*

In einem kühlen, für Klaustrophobiker nicht empfehlenswerten Kellergewölbe lag der Frühstücksraum des *Arte Vitale*. Steinerne nackte Auguren sahen aus drei Säulenbögen neidvoll zu, wie Reni und Frank ihren *Capuccino* tranken und *Cornetti* mit Bitterorangenmarmelade bestrichen. Dies war der Aufwachraum der Erotik-Bataillone, die die beiden in der Nacht so verwirrend vielstimmig an ihren unterschiedlichen Liebesszenarien hatten teilhaben lassen: Zwei bezaubernde junge Dinger (eines trug eine Art von Petticoat, der die langen Beine altmodisch wippend enthüllte), feierten mit zwei deutlich älteren Männern, Connaisseurs ganz ohne

Frage, den Morgen danach; dann ein elegantes Paar aus der Welt der Moden und der Künste; zwei schwule Jungs, *tipo stravagante*, Pantoffelkäfer von Geburt, die sich so leise wie möglich (aber unüberhörbar) darüber austauschten, ob dem jeweils anderen gefallen habe, was ihm geboten worden war; zwei still genießende Frauen mittleren Alters zeigten einander ihre Liebe mit sanften Küssen, die schwarzgelackten Finger mit zwei gleichen Ringen ineinander untrennbar verhakt. Und dann saßen da noch ein übernächtigt wirkender unrasierter Mann und eine der attraktivsten Frauen der Stadt – das waren Frank und Reni.

Unterm Tisch lag ihre Hand auf seinem Oberschenkel; sie bewegte nur ihren Daumen, kaum sichtbar, aber umso mehr Auslöser wiedererwachender Wünsche. Er begann mit seinen Restenergien zu prahlen und zu glühen. Neben ihnen an der Wand hing das vergilbte Foto einer Tropfsteinhöhle. Ein mächtiger Stalagmit (das ist der, der von unten nach oben wächst) empfahl sich als Symbol für Männer, die zu leidenschaftlicher Selbstüberschätzung neigen – einer wie dieser Frank Berenberg aus Hamburg.

Trotz seiner unausgeschlafenen Verfassung hockte er gockelhaft neben seiner Aphrodite. Sie trug ihr körpernah geschnittenes Flanell-Kostüm mit einer *Art-Deco*-Brosche, ein Pfauenrad aus grünen Steinen. Seine Stimmung begann sich zu bessern, bis hin zu sanftmütiger Euphorie. *Con tutto il cuore.* Mag sein, dass der Effekt den drei Tassen *Espresso doppio* geschuldet war, die er in zu kurzen Abständen getrunken hatte.

Frank begann aus Goethes *Römischen Elegien* zu zitieren, in denen ein Mann vorkommt – klug und witzig und fast zu sehr davon überzeugt, dass die Ewige Stadt und er selbst ein unüberwindliches Hindernis gegen jede Art von Lebensuntüchtigkeit darstellen. »Goethe muss an einen wie mich gedacht haben«, lachte er. Die Anerkennung blieb nicht aus. Kluge Frauen wissen, dass aus lobender Zustimmung schnell Gegenliebe wird.

*

Rom mit seiner Vielfalt und Vitalität verändert das Lebensgefühl. Mit diesem Duft nach Weihrauch, der mit sakraler Kühle aus dunklen Kirchen ins Freie dringt. Mit dem Geruch nach billigem Parfüm, der abseits der Via Condotti keine abfälligen Bemerkungen auslöst. Mit diesen Hinterhofschranzen und den überstylten *Fashion-Victims*; mit diesen hochnäsigen, gegelten Gigolo-Kellnern und den naturschönen Schicksen in ihren zu kurzen leichten Kleidern (deren großes Idol Gina Lollobrigida auf immer und ewig lächeln wird bei ihrem Anblick); mit diesen auf teuren, mit Metallkanten bestückten Sohlen einherschreitenden eitlen Betrügerblick-Advokaten, die aus Eigennutz gern eine Verdoppelung der Anwaltsgebühren initiieren würden; mit altklug-wissenden Kindern in unschuldigem, von Schoko-Eis bekleckertem hellblauem Feincord ... – mit diesem Personal ist die römische Bühne Tag für Tag faszinierend bunt bevölkert. Es gibt nirgends sonst auf der Welt solch reinrassige Gigolo-Mischlinge aller Geschlechtervarianten. Man muss sie lieben die strahlenden und eigenwilligen Bewohner der zwischen Arm und Reich zerriebenen, von den Rändern her zerbröckelnde Provinzstadt am Tiber.

*

Gegen Mittag trennten sie sich. Reni hatte, arrangiert von ihrer Modell-Agentur ein *go-and-see* bei *Cavalli*: Sie bewarb sich um ein Fotoshooting für das Modelabel. Fast ungeschminkt. Frank war sicher, sie würde als Siegerin aus dem Rennen hervorgehen, weil ihr blasses Gesicht mit den vom vielen Küssen theatralisch aufgeblühten Lippen so einzigartig war. In Renis Augen war ein magisches Strahlen, das Frank (er war sich der Urheberschaft sicher) in ihrer langen römischen Nacht mühelos hineingezaubert hatte …

Ein Mosaik aus glänzenden Quadraten tauchte in seiner Phantasie auf: Goldene Steine dominierten, als kostbares Band gelegt, die Fläche. Sie endete in einem Abgrund aus tiefschwarzen Steinen.

*

Frank musste sich jetzt bis zum Abend von der Geliebten trennen.

»Die Pflicht ruft!«

»Lass' sie rufen, wir hören gar nicht hin …«

Sie küssten sich lange. Ihre Zungen lagen wie schlanke Körper aneinander, nahmen sich Zeit für die Erregungsübertragung durch alle Synapsen und die hitzigen Ströme tändelnden Glücks. Verspielte Arabesken und kleine Bisse in die Lippen ließen sie für Minuten inmitten des Straßentumults in einem wärmenden Kokon aus Seligkeit verharren.

Als Reni ihn verließ, schaute er ihr angespannt hinterher wie ein aufmerksamer Hund, dem man die Fängerrolle bei einer akrobatischen Wurfaktion antrainiert hat. Peinlich, zu sehen, dass mehrere Männer sich wie elektrisiert nach ihr umdrehten. Einer von ihnen spitzte die Finger einer Hand zu einem ebenso warmherzigen wie anzüglichen *baciamano*, einem Handkuss, den er freigiebig in die Menschenmenge warf. Exaltierte Römer! – Ja, sie sind exaltiert und manchmal gern distanzlos; aber sie können kunstvoll-artistisch anerkennen, das muss man ihnen lassen.

Frank Berenbergs bis dahin vom italienischen Umfeld inspirierte Schlamperei in Sachen Vortrag wurde zur ultimativen Herausforderung. Es entwickelte sich eine Versagensangst, die, über sein Rückgrat aufsteigend, ihren Weg ins noch von Reni okkupierte Gehirn nahm. Das vorgegebene und von ihm so kritiklos wie unachtsam akzeptierte, philosophisch schwer zu deutende Thema *Macht uns die digitale Welt machtlos?* kam ihm jetzt vor wie ein Sonderangebot an gelbfleischigen Plattpfirsichen. Nach all den hinter ihm liegenden analogen Liebesbekundungen der Alpha-Traumfrau Reni empfand er das Verfertigen einer möglichst tiefsinnigen Rede nur noch als eine akademische Übung wie viele andere zuvor.

Lässig, fast schon ein Römer, setzte Frank sich in ein Straßencafé. Unkonzentriert schrieb er ein paar Anmerkungen zum Thema, wobei sich eine völlig andere Frage in den Vordergrund drängte: *Macht M. mich machtlos?* Die Anspannung, ihr Bild im Kopf, ihr Laß'-los-Lachen im Ohr (zum Beispiel, wenn es ihr nicht auf Anhieb gelang, einen Pariser abzurollen) verstärkte seine Nervosität. Dazu kam die Vision ihrer ebenmäßigen Spalte, in der er so oft seinen launischen Freund versenken durfte. (Frank, der W3-Professor, macht sich bewußt, dass sich aus dem lateinischen *digitus*, der Finger, die Weltvokabel *digital* ableitet, mit der er sich nun im römischen Kaffee *Pastrello* herumzuschlagen beginnt.)

Digitalität – kann oder wird sie uns wirklich machtlos machen? Natürlich wird sie das, wenn wir die Kontrolle abgeben und verlieren, wenn die Hoch-Technologie den elektronischen Krieg gewinnt, den wir modernen Menschen gegen uns selbst angezettelt haben. Zu unserem eigenen Nutzen, wie wir immer noch glauben. Unsere Computersysteme basieren in erster Linie auf einer Grundlage des binären Zahlensystems. In diesem Fall bezieht sich *digital* auf diskrete Zustände von 0 und 1 für die Darstellung beliebiger Daten. Finger weg also vor indiskreten Zuständen …

Jetzt Franks These: Würde er als Philosoph und Kunsthistoriker auf die Frage nach der Machtergreifung reagieren, so wäre die Antwort – ja. Denn wir werden in nicht allzu ferner Zukunft sehen, wie eine Sternenfinsternis sich über unsere Nächte legt, wie die Wissensschätze mit einer Art von Selbstvernebelung (wer auch immer diese ins Spiel gebracht hat) aus unserem Blickfeld und unserer Steuerungsfähigkeit abtauchen – in ein Nirwana der alles verkomplizierenden Wissenschaften. Eine Corona-Virus-Pandemie, Harakiri einer Weltbewegung! *Verehrte Kolleginnen und Kollegen*, wird Frank Berenberg im Vortrag sagen, *denken sie daran*, *wie ihnen zumute ist, wenn ihr Computer sich innerhalb einer Nanosekunde an seinen digitalen Codes aufhängt und all ihr gespeichertes Wissen in eine noch nicht einmal ansatzweise kartographierte Galaxie entschwindet, niemals, niemals! zurückzuholen, in einem faustischen Pakt vermählt mit Milliarden Daten anderer Wesen des Planeten Erde oder einer Supernova im Zustand ihres endgültigen Erlöschens ...*

Frank würde an dieser bedeutungsschwangeren Stelle mit dem Beamer ein bis zur Unkenntlichkeit verpixeltes Bild von Dürers Tintenzeichnung *Betende Hände* zeigen und auf die erdenschwere Last solcher Zerstörungen zu sprechen kommen. Die Kollegen sollten körperlich spüren, dass ihr Nichtwissen, die Ignoranz der Wissenschaft, Auslöser der zunehmenden Gefährdungslage unserer schon jetzt überbevölkerten Welt ist. Insbesondere der Tatbestand der Datenkomprimierung zu Gunsten unserer vermeintlichen Lebensqualität ...

Frank war sich klar darüber, dass seine Vorlesung voller beweisferner Hypothesen an der Nahtstelle zwischen unserer unberührten Welt der Vermutungen und den (aus dramaturgischen Gründen) besonders grausam ausformulierten Vernichtungsszenarien erregten Widerspruch erzeugen würde. Soll sein, schön und gut: denn nur massiv vorgetragene Thesen erlauben es, die Meinungen Dritter heftig aufeinanderprallen zu lassen. Der Arrangeur hat jetzt nicht mehr viel Aufwand – er kann sich zurücklehnen und beobachten, wie das Kolloquium sich seinem Ende nähert.

Die etwas zu hektische Kellnerin (sie hatte in ihrem Frauen-Frack ein wenig Ähnlichkeit mit Liza Minnelli in *Cabaret*), riss Frank mit ihrem krachendem Lachen aus der Denkarbeit. Sie grinste ihn unerschrocken mit ihren unvollständigen Raucherzähnchen an. Er bestellte einen weiteren *Doppio* und sehnte M. herbei. Gern hätte Frank mit ihr über die kubanische Autorin Zoé Valdés geredet, deren schonungslos derber Sozial-Roman *Das tägliche Nichts* ihn sehr beeindruckt hat. An der Nahtstelle zwischen berührenden Liebesglücksphantasien und Schilderungen des real existierenden, menschenverachtenden Kuba-Sozialismus in der Ägide des Heldenteufels Fidel Castro entfalten sich erschütternde Beichten und eine literarisch dichte erotische Hardcore-Geschichte. (Apropos Nahtstelle: Valdés hat den *Steppnahtfick* für ihr in Havannas Gluthitze rasend agierendes Liebespaar zu literarischer Meisterschaft gebracht. Der Lover-Adonis praktiziert diese anspruchsvolle Form des Miteinander virtuos mit der gebotenen Rücksichtslosigkeit.)

Frank Berenbergs Vortrag verwandelte sich mit viel Chuzpe in ein völlig chartfreies Enigma von der *Unterwerfung der Dummheit unter die Knute der reinen Vernunft*. Wider Erwarten erntete er für seine ziemlich unausgegorenen Ideen langanhaltenden Beifall und sogar eine klebrige Umarmung von der hoch dekorierten Sorbonne-Kollegin Lara Habid, deren dicke Finger mit den rosaroten Säbel-Fingernägeln sich so in seinen Oberkörper krallten, dass er für einen Moment an eine Würge-Szene in einem der irritierend-wirklichkeitsnahen Pornos von Elfe Sechs (Echtname: Claudia Schreck) denken musste. Als Ethnologin ist Professorin Habid Spitzenklasse. Einige Studenten berichten, ihnen sei in ihren stupenden Vorlesungen die Luft weggeblieben vor Spannung: Geistiges *Choking* in Reinkultur.

*

Wieder spürte Frank diesen nicht genau zu ortenden, hinterhältiggiehenden Schmerz, der sich einstellt, sobald ihm eine Trennung bevorsteht. Reni war ihm ans Herz gewachsen, auch weil sie ihn diesmal nicht als den mehr oder weniger fremden Mann behandelte, der auf seinen Reisen bei ihr in Rom auftauchte und annahm, sie habe nur auf ihn gewartet. Sie hatte ihm das Gefühl gegeben, dass ihre quirligen Gefühle und ihre frechen erotischen Wünsche mit den seinen übereinstimmten. Ihre blitzenden Augen musterten ihn in der aufmerksamen und selbsterklärenden Weise, die nur für Liebende eine gute Option ist: Reni war nun nicht mehr die Frau, die man nur anruft, um nicht allein zu sein in einer fremden Stadt, um zu lieben, essen zu gehen, vielleicht eine Handtasche oder ein Parfüm zu kaufen und dann wieder hinaus in die weite Welt der anderen Frauen zu verschwinden. Frank war sich sicher, dass sie von jetzt an eine ganze Weile auf ihren *High Heels* durch seine Träume gehen würde. Und auch die Stadt am Tiber hatte ihm mit ihrer wärmenden Weltläufigkeit einmal mehr gezeigt, dass er ohne sie auf Dauer nicht leben konnte. *Roma Eterna.*

*

Reni holte Frank vom Veranstaltungsort Salla Mendipio ab. Sie sah in einem roten Kostüm mit knielangem Rock erregend gut aus. Sie mokierte sich darüber, dass am Eingang ein deutschsprachig gedachtes Schild darauf aufmerksam machte, hier sei eine *Verschlossene Gesellschaft*, eine *società chiusa*, ganz unter sich. »Ich hoffe«, sagte sie mit einem für ihren üppigen

Mund zu schmalen Lächeln und legte die Lippen leicht auf seine Stirn, »ich hoffe, du bist nicht *ver*schlossen an unserem letzten Abend.« Dann kamen ihr die Tränen. Er küsste sie ihr von den mit Rouge aufgehübschten Wangen, über die sie *stop-and-go* rollten – aber dachte dabei an M., die ihm seit Tagen keine einzige sms geschickt hatte zu den Themen Rückkehr, Vorfreude, Nachholbedarf, Wiedervereinigung. Das sollte sie büßen: Frank bestimmte in diesem Augenblick ihr Paddel zur Waffe seiner Wahl. Beim Wiedersehen würde es das erotische Duell zu seinen Gunsten entscheiden. Er war sich sicher, dass Maya sich glücklich, mit heißen, rotgezeichneten Pobacken bedingungslos auf eine Kapitulation einlassen würde: *Gib mir mehr!*

*

Bei ihrer ersten Begegnung, vor ungefähr zwei Jahren, hatte Reni mit dem Wunsch nach Blümchen-Sex in seinen Armen gelegen; sie ließ sich friedlich nehmen, stöhnte leise und kam in kleinen Wellen. Dabei atmete sie tief ein, mit geschlossenen, zuckenden Augenlidern. Erst später, als er seine Hermès-Krawatte spielerisch zweckentfremdete, ging sie in den gestreckten Galopp über und verblüffte ihn mit frechen Wünschen. Seinen Gürtel benützte sie, um ihm ihr autodidaktisch erworbenes Können zu beweisen. Von da an gab Reni selbstbewusst das Tempo vor.

Schon beim zweiten Treffen (sie hatte gerade ein Männer-Model wegen dessen Ideenlosigkeiten verlassen) offenbarte Reni ihre neue Virtuosität: Sie brachte ein paar edle Spielsachen mit ins Hotelzimmer. Frank erinnert sich an ein

Finale, bei dem er diesem einst so zahmen, fast schüchternen Mädchen aus dem Gucci-Kosmos den Mund mit der Hand verschloss – aus Angst, ihre Schreie könnten Nachbarn aus dem Schlaf reißen, wenn nicht gar einen Polizeibesuch provozieren. Gerade diese Stummschaltung entzückte Reni jedoch so sehr, dass er ihre Freude kaum noch zügeln konnte.

Seltsam: Frank fühlte sich Reni gegenüber nicht als Betrüger. Schon gar nicht als Verräter. Er war zwar von ihrer Anwesenheit, ihren Tränen und der Hoffnung auf ein lustvoll dirigiertes Abschiedsfest, vielleicht im fragilen Hotelbett der Signora Bellmende, animiert. Dabei jedoch fühlte er Maya – mit einem Beben im Herzen und Druck in den Lenden. All das, was der Römer *Bramasia*, die Sehnsucht, nennt, vereinte sich in diesem Moment in Rom vor der *Salla Mendipio* schmerzhaft in ihm.

»Woran denkst Du?«, fragte Reni, intuitiv erkennend, dass nicht die Einzige war, die in seinen Träumen lebte. Sie wischte mit dem Mittelfinger eine Träne aus ihrem Auge, das Make-up und das Rouge auf der Wange völlig ignorierend. (Frank staunt immer wieder über die zielgerichtete Kunstfertigkeit, mit der Frauen ihre Waffen stilsicher einzusetzen wissen.)

Sie gingen zu Fuß zum Vittorio-Emmanuele-II-Denkmal. Eine sonderbare Distanziertheit hatte sich zwischen sie gedrängt; sie entfernten sich voneinander. Frank spürte, dass Reni seine Stimmungsänderung mit dem sensiblen Radar ihrer Gefühle längst empfangen hatte und zu deuten wusste. Als die beiden – ganz allein in der Kabine – im Lift zur Aussichtsplattform hochfuhren (zu einem Preis, für den man einen

Helikopter hätte mieten können), legte sie hilflos ihren Kopf an seine Brust.

»Ich höre, dass Dein Herz etwas sagt …«

»Wie denn. Es stottert.«

»Es spricht. Sogar klar und deutlich.«

»Was bitte sagt es denn?«

»Dass Du ein Mann bist, der genug hat von mir. Warte, wenn Du wieder zuhause in Deinem kalten *Hamburg* bist, dann werden meine Augen Dich aus dem Dunkel der Nacht ansehen – und Du wirst Dich nach mir sehnen, … ohne Erlösung zu finden.«

»Woher willst du das wissen?«

»Manch eine Geliebte ist Gedankenleserin«, sagte sie sehr erwachsen, schürzte ihre mit *Glow* sorgsam nachgezogenen Lippen und stempelte ihm blitzschnell ihren roten Mund auf seine Hemdbrust.

Frauen können intuitiv handelnde Rachegöttinnen sein. Reni war zudem noch besonders kreativ. Er musste sie dafür bewundern und ließ als Zeichen der Anerkennung, für jedermann sichtbar, den purpurnen Abdruck ihres vollen Mundes auf seinem Hemd wie eine seltene Ordensspange leuchten.

Die beiden standen im impressionistischen Licht des frühen Abends auf dem Dach des Denkmals für Vittorio Emanuele II., das die Römer liebevoll-verächtlich *Die Sahnetorte* nennen. Es passt so gut ins Bild der Ewigen Stadt wie ein Neandertaler in eine Raumfähre. Aber, und das ehrt die Menschen vom Tiber, sie haben die im Stadtbild fehlplatzierte Architektursünde angenommen. Die eigentlich eher auf der Basis von *dolce far niente* tätigen römischen Stadtreiniger befreien den riesigen Baukörper fast zwanghaft fleißig jeden Monat von Taubenkot und Straßenstaub, der von der Via del Corso herüberweht und sich zäh im Mauerwerk des *Vittoriano* festsetzt.

Reni stand in ihrem roten Kostüm in einer Aura von Gegenlicht und gierte nach Bewunderung. »Gibt es hier ein Café?«, fragte sie. »Hier gibt es nirgendwo *kein* Café«, sagte Frank und führte sie die Stufen hinunter zum *Ristorante Cingale*.

An einem kleinen runden Tisch mit Blick auf die schimmernd-helle, lärmende *Piazza Venezia* nahm sie seine Hand und führte sie an ihre Brust, der er in den letzten zwei Tagen so viel Aufmerksamkeit geschenkt hatte. »Es war schön mit Dir. Danke für alles.« Reni hatte einen Sinn für feingesponnene Sätze, die einen unmittelbar berührten und ohne Umwege auf ihr eigenes Konto einzahlten.

Franks Handy meldete den Eingang einer Nachricht: Maya hatte ein Foto geschickt. Nach einer durchtanzten Nacht war sie fotografiert worden – in einem golden-schwarzen Abendkleid mit einem strahlenden Lachen (– für den Fotografen oder für ihn?). Wie auch immer: sie hat ihn mit dem Bild wissen lassen, dass es wieder Zeit war für ihr verrücktes Spiel, für die Erfüllung geiler Wünsche. (*Geil* ist übrigens für Maya eine wichtige Vokabel, die sie unbewusst zielführend einsetzt. Was man wissen sollte, falls man einmal auf den Färöer-Inseln unterwegs ist: dort bedeutet *geil* einfach nur »Weg«.)

Frank war jetzt völlig neben der Spur. Er konnte sich mit Reni in ihrem Rom, das auch sein Rom geworden war, nicht mehr wirklich frei und glücklich bewegen – bei all ihrem zugewandten Strahlen, mit dem sie ihn vor zwei Tagen wieder in ihren Bann gezogen hatte. Renis großzügig verschenkte Küsse waren liebevoll, zärtlich – und doch mit einem Mal nicht mehr wirklich vergleichbar mit denen, die Maya mit ihm tauscht. Auf die sms mit dem Foto folgte eine mail. Frank entschuldigte sich irritiert bei Reni, bat sie, schon mal *Capuccino* zu bestellen und suchte Zuflucht in den Waschräumen des Cafés, um ungestört lesen zu können:

Ich bin verrückt nach Dir. Aber das ist nicht alles. Unsere schönen Spiele haben sich zu etwas entwickelt, was nicht nur Liebe ist, etwas, was nicht nur Deinen Körper und Deinen geilen Mund betrifft, sondern auch Dein Inneres – das, wie Du wirklich bist … Love. Deine M.

Frank hätte es gerne gehabt, wenn er jetzt allein in einem nicht einsehbaren Baumhaus hoch über der Welt seinen im Wind der Aufregung flatternden Empfindungen hätte nachgeben können. Sein Körper folgte den Gedanken an M. Er fühlte seine Sehnsucht wachsen und war sicher, Reni würde das innerhalb von Sekunden entdecken, als er linkisch zum Tisch zurückkehrte und sich mit zur Seite gedrehter Hüfte, eine Hand in der Hosentasche vergraben, wieder zu ihr setzte.

»Verzeih!« Unsicher lächelte er sie an. Reni schien jetzt weit entfernt zu sein. Sie nahm, aber das muss nichts heißen, in Sekunden Form, Figur und Banalität der raffaelitischen Maddalena Doni an, um sich dann in die Gestalt einer jener anorexischen Barbie-Puppen zu verwandeln, die als Symbole blonder Beschränktheit in fast alle Kleinmädchenzimmer der jüngeren Kulturgeschichte eingegangen sind. *An* und *orexis* kommen aus dem Griechischen und bedeuten *nicht*, aber auch *Verlangen*. Könnte es also sein, dass Miss Barbie von ihrem Partner Ken gar nicht angetan war? Dass seine tarzanische Bodybuilder-Figur bei der Blondine null Begehrlichkeit ausgelöst hat? (Arme Kinder – ihr hantiert, irregeleitet von der hämisch Kasse machenden Spielzeugindustrie, mit einem Puppen-Pärchen, das mit Liebe nichts am Cowboyhut hat. Zu viel Physio-Training kann auch abturnen. Dazu später mehr.)

*

Frank und seine traurige Römerin Reni kehrten in einem von Knoblauch-Ausdünstungen durchwehten Taxi mit einem wortlos überm Lenkrad hängenden stoischen Fahrer zurück ins efeuberankte *Raphael*. Den nächtlichen Begattungs-Lärm im *Arte Vitale* wollten sie nicht noch einmal ertragen.

Was Reni bis zu Franks Abreise am anderen Morgen inszenierte – es war in jeder Hinsicht bewunderungswürdig. Und, vielleicht, schon ein wenig Liebe. Aber was versteht ein a-la-carte lebender Mann schon wirklich von dem, was in Tausenden von Schattierungen als LIEBE zu einem stumpfen, unlauteren Begriff verkommen ist? Das besitzergreifende Zweifeln, dem Frank immer mal wieder wehrlos ausgeliefert ist, packte ihn zwischen zwei Gedanken zu seinem Grundbedürfnis nach Wärme, Aufgehobensein und einer Form von Anbetung seiner eigenen Talente. *We are drowning in information, while starving for wisdom.* Diesen Satz aus einer seiner Vorlesungen, den er aus sich herausgequält hatte, setzte ein fades Hintergrundlicht. Es schien mitten hinein in seine erschreckend verdämmernde Gedankenwelt.

Ja, stimmt, wir ertrinken in Informationen. Im Untergang aber verhungern wir – aus Mangel an Wissen …

Er fühlte sich schäbig und müde. Und vermisste seine Fähigkeit, einzuordnen und zu verarbeiten, was ihm durch den Kopf ging.

Reni spürte, dass Frank dabei war auszusteigen, in eine depressive Verstimmung abzugleiten. Sie zeigte ihm, ohne ein Wort zu sagen, dass Verletzbarkeit ein Jungmädchen-Macke ist, dass Souveränität aber Vieles im Keim erstickt: Sie ließ ein *Vitello-Tonnato*-Dinner aufs Zimmer bringen, dazu tranken sie jeder ein Glas Rotwein und entkleideten sich wie ein altes Ehepaar. (Diesmal legte Reni ihre Sachen sorgsam zusammen, selbst ihren winzigen schwarzen *Tongue Slip* von *Aubade*, der ihn gestern noch um den Verstand gebracht hatte.) Dann lagen sie kerzengerade nebeneinander, als wären sie versehentlich nach einer Zugpanne auf einem Provinz-Bahnhof in eine Feldbetten-Notaufnahme geraten.

Während Frank die Rokoko-Stuckaturen an der Zimmerdecke studierte, lächelnd an die *Vorziehlatte* als ein Hauptwerkzeug der Gipskünstler dachte, spürte er im Halbdunkel ihre leichte, zart duftende Hand auf seiner Schulter. Reni rückte nah an ihn heran. Ihre Brustwarzen zeigten Erregung. Definitiv sichtbar, lesbar, schön.

»Du musst mir versprechen, wiederzukommen.«

»Ja«, sagte er mit trockener Kehle, ohne sie dabei anzuschauen. Ja, ich werde wiederkommen.«

»Vielleicht sollten wir eine Münze in den Trevi-Brunnen werfen. Das hilft in solchen Fällen …«

Frank ist (war immer schon) ein miserabler Lügner. Und ein sehr schlechter Schauspieler. Außerdem empfand er sich als freudlos-undankbar. Mit einem empfindsamen, liebenswerten Mädchen an der Seite nicht euphorisch den Tag, den Abend und die Nacht zu genießen – ein Sakrileg. Diese Selbstbezichtigung gab ihm etwas von seiner im Desinteresse versunkenen Vitalität zurück. Wie ein virtuoser Messerwerfer im Zirkus seine Partnerin vor der gefährlichen Präzisions-Aktion gelassen in Position bringt, drehte er Reni auf den Rücken, spreizte ihre Beine und nahm sie so, wie in Kinofilmen die guten Ehemänner nach ein paar Ehejahren ihre guten Ehefrauen nehmen – wohlwollend, selbstbezogen und überzeugt, dass ein gutgläubig ausgestalteter Akt die Welt nicht nennenswert schöner macht, sie aber auch nicht in Nebel hüllt. Was ein Mann wie Frank halt so denkt, ehe er sich, allein zu Haus, um Mitternacht einen mediokren Film reinzieht.

Am Morgen beendete um halb acht der Weckruf (ein paar Takte aus *Mary Poppins*) den abenteuerlichsten Traum, den er je geträumt hatte: Sein kleiner, ruckeliger Zeppelin schaukelte über Island dahin, Frank schaute aus der Einmann-Kabine wie paralysiert in den Krater des Rauch und Feuer speienden Vulkans *Eyjafjallajökull.* Während des folgenden Lava-Ausbruchs sah er seine Rössel im Tandem mit der Rössel des Verlegers Morgenschön wortlos eine schwarzweiße Zielflagge schwenken.

Beim Erwachen hockte Reni auf ihm, nackt und warm von der Nacht unter einer federleichten Daunendecke. Bewegungslos, leise atmend, wartete die Schöne auf seine Reaktion.

Love has changed, not so desire … So einfach ist das.

Ihr Körpergeruch war noch betörender als am Abend.

»Bitte!«, sagte Reni. »Bitte …« Sie hielt den Kopf demutsvoll gesenkt.

Während Frank noch den vehement überbordenden Island-Vulkan vor seinem geistigen Auge und ein aufkeimendes schlechtes Gewissen wie eine Schlechtwetterfront heraufziehen sah, konnte er doch, dank intakter Männerroutine, sicher agieren: er liebkoste ihre sich sanft öffnende Mitte mit braven Abschiedsküssen.

Dann sah er das Mädchen mit der glatten weißen Haut und den geschmeidigen Bewegungen im Bad verschwinden. Stolz und schön. Edel im Abgang. Metamorphose einer Göttin zum irdischen weiblichen Wesen. Oder, vielleicht, eine gefahrbringende Undine. Ein Wasserwesen, halbgöttlicher Elementargeist.

Renis animierenden Duft hat er den ganzen Tag lang mit sich getragen. Noch während des unruhigen Flugs nach Hamburg über die verschneiten Gipfel der Alpen atmete er die süß-animalische Betörung.

Die Liebe hatte sich verändert, nicht das Verlangen.

Bis hierhin hatte Autor Wolff in einem großen Bogen seine Rom-Obsession verfertigt und ahnte bei der Abgabe an Morgenschön, dass ihn positives Feedback erwarten könnte. Die Antwort des Verlegers kam prompt.

Verehrter Professor, da sind Sie doch wieder der schlaue Kenner, den wir (meine Frau wie auch unsere Rössel) so schätzen, weil er für eine alte Stadt wie für ein schönes Mädchen, für knarrendes Parkett wie für den vernichtend ignorierten Sohn des Olympiers Goethe Partei ergreifen kann. Wir sind inzwischen hier im Verlag schon ein wenig offener für die Eskapaden Ihres Helden, aber auch für Ihre schreibtechnischen Etüden. (Auf meine Alter-ego-Vermutung haben Sie ja wohlweißlich nicht geantwortet. Hatte ich mir, weil ich's genauso machen würde, schon gedacht!). Frank Berenberg agiert immer facettenreicher. Mal sehen, was aus ihm noch wird wird und was Frau Hugendubel dazu sagen wird!

Mit heute besonders raumgreifender, hoher Hochachtung, Ihr Morgenschön

IXX.

Die Frau mit den eisenharten Oberarmen

Zurück im hanseatischen Deutschland fiel Frank Berenberg in einen Zustand totaler Erschöpfung. Das römische Abenteuer hatte Kopf und Körper ziemlich mitgenommen. Sein hingeschluderter, nein: sein intelligent improvisierter Vortrag, ein Meisterwerk akademischer Augenwischerei, hatte zu positiver Resonanz bei den mehr oder weniger interessierten Kollegen geführt. Frau Hadid schrieb ihm eine mail mit dem Hinweis, sie würde ihn gern *bei nächster Gelegenheit in den USA treffen*, dann sei Donald Trump längst Vergangenheit. Es gäbe viel zu besprechen. Eine junge Kollegin mit dem prächtigen Namen Valeria Hickx, der sie von ihm erzählt habe, sei nun höchst interessiert, ihn kennenzulernen. Die hektisch auf öffentlichkeitswirksame Selbstbestätigung getrimmte Sponsorin der New Yorker Philharmoniker (»Geld wie Heu, weil Großerbin!«) habe schon Ricardo Lorwin mit generösen Zuwendungen für Gastspiele in Weltklasse-Konzertsälen beglückt und den Maestro damit dauerhaft für sich eingenommen.

Gott bewahre ihn vor diesem Trip nach New York. Obwohl – Valeria Hickx?! Er nahm sich vor, sie erstmal detektivisch zu googeln.

*

M. war unerreichbar. Unauffindbar, wie so oft. Immer wieder kommt es vor, dass sie Telefonanrufe nicht annimmt. (Im Büro versucht er es erst gar nicht, das ist eine feste Vereinbarung.) Diesmal aber führte ihn ihr Verschwinden an den Rand tiefer Traurigkeit. Sie hatte keine Nachricht hinterlassen, ihr Telefon-Automat sprach mit leicht poröser, kieksender Stimme von *kurzfristig abwesend, bald wieder im Land, dann wieder anrufen, lohnt sich!*

Eine Flasche Rotwein *Laura* der Netzhammers vom Engelhof und Keith Jarretts Köln-Konzert in seiner leeren Wohnung brachten ihm Genuss und Erleichterung. Irritiert von sich selbst versuchte er einen Text für einen Ausstellungskatalog (*Erotische Weltflucht und Geltungsbedürfnis im illustrativen Witz*) zustande zu bringen. Der Versuch misslang. Es frustrierte ihn, dass ein Profi wie er von derart heftiger Versagensangst überfallen werden kann. Dazu kam die Sorge, dass er nicht mehr schreiben könne, was und wann er möchte. Ein erster Satz, von Dario Fo vorgefühlt, stand auf dem Papier: *Im Gelächter liegt der höchste Ausdruck des Zweifels.*

Um sich abzureagieren, geisterte er, zu dünn angezogen durch das an diesem frühen Abend erschreckend menschenleere Hamburg und wartete mit griffbereitem Handy sehnsuchtsvoll auf den Anruf seiner fernen Muse. Der aber kam nicht. Maya spielte Verstecken, blieb verschollen. Frank teilte ihr auf ihre Mailbox mit, er sei »im Moment sehr glücklich« mit einer anderen Frau; Scarlet sei in der Stadt, bedürfe der Zuwendung und warmherziger Fürsorge, Maya solle sich mit

Informationen, ihren Aufenthaltsort betreffend, und mit etwaigen Nachrichten über Tag und Stunde ihrer Rückkehr gern alle Zeit der Welt lassen. Er komme gut zurecht.

So viel strategische Einfalt bestrafte M. mit ausgeklügeltem Timing – und mit klugem Schweigen. Was er hätte wissen müssen.

Zwei Tage später schloss sich Frank entnervt in seinem (für seine Besoldungsklasse zu kleinen) Büro an der Uni ein. Außen an der Tür hatte er den Hinweis angebracht: *BIN VERREIST*. An seinem seit der Rückkehr aus Rom unaufgeräumten Schreibtisch begann er dann ein paar Arbeiten seiner vier Lieblingsstudentinnen zu begutachten. Eine von ihnen hatte auf der Seite unter dem Deckblatt wie unbeabsichtigt die Kopie einer höchst provokanten Zeichnung aus dem *Erotoscope* von Tomi Ungerer platziert. Er wertete das als Aufforderung für eine wohlwollende Benotung ihrer Arbeit und als Gutschein für eine Behandlung der paarungsaffinen jungen Frau in frivolem Kontext. Unter der Zeichnung war zu lesen, was Ungerer in *Totempole* geschrieben hat: »Wenn die Leute sich trauen würden, ihre erotischen Fantasien zu realisieren, gäbe es keine Pornografie mehr …«

Frank wusste, dass seine zielstrebige Studentin mit der Abbildung aus dem Buch ungewollt seinen Vortrag über erotische Illustration und menschliches Geltungsbedürfnis befördert und aufs Gleis gesetzt hatte. Ungerers Satz von der Fleischeslust, »die alle sozialen und rassischen Unterschiede einebnet« schien ihm, neben den anderen Klugheiten des produktiven Elsässers, ein idealer Einstieg in seine bisher nicht über das Stadium der Überschrift hinausgekommene Vortragsarbeit zu sein.

Leider brachte die unerwartete Begegnung mit Tomi Ungerer Franks Gleichgewicht nicht zurück. Ganz im Gegenteil. Darum beschloss er, mit einer ihm von der altjüngferlichen Kollegin Eva Remagen nicht ganz selbstlos überlassenen Eintrittskarte ein Konzert mit Rimski-Korsakow und Sibelius in der Elbphilharmonie zu besuchen. Triebfeder war die Hoffnung, dabei die Disharmonien in seiner eigenen Innenwelt besser deuten und vielleicht sogar entwirren zu können.

Als er sein Zimmer verließ, fand er eine handschriftliche Ergänzung auf seiner Nachricht BIN *VERREIST*. Jemand hatte angefügt: *Er ist immer verreist*, und dazugekritzelt: *Wer ist diesmal dran? Eine Kommilitonin?*

Damit war Frank zurück auf dem Boden der Tatsachen. Das Konzert verstärkte nur seine Nervosität; Rimski-Korsakows exaltierten »Hummelflug« konnte er noch nie leiden. So beschloss er, früh schlafen zu gehen und anderntags mit seiner Physiotherapeutin Anny die Dinge des Lebens beim Krafttraining neu zu definieren. Wobei das nicht immer gelingt, weil dieses muskulöse Mädchen mitleidlos seine starken Hände auf männliche Schwachstellen legt. Als ehemaliger Dressurreiter hat Frank ein gut tragendes »muskuläres Grundgerüst«, wie Anny es ihm gern attestiert. »Aber sonst bist Du als Mann ziemlich abgefuckt, also eigentlich schon pflegebedürftig«. Sie lachte diesen Satz mit unverschämter Überlegenheit aus sich heraus. In seiner Wahrnehmung war es ein fohlenhaft jauchzendes Wiehern, das in ein Hummelflug-Gesumme überging.

In Sachen Pflegebedürftigkeit nimmt Anny ihn sehr ernst. Ihre therapeutischen Gegenmaßnahmen sind von erstaunlicher Besonderheit. Sie erzählt, dass es in ihrer Familie einen asiatischen Vorfahren gab, »vielleicht aus Tibet, vielleicht aus der Mongolei, bestimmt kennst du Ulan Bator? Du warst doch schon überall?!« Woher der Urahne auch immer stammte, er hat die schmale Form ihrer dunkelbraun leuchtenden Augen mitbestimmt. Wenn Anny ihm etwas Freches hinknallt, kneift sie unter Einbeziehung der Brauen und der Stirn diese schmalen Mandelaugen zusammen. Dabei entsteht über ihrer Nase ein kleines faltiges Herz – jedenfalls kann man das so sehen. Auf Annys Kopf wächst ein klassischer Bop, tiefschwarz mit ein paar einsamen grauen Haaren. Wenn sie lacht (das tut sie ständig), und wenn sie hüpft (auch das tut sie unentwegt), tanzt das Frisuren-Gesamtkunstwerk auf ihrem Kopf vor Freude. Anny hat kleine feste Brüste, eisenharte Oberarme und tadellos definierte Schultern. Sie trägt keinen sichtbaren Schmuck. Nur an ihren Schamlippen hängt ein Cent-großer Piercing-Ehering. Seit einem Jahr sei sie, »sowas wie verheiratet« – mit einer körperlich kompetenten Sportlehrerin aus der nahen Grundschule. Männer sind also, sollte man meinen, nicht Annys Interessensgebiet.

Aber, um zum Punkt zu kommen – sie ist auf wunderbare Weise *bi*. Sie kann einem Mann mit ein paar klugen Sätzen und geschmeidigen Handgriffen ihre diverse Frauenwunderwelt schlüssig erklären. Dabei gibt sie aktiv Hilfestellung auf der Trainingsmatte. Und sie hat für Männer, die sich zu ihr hingezogen fühlen, sogar Verständnis. Falls diese es wagen, sich als ebenbürtige Turner aufzustellen.

Manchmal überfällt Frank die Lust, mit Anny in ihrem Ertüchtigungs-Institut zu trainieren. Am liebsten an den Geräten, die wie Folterwerkbänke aussehen und sich auch als solche einsetzen lassen. Zur Freude der Delinquenten.

Als er am Abend ihr kundenfreies *Center for Physical Power* betrat, wartete sie auf ihn. »Du bist zu spät«, blaffte sie gefühllos bossig mit ihrer halbdunkel getönten Stimme. »Gibt ne Strafe an der Sprossenwand«.

Genau das wollte Frank. Er küsste sie mit einem ungewollt heftigen Aufprall auf die Wange. Dafür hielt sie ihn länger und fester im Arm als das für die Einleitung eines herkömmlichen Therapeuten-Patienten-Kontaktes vonnöten ist.

Sie benahm sich dann auf untadelige Weise so, als müsse der entgleisten Begrüßung eine den Regeln ihres Fitness-Clubs folgende Trainingseinheit folgen. Nach einer Knie-Operation hatte Frank es trotz aller Akupunkturbehandlungen nötig, immer wieder auf den Pfad der physischen Tugend zurückgeführt werden. Anny wusste das. Sie zog mit einer dynamischen Droh-Geste die dunklen Rollos herunter, bis auf eines. Durch das Fenster versuchte der volle Mond wie ein auf *standby* geschalteter Theaterscheinwerfer über die Einhaltung sogenannter Anstandsregeln zu wachen.

(Der Mond, so hatte vor ein paar Wochen die streberhafte Kollegin Heng-Hirschl von der astronomischen Fakultät der Universität Los Angeles an Frank Berenberg geschrieben, sei »nun doch ein bisschen älter als gedacht, kleiner Irrtum der Altvorderen …«. Neueste Erkenntnisse: Nicht 4,3 sondern mindestens 4,51 Milliarden Jahre ist das angesagte Leuchtmittel der Liebenden schon auf seinem Posten. Aber was machen die zweihundertzehn Millionen Jahre schon für einen Unterschied, wenn man himmelhochjauchzend verliebt ist. Die in heiterer Unachtsamkeit, was die amouröse Symbolik des Planeten Mond angeht, forschenden Kommunikationswissenschaftler haben dafür den Begriff Kognitive Dissonanz erfunden: Was faktisch stimmt, muss in der eigenen *Wahr*nehmung noch lange nicht als richtig empfunden werden. Mit anderen Worten: der gute Mond kann uns überirdisch nah sein, wenn die Erdkugel in Momenten der Liebe aufhört, sich zu drehen und er sie golden ausleuchtet.)

Die Physio-Kommandantin Anny baute sich vor Frank auf, etwas zu nah, was er als erregend empfand. Unter ihrer hautengen, dünnen Trainingsleggings sah er das Spiel der Muskeln ihrer Oberschenkel. Im Schritt zeichnete sich provokant der Piercing-Ring ab.

Anny liebt es, sich völlig zu verausgaben – was Frank entgegenkommt, wenn es dem gemeinsamen Höhenflug dient. Mit ihren starken Händen hat sie es ihm schon einige Male so besorgt, dass ihm Hören und Sehen vergingen. Einmal musste er anschließend für ein paar Tage mit *Dr.-Ötte-Kamillensalbe* Heilung suchen.

Frank hat Anny gebeten, nicht wieder so hart zuzulangen. »Memme«, stieß sie feministisch-überlegen hervor und beließ es dabei. Ein Kick für unterwürfige Typen. Er jedoch war eher beleidigt angezählt. Was seiner Lust aber keinen Abbruch tat. Solche Reaktionen gibt es nicht oft, sagen wahrheitsscheue

Psychologen, die ihren Patienten etwas Aufrichtendes mit auf den Weg geben wollen – und denen es egal ist, ob diese dann für eine Weile mit einer gewissen Verunsicherung im Bett herumlaborieren, weil dann ja wieder ihr guter Rat teuer ist.

Annys Hintern ist *nicht das Gelbe von der Post* (wie sie selbst es ausdrückt) – fest, aber ein wenig freudlos. Ihre Füße zeigen Schwielen, denen podologisch gut beizukommen wäre, aber das will Anny garnicht: die Hornhaut, sagt sie, sei Zeichen kompromisslos-harter Arbeit als Trainerin. Ihre schön geformten Nägel könnten durch Pediküre und Lack ansehnlicher werden. Frank wird aber den Teufel tun und der schnell indignierten Schleiferin das sagen. Ihre Vergeltungsübungen am Klettergerüst und die Folgen für seine Muskulatur kennt er ja: Vier Tage Büßerschmerzen. Als hätte er den Pilgerweg nach *Santiago de Compostela* zu engagiert absolviert.

Nun lockte Anny ihn an ein Sportgerät mit vielen Riemen, Halteschlaufen und Karabinerhaken. Sie befahl ihm, die Arme abgewinkelt nach hinten zu nehmen und schob einen besenstiellangen runden Stab durch seine Armbeugen. Dann fixierte sie seinen Oberkörper mit zwei breiten Gurten an der leicht schrägen Sprossenwand. Mit harter, schneller Hand und durchaus bereit, ihm weh zu tun, zog sie ihm die Hose vom Leib.

»Gefällt dir das, Weichei?« fragte sie mit gespielt maneriertem Unterton. Er antwortete nicht. Sie grinste sardonisch: »Dann kriegst du mehr«. Frech und glücklich, ein paar unverständliche Vokabeln glucksend, entledigte sie sich ihrer alles andere als blickdichten Strumpfhose. Dann nahm sie eines ihrer starken kurzen Beine hoch, stützte es auf die Leiter hinter ihm und brachte sich und den silbernen Piercing-Ring in Stellung. »Du darfst mich jetzt küssen«, sagte sie aufmunternd-fröhlich und ließ ihr schwarzes Frisuren-Monument erbeben. Sein leicht zu animierender Freund war begeistert von dem, was er sah. Frank bugsierte seine Beine mit einem in diesem Studio trainierten Hüftaufschwung in einen 90-Grad-Winkel; Anny nahm das Angebot ohne Rückfragen an. Sie setzte seine Füße auf ihren Schultern ab, als sei das ihr *day-to-day-business* und begann über die aufstrebende Männlichkeit und die Schönheiten ihres Studios zu philosophieren. »Schau, was er kann!« Sie kriegte sich kaum mehr ein vor Lachen. Und ihr Haarschopf wippte wieder im Takt.

Anny summte immer lauter und schrie sich dann die Seele aus dem Leib. Sie entließ eine Menge Glückseligkeitswasser auf ihre heißgeliebte Turnmatte (»oh, oh, oh … fuck!«) und bedankte sich danach burschikos. »Kostet heute nichts, die Stunde. Du hast es mir richtig gut besorgt, Mann, kannst immer wieder kommen! Falls Dir Dein bester Freund nicht wieder wehtut und eine Kinderlandverschikkung in einen Alpen-Luftkurort nötig hat!«

Ihr befriedigtes Grinsen ist für Frank jedes Mal ein Naturschauspiel. Man darf nur keine Memme sein.

Sie zogen sich hastig an. Das Duschen fiel diesmal aus. »Jetzt brauche ich noch meine Frau. Jazzy, ich komme!«, lachte sie diabolisch und küsste Frank zum Abschied, für seinen Geschmack ein wenig zu gönnerhaft. Jazzy, das ist ihre herbe rothaarige Lebensgefährtin, die verlangt, dass Anny sich mit einem adstringierenden Tannennadel-Gel auf orales Vergnügen vorbereitet und den Piercing-Schmuck entfernt.

Als Frank am nächsten Tag bei der Trainerin anruft, fragt Anny erstaunlich fern: »Alles paletti? Ist er wieder fit für unsere nächste Session?«

»Wie war es mit deiner Jazzy?«

»Falsche Frage. Ist nicht mehr meine Jazzy. Sie hat sich stickum entlobt. Also, wann kommst *du* wieder? Ich hab jetzt ne Menge Tannennadel-Gel frei verfügbar«.

sms des Verlegers: Erbitte Absolution, sooo viel zu tun, Buchmesse Leipzig etc. Melde mich asap, muss mich wieder sortieren, meiner Frau geht es nicht so gut – alles in allem magere Zeiten. Blieben SIE obenauf! Ihr Morgenschön. PS: würde mir Physio-Training helfen?

*

Echzig ist ein wenig bekannter Weiler nahe der Lüneburger Heide, bei 29693 Hodenhagen an der B 7. Man muss da nicht hin, aber es kann passieren, dass man von wenig wohlmeinenden Chefs der Uni genötigt wird, zu einem Seminar der *Deutschen Gesellschaft für Hochsprache* zu reisen – weil keiner der anderen fachlich annähernd in Frage kommenden Dozenten Lust hat, in diese Diaspora zu bereisen. Selbst für jene, denen der autobahnnahe Erotikfachmarkt in Schwarmstedt eine Verlockung bedeuten könnte, ist das ein tristes Gelände, umgeben von vollbesetzten Lkw-Parkplätzen, vermint mit überquellenden Mülleimern, beleuchtet von flackernden Neonröhren vorm Exitus. Man wohnt im *Hotel Freud*, dessen Teppichböden einen betulichen Eindruck machen und nach Gemüse-Eintopf und altem Öl riechen. Hier findet auch die Veranstaltung statt. Frank nimmt sich vor, ohne Teilnahme am lauwarmen Büffet am späten Abend und ohne seinen Redebeitrag zurückzufahren, in der Hoffnung, Maya noch treffen zu können. Mit dem Auto wird er eine Stunde bis Hamburg brauchen.

Dann sieht er die junge Frau.

Sie steht an der Einfahrt zu einem Rastplatz und winkt mit einem Tennisschläger. Eine schmale Person, neben sich ein leuchtend roter Rucksack mit reflektierenden Katzenaugen, kein mitreisender Partner zu sehen, der im Fall eines menschenfreundlichen Stopps wie selbstverständlich auf die Rücksitze klettern und von da an die Anhalterin bewachen würde.

Sie reißt Frank aus einer Überlegung, die sich in keiner Weise mit der Planung seiner ungewollten Teilnahme an dem weltbewegend linguistisch-philosophischen Seminar befasst. Vielmehr in der Hoffnung auf eine Überraschung, die die unberechenbare M. ihm bereiten könnte. Im Sekundenschlaftraum küsst M. ihn verkehrsgefährdend; ihr Bild erscheint im Rückspiegel, schiebt sich brüsk vor das Bild der Anhalterin, die aus seinem Sichtfeld verschwindet. Es ist zu spät, um bei der Tennisfrau anzuhalten, die Einfahrt ist verpasst, die Chance wohl auch. Aber jene samtige Wärme, auf die seine Phantasie alle möglichen Abenteuer bettet, ist in Gang gesetzt. Unumkehrbar. Er *muss* umkehren!

Der Seminar-Schwänzer fährt bis zur nächsten Ausfahrt, nimmt die Landstraße zurück, fährt wieder auf die A 7 …

»Danke fürs Anhalten«, sagt sie. »Ich muss nach Hannover, Stadtmitte. Ist doch kein Umweg für Sie? Richtig?«

»Tennisturnier?«, sagt er, ohne auf das gewünschte Ziel einzugehen. Blöde Frage. Männer im Anbahnungsmodus mit limitiertem Zeitrahmen sind nun mal blöd. Haben nur im Kopf, was als Resultat herauskommen könnte, falls ihr Fang sich als Glücksfall im Netz eitler Versuchungen erweist. Eigentlich der Beginn einer Fernfahrer-Operette.

»Nein, ich kann gar nicht Tennis. Das Ding lag da drüben an der Mülltonne, war sehr unsportlich entsorgt. Wohin fahren Sie?«

»Nach Hannover. Also – … eigentlich … müsste ich nach … Hodenhagen«, sagt er. Sie grinst belustigt. Mit einem überfüllten Mund voller scharfer Zähne, der Hochleistungsfreuden verspricht. Überhaupt ist die Zufallsbekanntschaft wohltuend wortkarg und vielversprechend in ihren ausladenden Gesten. Er spürt, dass er nur schwer an sich halten kann, um die Anhalterin nicht zu fragen, wohin bei *ihr* die Reise gehen soll, kurzfristig betrachtet.

»Sie wollen bestimmt wissen, wohin bei mir die Reise geht und was ich in Hannover will?«, hat sie seine Gedanken gelesen und schaut stur geradeaus ins mehrspurige Autobahngetümmel.

»Wie heißen Sie denn?«, fragt er.

»Vivian. Kannst mich locker duzen.« Sie spricht es Wiewieaaan aus. Er spürt, dass sie ihn von der Seite mustert.

»Sie tuckern ganz schön matt vor sich hin … ich meine, sie fahren krass langsam«, sagt sie und siezt ihn weiter. »Macht aber nichts. Wie ein Mann fährt, so vö …, nein: liebt er … Kann ich sie einladen, mich zum Essen einzuladen? Ich habe nämlich voll Hunger. Aber wo?«

Sein Planungscomputer tickt: Er versäumt das Seminar, was unangenehm auffallen könnte. Als Äquivalent gibt es vielleicht diese Vivian. Unbekanntes Terrain, aktiv besetzt mit einem Hinweis auf Hunger, also auf Essen und ein ganz sicher süßes Dessert. Nochmal zurück. *Schloß-Hotel Bothmer*. Feine Zimmer. Vivian soll staunen. Und sie staunt: »Hier war ich schon mal, issn paar Jahre her. Hipper Laden, bisschen von Gestern. Frage – willst Du eigentlich mit mir … Ich bin dabei. Du interessierst mich. Aber: *Slowmotion*, bitte. Wie ein Mann fährt, so poppt er. Du bist ja zum Glück kein Raser.«

An der Rezeption gibt Mark gleich mal 20 Euro Tipp. Gentleman-Geste für die zurückhaltende Dame hinterm Tresen. Dafür kriegen die beiden die Veranda-Suite. Blick in den sogenannten Garten. Das Rauschen kommt allerdings nicht von den Birken. Sondern von der Autobahn. Ein echtes *Upgrade*.

Dann ungehinderte Sicht ins Bad. Auf das schmale, hellhäutige Mädchen, das sich nackt in der Dusche dreht und wendet, uneitel; ein scharfes, einprägsames Profil, kein Schmuck, kein

Nagellack, kein Schamhaar. Wortkarg ohne missverständlich zu sein. Und ganz sicher nicht dumm. Sie wäscht sich jetzt besonders sinnlich, die Wirkung auf den Betrachter kalkuliert sie mit abwesenden Augen ein.

»Vivian, was machst du, wenn du nicht als Hitchhikerin unterwegs bist, wenn du also Fahrzeuge zwecks Mitnahme anhältst, wie der Duden die Anhalter nennt«.

Sie ignoriert seine Frage, während sie sich abtrocknet. Zieht einen Slip aus ihrem Rucksack und ein Herrenhemd, das nach harzigem *Vero Bandolone* riecht und nach Zigarettenrauch. »Ist eigentlich mein Nachthemd. Besser wäre, du hast ein frisches Hemd für mich? Das ich dann behalten kann, als Souvenir …«

»Erst essen …?«

»Kommt drauf an«, sagt sie mit erschrocken-wachsamen Augen. »Ich bin besser, wenn ich einen Gin Tonic und ein Steak intus habe. Daran wird es ja wohl nicht scheitern …« Sie klackert mit angeklebten Wimpern.

»Du interessierst mich auch«, sagt er. Purer Bluff. Nichts will Frank mehr, als anzunehmen, was Vivian wortkarg angeboten hat. Obwohl …

Sie tut nicht lange rum, reißt seine Hose samt Slip abwärts, lässt ihn hochschnellen und zieht mit virtuosen Lippen so gekonnt, dass es für ihn kaum wahrnehmbar ist, einen lila Gummi auf.

»Sieht okay aus«, sagt sie. »Ich bin übrigens Sprechstundenhilfe, musst du wissen. Bei einem fetten Dermatologen. Der macht richtig Kohle mit Schönheits-OPs. Bräuchte aber dringend selber mal eine«. Feixendes Lachen, frech, aber hilfreich für das was kommt.

Sie macht es ihm, kniend, von sanft bis fest, dreht ihm dann den Rücken zu, winkt ihn heran, schiebt ihn sich rein, sagt sehr prononciert: »Wow, Hochgefühl! Starker Typ!« Dann ein desillusionierendes Kommando: »Los, komm, ich hab Sau-Hunger. Mach fertig«.

Das ist ihm noch nicht begegnet: So viel souveräne Selbstbedienung plus heiter-friedlicher Körperkontakt. »Hallo«, entfährt es ihm, obwohl er *Hallo* als Wort nicht mag, »wie bist *du* denn drauf?« Junge Hetäre der alten Schule. Soll es geben. Gibt es. Beweis liegt vor ihm.

Mit einem langgezogenen »Hmmmmh« kommt sie und lacht stolz: »War schnell, ja? Zu schnell? Du hast noch einen gut. Jetzt gehn wir erst mal runter. Fleischeslust und T-Bone. Blutig! Und Gin mit wenig Tonic … Schon vergessen?«

Nun sitzen sie eng nebeneinander an einem hässlichen kleinen Tisch auf einer Bank, was komisch wirken muss, weil Vivian in seinem großen Hemd eher wie eine Schlafwandlerin aussieht, und Frank wie der Seeräuber, der ihre Schaluppe in unzweideutiger Absicht geentert hat. Was nur wird die strohhaarige Servierfrau denken? Egal. Wahrscheinlich denkt sie nichts.

Der zweite Gin Tonic ist runtergekippt, ehe Frank sich einen Rothschild-Merlot bestellen kann. »Erstaunlich, dass es den hier gibt.« Unterm Tisch: Meeting ihrer Hände. Sinnloses Fingerhakeln.

Dass sie sich erst seit Stunden kennen, grenzt an ein Wunder.

»Vivian, wie bist du bis zu diesem Autobahnparkplatz gekommen, wo warst du vorher?«

»In Hamburg, ich hatte sowas wie ein *Blind Date*. Totale Pleite. Der Typ, ein miesepöddriger Solothurner, Langsamfahrer wie du, hat mir versprochen, mich nach Hannover zu bringen, aber ich habs nur bis Hodenhagen ausgehalten, dann hab ich ihn abgeschossen. Ging gar nicht mit dem. Ein Ornithologe. Versteht was von Vögeln, sollte man meinen. Falsch! Aber darum war ich so bedürftig aufgeheizt. Noch einen letzten Gin Tonic, okay?«

Wie bei Jahrmarkt-Kintopps, die zu Drehorgelmusik große, bunte Plakate vorzeigen, um eine dramatische Liebesgeschichte zu erzählen, entdeckt Frank an diesem kuriosen Ort seine eigene verquer-kolorierte Zirkus-Wirklichkeit. Die Episode mit Vivian verliert im Gin-Tonic-Dunst an Kontur. Mühsam beherrschter Ärger über sein unschickliches Vorgehen addierten sich zu einem peinlichen Resultat. »Bitte, lass' uns gehen!«.

Vivian nickt brav, als habe sie diese Order erwartet. Erschreckt nimmt sie ihre Hand von seinem unruhig wippenden Schenkel. »Du bist ein Mann, mit dem man Pferde stehlen möchte. Du kannst reiten. Du bist einer, der Mädchen mit kaputtem Tennisschläger aber voll intaktem Selbstbewusstsein aufsammelt, wenn ihm danach ist«, analysiert sie kokett. »Einer, dem man es schnell besorgen kann und der sich trotzdem nicht unterversorgt zeigt ... Noch nen ganz kleinen Gin Tonic, abgemacht?«

»Wer die Wahrheit sagt, braucht ein schnelles Pferd«, antworte er wissend und erstaunt über seine Verzichtbereitschaft. »Nein, kein Gin mehr. Drei sind genug«.

»Echt jetzt?«

Ernüchterung. Frank bestellt ein Taxi, um Vivian nach Hannover zu bringen.

Nun hofft er, dass sie nicht schon wieder an einem Rastplatz den Daumen hochhält. Auf dem Weg zurück nach Hamburg beschäftigt er sich mit dem Verfertigen einer passablen Ausrede für die Uni. Er fühlt sich, als habe er als Allergiker zum falschen Lebensmittel gegriffen – der ansprechenden Verpackung wegen.

Die moralische Kompetenz von Prof. Berenberg liegt, wieder einmal, in den letzten Zügen; Sehnsucht nach Maya erfasst ihn. Wenn Sie wüsste, dass er nicht auf der »Mantegna und Bellini«-Eröffnung in Berlin war, sondern wie ein mit Basedow-Augen schielender hechelnder Mops einem Fremd-Frauchen gefolgt ist, noch dazu auf einem zweitrangigen Event in der norddeutschen Provinz ... Sie würde ihn mit bitterbösem Satire-Mitleid strafen.

XX.

Wer die Wahrheit sagt, braucht ein schnelles Pferd

Die Überlegung, wie das Schicksal sich ungefragt Zugriff verschafft auf die Befindlichkeit des Menschen, dem es beigeordnet worden ist, macht ihn krank: Mit den fatalistischen Methoden der Erkenntnisphilosophie, die immer und für alles einen Lösungsansatz findet, aber nie zu einer Lösung führt, macht Frank sich ans Werk. Er zieht die Schraube nach, von der er vermutet, sie sei locker. Verdikt: krieche in dich selbst zurück; das ganze Gewese um dringend notwendige, irgendwie erotische Ausflüge in deine Denkprovinzen, wird aussortiert, du wirst lautlos gesunden. Weniger Wein und Weib und weniger Nachgiebigkeit im Kampf gegen Verlockung und Verblendung, weniger Nahkampf – das wäre es. Aber da ist M., die ihn nicht wirklich als Schwächling wahrnimmt. Für sie muss Frank obenauf bleiben, fit und fordernd, muss ihrem Leben etwas abgewinnen, sie aber zugleich unter seiner Knute leiden lassen. Bravourös Chancen wahrnehmen, heißt die Devise. Promiskuität wirkt Wunder gegen den Schwund des Glaubens an sich selbst. Welch fatales Rezept! Ja, so wird er auferstehen aus den Ruinen seiner Überzeugung. Und alsbald ein Buch zu diesem Thema schreiben: *Was kann ich dafür, dass die Frauen mich lieben?*

*

Heute ist Frank drauf und dran sein Testament zu machen. Er fühlt sich so frei und erfrischt wie lange nicht. Das Sterben und der Tod: Reine Theorie.

An seinem Schreibtisch zu Hause wird er von einer mächtigen Sonne bestrahlt, die ihm nur einmal, vor langer Zeit auf Hawaii, solch ein *Fata-Morgana*-Schauspiel geboten hat: Zögerlich verglühend im Untergang und aufblühend wie eine sich öffnende Rose am Morgen; dabei aber die Gezeiten beherrschende, strahlende Gebieterin über unsere auf sie angewiesenen Welt.

Auch Frau Rössel ging aufgeräumten Gemütes, so leise ihr aufmüpfiges Naturell es zuließ, ihrem Säuberungswerk nach. Sie bewegte sich im Sonnenschein (»Da sieht man wirklich jedes Stäubchen!«) wie eine Ballerina mit Mopp im Wisch-Ballett auf Franks blankem Parkett. Aus einer Laune heraus beschloss er, sie in seinem Testament mit einem Geldbetrag zu bedenken, den er sonst nie und nimmer für sie vorgesehen hätte. Damit nicht genug. Er beschloss, die Rössel solle auch seinen wertvollen Buddha erben. Damit er auf keinen Fall in falsche Hände käme …

Ach, nein, lieber doch nicht.

Kaum war die Rössel, theatralisch wie immer, abgegangen, änderte Frank seinen Plan. Er strich den Transfer des Buddha, halbierte die an sie zu vererbende Geldsumme, bedachte Maya mit der anderen Hälfte – und entsorgte dann seinen *Letzten Willen* zerrissen in den Hausmüll, ehe er sich von dem bereits wartenden Favero zum *Autohaus Bonhoff* bringen ließ. Dort war er mit einem guten Bekannten aus Fernost verabredet. Ein Tisch im Hafenviertel war reserviert, wie jedes Jahr, wenn dieser seine Deutschland-Niederlassungen besuchte.

Hallo, lieber Stefan Wolff, mailte der Verleger, ein Cliffhanger steht bevor, richtig? Die Endzeitstimmung, die Sie verbreiten, macht etwas mit mir. Ich weiß nur noch nicht, was. Spannend. Gebe jetzt eine Weile ab an meine Frau Rössel, gehe auf Tauchstation. Viele Gründe, auch gute ... Es wird also dauern, ehe ich erfahre, was Frank im Autohaus erlebt. (Kann man an solchen Orten etwas Nennenswertes erleben?) Liefern Sie ruhig ein größeres Textpaket! Ich verkrafte das. Lese zeitgleich ein Manuskipt von Jan Dircks, ein pommersches Vertreibungsdrama. Muss sein ... Ihr M.

Bei *Bonhoff* saß Tanja Braun hinterm Tresen, mit einem Gesicht, als habe er einen Gebrauchten eingeliefert, den sie ganz persönlich noch ein letztes Mal durch den TÜV sollte. Ihre Missgelauntheit hatte mit Tino Fukota (Betonung mit einem leicht verlängerten o, dann tonlos Akzent auf dem Schluss-*a*) zu tun, dem Chef eines großen Automobilherstellers aus Japan: Bei seinem letzten Besuch war er unangemeldet im *Flagship-Store Bonhoff* erschienen. Tanja Braun kannte ihn damals noch nicht, verharrte deshalb in einer indifferenten Stellung, ohne zu grüßen, ohne ihn eines Blickes zu würdigen.

Dann geschah etwas, was einen Schriftsteller mit einem Faible für verquere Reality-Texte eine gute Weile lang beschäftigen könnte: Das ironisch begabte Leben führte eine Tragikomödie auf. Sogar Frau Rössel hätte auf einen Einspruch-Monolog und auf jeden Kommentar verzichtet, denn kein Regisseur der Welt konnte Einfluss auf den nun folgenden Einakter nehmen. Er inszenierte sich von selbst.

Damals lauerte Tanja Braun mit ihrer zu großen Brille, ihrem widerspenstigen Dienstleister-Gesichtsausdruck und dem etwas zu schiefen Lächeln in ihrer Theken-Festung. Dann geschah es. Sie nahm Tino Fukota wahr. Frank war abgemeldet, bekam nur einen schmalen, flackernden Hallo-du-auch-hier-Sekundenblick zugeworfen. Mit Staunen sah er, wie in einer langen Minute zwischen ihr und dem asiatischen Europäer eine Hochspannungsleitung unter Strom gesetzt wurde. Beim Chef des Automobilherstellers aus Fernost und bei Tanja Braun begannen zwei Obsessionen ihre kurzen Leben zu leben. Selten war so viel Anziehungskraft aus nächster Nähe beobachten. Klare Navigation fand nicht mehr statt. Ein Psycho-Brandsatz war gelegt, die Lunte schmorte gefährlich.

Autohaus-Chef Bonhoff, der sich zu ihnen gesellte, um seinen hohen Besuch willkommen zu heißen, konnte nichts mehr ausrichten. Er sah, was seine Mitarbeiterin anzurichten drohte und sagte nur: »Oh, da ist ja wohl der ganz große Kundendienst fällig, was sagen Sie, Professor?«

Mit einem Nicken, das die Bedeutung der Hochgeschwindigkeits-Anbahnung nur geringfügig herunterzuspielen vermochte, gab Frank ihm Recht. Bonhoff und er traten diskret zur Seite. Sie wollten die unaufhaltsame Paarungs-Verwicklung nicht stören.

Bonhoff ließ seine junge Mitarbeiterin durch ein majestätisches Handzeichen wissen, dass sie sich gemeinsam mit dem Ehrengast entsorgen solle, wohin auch immer. Die Kleine quittierte die Geste mit feuerrotem Kopf. Das machte sie, seltsamerweise, deutlich hübscher. Vielleicht auch, weil sie ihre Billig-Brille in ihre Plastik-Kroko-Handtasche weggebeamt hatte und nun mit ihren kurzsichtigen Augen zu erfassen versuchte, was sich am Empfang abspielte.

Würde man die gefährlichsten Situationen im Menschenleben kategorisieren, käme einem ein Besuch in einem Autohaus wohl nicht in den Sinn. Jedenfalls fände man ihn statistisch weit hinter einer Seilbahnfahrt über schwindelerregend tiefe Schluchten am Pico Bolívar in den venezolanischen Anden oder bei der Teilnahme an einer engen Mensur bei den Hochhessia-Teutonen, einer besonders schlagkräftigen Verbindung.

Hier aber, bei Franks attraktiven Bekannten und der schlichten, kindlichen Holsteinerin, schlug der Blitz ein. Mit höchster Ampèrezahl in 0,00003 Sekunden. Um es kurz zu machen: Fukota übernahm später die Kosten für die Löscharbeiten des von ihm selbst gelegten Großbrandes. Tanja Braun, 23, aus Flensburg, für kurze Zeit Frontfrau der Abteilung Spezialspielzeug im Hause Beate Uhse, sprach später von einem »Bergrutsch in ihrer Herzkammer«. Sie ist ein braves Mädchen, aber philosophische Einordnungen, selbst die der bildhaften Art, sind nicht ihr Ding. Was seine negative Bedeutung verliert, wenn Tanja Braun in ganzer Größe (1,81 m inkl. High Heels) vor einem steht. Trotz dicker Brille.

Als der Abend mit Fukota sich zum entscheidenden Höhepunkt hin entwickelte, war Frank sehr stark. Er ließ dem Freund den Vortritt. Fräulein Tanja – nachdem sie seine Visitenkarte mit ihren großen Augen sorgsam studiert hatte – sprach ihn mit seinem Nachnamen in ihrem ganz eigenen Englisch-Verständnis an: *Mister Fuck-ota* schaffte es nicht, sofort wieder gute Miene zum bildungsfernen Spiel zu machen. Und Frank dachte nicht daran, hier als Schicksals-Korrektor einzugrätschen, dem man am Ende das Scheitern einer klar programmierten Aktion angelastet hätte.

So kam es damals, wie es kommen musste. Der Zen-trainierte Mann mit dem gut geschnittenen Gesicht ergriff Fräulein Brauns rechte Hand mit dem Fake-Brillanten am Ringfinger, half ihr in den fussligen Zara-Wollmantel und grüßte Herrn Bonhoff mit der sparsamen Haltung, die der asiatische Anteil in seinem heiß wallenden Blut ihm vorgab. Der Erotik-Europäer in ihm jedoch verlangte nach einem Jetztsofort, wogegen Frank etwas einzuwenden hatte. »Wir gehen eine Kleinigkeit essen«, sagte er so unbeteiligt wie möglich. »Ich habe *unseren* Tisch bestellt.«

Fukota spielte das Spiel mit, höflich wie der Japaner nun mal ist. Zwei Plätze im rappelvollen *Quattrodue* am Hafen waren reserviert. Ein dritter Stuhl am winzigen Tisch machte ihr Abendessen zu einer eher minimalistischen Aktion. Die beiden praktizierten, kaum saßen sie in dem heißen Insider-Lokal, einen Intim-Clinch. Frank gab es gar nicht mehr. Wie Fukota, ein selbstsicherer Mann von Welt, sich so vergessen konnte – ein Rätsel. (Franks Freund Tom Regesam, Psycho-Spezialist für schwere Fälle an der Uni Marburg, würde hier strohtrocken anmerken: »Altmännergeilheit im Endstadium!«)

Fukotas feiner Nadelstreifen-Maßanzug verkam in diesem tropischen Milieu zum Knitter-Pyjama. Sein Gesicht gerann zur starren Karikatur. Seine rechte Hand krempelte linkisch den Saum von Fräulein Brauns Röckchen auf, die linke Hand mit dem Siegelring (mit *We-Ton*-Wappen zur immerwährenden Geisterabwehr) befummelte abwechselnd ihre Knie und bedeckte geistesabwesend die Aufwölbung in seiner Hose mit der rotkarierten Serviette.

Peinlich berührt, zugleich aber fasziniert nahm Frank teil an der Metamorphose eines eigentlich stets überlegen handelnden Grandseigneurs aus der Großindustrie, der sein Leben als strukturierte Angelegenheit zu betrachten pflegt: Der Mann entscheidet über den effizienten Einsatz seiner Kräfte, sein Engagement und natürlich auch über mögliche Folgen seiner Taten. Hier konnte man erleben, wie eine hormongesteuerte Klischeemaschine auf hohen Touren heiß lief. Unglaublich, was Frauen bewirken können, wenn sie, mit dem richtigen Instinkt ausgestattet, über einen korrekt geeichten Karriere-Kompass im Kopf verfügen.

Fräulein Braun war in der schweißtreibenden Enge des Spielraums ein amorpher Teil des Herrn Fukota geworden: Ihr Mund lag wie angesaugt auf seinem, ihre Hände pressten sich an seinen Hals, als müsse sie eine vom Aneurisma bedrohte Schlagader vor dem Platzen bewahren. Die Augen hielt sie dauerhaft geschlossen, um nicht mit ansehen zu müssen, wie ihr Galan sein *Ich*, angeblich des Asiaten heiligstes Gut, auf dem Altar einer hochaktiven, unkeuschen deutschen Kindfrau opferte. Sie wird in diesen Momenten einer Hollywood-Apotheose wohl gedacht haben, sie sei auf wunderbare Weise auserwählt, künftig als Chefin eines weltumspannenden Autounternehmens jeden Abend vom CEO persönlich geliebt und zwischendurch mit Schaumwein und Kaviar gelabt zu werden … Wie ein besonders schräg ablaufender *coup de foudre* nun mal aussieht.

Frank hatte damals, nach ungefähr einer Stunde in der hanseatischen Kaschemme, genug gesehen, kam sich vor wie ein unnützer Nebendarsteller in der Garfield-Show, den man ohne Manko aus dem Drehbuch rausschreiben könnte. Gegessen hatte er auch, die zweite Flasche *Bollinger* war ausgetrunken. Niemand bemerkte, dass er die olfaktorisch bedenkliche, überfüllte Kneipe verließ – außer dem stets aufmerksamen italienischen Wirt Beppino, der früher mal ein einsamer Jäger in den waldreichen Abruzzen war. Er sehnt sich seit zehn Jahren dorthin zurück, findet aber nicht den geeigneten Moment für den Absprung. Wie das eben so ist in Wunschträumen, die den Abgleich mit der Lebenswirklichkeit nicht überstehen.

*

Jetzt ist Frank Berenberg also, ein paar Monate später, wieder im Autohaus Bonhoff, das in seiner Abteilung *Classic Cars* ein Treffpunkt von vielerlei spinösen Schraubern, aber auch ernstzunehmenden Oldtimer-Freaks mit standfesten Schnurrbärten ist.

Das Fräulein Braun hat sich deutlich und sichtbar verändert seit jenem Abend der geballten Versuchung und der innigen Tuchfühlung mit *Tycoon* Fukota. Auch ihr Job wurde, aus Asien ferngesteuert, der Entwicklung angepasst: Tanja hat ihre Kassenbrille gegen Kontaktlinsen eingetauscht, was sie auffallend dynamisch in ihre Umwelt schauen lässt. Sie trägt jetzt auf einem silbergrauen Jackett ein goldenes Namensschild: *Service Leiterin*. Allerdings verschanzt sie sich noch immer hinter der Theke. Ein paar Defizite sind also noch auszugleichen.

Es wurde nicht einfach, unser Wiedersehen. Das peinliche Intermezzo mit Fukota, der abrupte Abgang aus der Kneipe (ohne Abschied, denn damals hätte ja keiner seiner beiden Begleiter eine Hand frei gehabt) – das alles wirkte mit Sicherheit nach. Frank war gespannt darauf, ob Tanja bereit war, zu erzählen, wie seinerzeit alles gelaufen ist. Aus ihrer Sicht, wohlgemerkt.

Zu meinem Vorschlag, mich zu einem kleinen Dinner in meiner Wohnung zu besuchen, sagte sie gedankenlos-schnell »okay«. Und erschien auf die Minute pünktlich.

»Ich war noch zu Hause und habe mich umgezogen«, war ihre erste Ansage. »Ich möchte ihnen gefallen, ich sag's ganz ehrlich«.

»Du solltest mich nicht mit *sie* ansprechen«, bot Frank an.

»Gut, dann sage ich du zu ihnen. Aber richtig gut kann ich das erst, wenn ich dich ganz genau kennengelernt habe.«

Frank hat Tanja nicht oft gesehen. Und mehr als eine leise spürbaren Begehrlichkeit war nie im Spiel. Jetzt aber stand eine junge Frau vor ihm, die nichts mehr mit der billigen Kleinen gemein hatte. Es war ihm auf Anhieb klar, was Fukota in die Liebesfalle gelockt hatte. Fasziniert von der Lage, in die er gern und mit voller Absicht geraten war, wusste er, dass die Falle noch einmal, diesmal mit ihm als Opfer, zuschnappen würde.

Für eine Sekunde bedauerte er seine Überheblichkeit gegenüber dem reichen armen Autokraten aus Fernost, den ein ziemlich großer Kundendienst auf die Hebebühne unerwarteter Liebeslust gehievt hatte.

Frank nahm Tanja den dunkelgrünen Kenzo-Samtmantel mit dem roten Seidenfutter ab, ein Geschenk aus Tokio. Nun stand sie vor ihm, bewusst schüchtern, aber aufrecht. Sie schien wie gebannt von den Offenbarungen dieser Begegnung mit einem Mann, der vor nicht allzu langer Zeit in die Abgründe ihrer Fehlbarkeit geschaut hatte. Vielleicht kann man hier von einer Übersprunghandlung sprechen – aber das wird ein andermal erklärt, wenn Frank seinen Marburger Psycho-Freund mit dem Thema befasst hat. Der arbeitet seit fünf Jahren an einem Buch über *Liebeswahn* mit dem Arbeitstitel *In der Hitze der Nacht – Derivate unsinnigen Glücks*.

Tanja sah Frank offen und erwartungsvoll an: Erlöse mich, baten ihre Augen, mach mich willenlos, gib mir einen leicht zu verstehenden Grund, der alles tilgt, was letztes Jahr geschehen ist und was du damals von mir denken musstest.

Dann zog sie ihn aus – wie auf Anweisung eines Regisseurs. Sie spielte eine Kammerzofe, die ihren Herrn entkleidet: Ehrerbietig langsam nahm sie die Kaschmir-Strickjacke von Franks Schultern, knöpfte sein Hemd auf, ließ es achtlos fallen und bewegte ihre Hände tastend über seinen unrasierten Hals, wo sie wohl, nicht ganz zu Unrecht, erogene Zonen vermutete. Er ließ es staunend geschehen, fühlte sich unbeschreiblich gut bei diesem leisen Vorspiel. Tanja hielt die Lippen ein wenig geöffnet, befeuchtete sie spielerisch mit der Zunge. »Wie schön du aussiehst«, sagte sie fast unbeteiligt. »Ich habe mir schon gedacht, dass Du einer von den Männern bist, die sich …« Er verschloss ihren Mund mit seinem. Ihm reichte es, zu ahnen, was sie hatte sagen wollen: Dass er einer jener ruchlosen, ruhelosen, nachtaktiven Männer sei, die jede Frau erobern können. Dass das aber nicht schlimm ist, weil es ja Schlimmeres gibt.

Tanja auszuziehen war das reine Vergnügen. Ihre feine Bluse, mit Oldtimer-Motiven bedruckt, ihren schneeweißen Spitzen-Büstenhalter. Dann ihre Herrenhalbschuhe, die braune Wildlederhose, die candyfarbenen Strümpfe und endlich den etwas zu großen Slip, unübersehbar markiert von ihrer Sehnsucht.

Tanja saugte ihren Atem mit halboffenem Mund heftig ein. »Es ist schön mit dir«, sagte Frank und führte sie am Arm zur anderen Seite des Raums, um sie gespielt galant auf dem Diwan zu platzieren, dem Rückzugsort in seinem Arbeitsbereich. »Mit *dir* ist es auch schön«. Ihre artigen Hände legten sich beschützend über ihre Brüste, als habe eine Welle der schüchternen Besinnung von ihr Besitz ergriffen. Das wohlfeile Dornröschen lag da und wartete und sah sich aufmerksam im Zimmer um, wie aus tiefem Schlaf erwacht und noch ohne Orientierung, aber das Ziel vor Augen.

Sein Telefon summte. »Geh ruhig dran«, sagte Tanja, als hätte sie ihm das zu erlauben. »Ich warte auf dich, solange du nur willst«.

Frank sah Mayas Nummer auf dem Display. Panik befeuerte ihn. Er hatte sich nichts mehr gewünscht, als mit M. zu reden, sich mit ihr zu verabreden. Nur nicht gerade jetzt, da er ein Spiel zu spielen begonnen hatte, bei dem es leicht zwei frustrierte Verlierer geben könnte.

So wartete er enerviert das Ende der langen Folge von Vibrationen und Tonsignalen ab.

Danach fand er sich in einer anderen Stimmung wieder, sah vor seinem scharfsichtigen geistigen Auge, dass M. ziemlich überheblich sein Spiel der mit Tanja beobachtete und ihn anfeuerte: *Nimm sie doch, die Kleine. Danach wirst du dich nach* mir *sehnen und auch noch einen Schmähanruf von deiner Rössel bekommen.*

Er zog sich aus, hoffte auf eine Wiederkehr seiner Lust und legte sich zu Tanja, deren ungewohnte, herzhafte aber schlichte Weiblichkeit ihn anrührte. Sie war warm und friedfertig, hauchte ihm einen Kuss auf seine Hand und führte sie dann sanft in ihre Mitte. Ein schmaler *landingstrip* lief auf das Venusdreieck zu. Sie vermied es, ihn zu berühren. Erst als er sie darum bat, tat sie ihm den Gefallen. Nicht gewandt, nicht routiniert, nur pflichtschuldig ging sie vor – wie bei der Untersuchung durch die Urologin seines Vertrauens.

Dieses aufrechte Wesen erwies sich unvermittelt als achtbare Vertreterin einer altmodischen Mädchenhaftigkeit: Mann, *du* bestimmst, was zu tun ist. Ich bin nur das Objekt deiner Freuden.

(Wie ging all das, was er mit ihr und Fukota in der Hafenkneipe gesehen hatte, mit dem zusammen, was er hier mit ihr erlebte? War das die Biene, die mit Hingabe unter Verlust ihres Selbstbildes rigoros den nächstbesten Honig saugte? War sie eine von den verrückten, mannstollen Frauen, die ihre Talente jeder Umgebung anzupassen verstehen und sich, weitab aller Freud'schen Erkenntnisse exzessiv abreagieren können?)

Es kam anders als erwartet.

Tanja begann, ihn warm und rein zu küssen.

Sie umfasste ihn mit entschiedener Hand, besorgte es ihm rasant und einfallsreich und überließ ihm ihre leuchtende Scham, indem sie sie mit beiden Zeigefingern spreizte – eine der schönsten Einladungen, die er seit langer Zeit erhalten hatte.

Er kam mit atemlosem Staunen. Tanja fragte beiläufig: »Wie wäre es, wenn Du es *mir* jetzt nochmal machst?« Sie nahm seine rechte Hand, führte sie zwischen ihre Beine und rieb sich versiert, bis sie mit einem Indianerschrei (wie er ihn aus einer Audio-Installation im Karl-May-Museum Radebeul kennt) in die Kissen sank. Danach fiel sie in eine Art heiterer Ohnmacht (von den Franzosen *petit mort* genannt, weil man bei diesem »kleinen Tod« eine Minute lang in ein Abwesenheitsglück besonderer Art entschwebt).

»Ich war dann mal kurz weg«, lachte Tanja auf dem Weg zurück in ihre Zweisamkeit in Franks zweckentfremdeten, von Teenagerbuden-Unordnung beherrschten Arbeitszimmer. An der Decke die Sternenfinsternis mit schwach glimmenden Lichtern. Ihr Slip hing wie die weiße Flagge erschöpft kapitulierender Füsiliere von seinem Studierpult. Obenauf lagen noch die letzten Korrekturen seiner jedes Jahr wiederverwendeten Erstsemester-Vorlesung über *Raffaels filigrane Federzeichnungen*. Tanjas wehendes Höschen und die Abbildungen schöner nackter Männer mit ihren proportional deutlich viel zu kleinen Geschlechtsteilen kontrastierten auf das Fröhlichste, ein Jahrtausend Kunstgeschichte mühelos überbrückend.

Zum Schluss der Session rückte Tanja nah an ihn heran und gab ihm mit einem breiten Elfenbeinlineal zwei perfekt gesetzte Schläge auf sein ahnungsloses Gesäß. Eine Maßnahme der besonderen Art. Vermessen, wenn man so will.

Frank nahm den Überfall zum Anlass, sich noch einmal mit Tanja zu befassen. »Willst Du es … Ich meine: an *Dir* … erleben?«, fragte er so beiläufig wie möglich. »Wenn Du es mir beibringst, bin ich dabei. Und, ich liebe es, dich mit deinem Lineal zu versohlen!«

Das Elfenbeinlineal, dies nebenbei, ist eine handgefertigte und daher nicht ganz exakt messende Kostbarkeit von 1862.

Es stammt aus der britisch-englischen Kolonialzeit, aus einem winzigen indischen Maharadscha-Fürstentum (einem von damals 498), das nur aus wenigen Dörfern bestand. Nach dem Schlagabtausch hat Frank die empfindliche Messlatte sorgsam in seiner Schreibtischschublade versteckt, um seinem Freund Avi nicht gestehen zu müssen, dass sein wertvolles Geschenk beim Malträtieren seiner Person durch eine schwer berechenbare Hamburger Autoverkäuferin zu Schaden gekommen war. Obwohl Avi den Vorgang als schlagendes Argument tolerant akzeptiert hätte. Seine Maßstäbe waren frei von jeder Vernunft. Er lebt mit zwei älteren Frauen und drei Geliebten zusammen.

Als Frank sich von Tanja verabschiedete, sagte sie mit fest auf ihn gerichtetem Blick: »Meinst du, wir sehen uns wieder?«

Er spürte die lähmende Abwesenheit aller Freude. Seelenlast, Desinteresse und Unverständnis für sein Handeln bestimmten seine Antwort. »Oh, ja. Auf jeden Fall«, sagte er, um überhaupt etwas zu sagen. »Wenn dein japanischer Autobauer wieder nach Hamburg kommt und sich ... vielleicht nicht ... mit *dir* treffen kann ...«

Enttäuscht, wie auf der Suche nach der für immer verlorenen Zeit, ging Tanja aus der Tür. Die heftige Zugluft, die durchs Treppenhaus hereinwehte, blähte ihren Samtmantel mit dem roten Innenfutter zu einer grandiosen Mohnblume. Im Verblühen begriffen.

In einer Stunde wird Frau Rössel hier das Sagen haben. Danach werden seine Räume aussehen, als sei nichts geschehen.

*

»Laster, Tugend … Es ist sicher viel besser, wenn man nicht zu moralisch ist. Dabei entgeht einem zu viel im Leben!« Frank sitzt in seinem roten Lesesessel und schreibt eine mail an Maya (eine von 626 Milliarden Mails, die Tag für Tag verschickt werden). Sie hat sich endlich gemeldet und ein paar abstruse Geschichten erzählt von ihrer letzten Reise, von Flügen und Hotels, von den üblichen Männer-Avancen und anderen Unwichtigkeiten. Er steht ohne Eifersucht darüber, ein Mann von Welt, voller Sensibilität und mit einem ausgeprägten Spürsinn für die Risiken des guten liberalen Lebens – nach den von ihm selbst erstellten Fahr- und Flugplänen.

Seine Gefühle für M. hören auf keine noch so flehentliche Bitte um Milderung. Sie rauschen heftig in ihm, sie stürmen sein Herz gewaltsam wie eine Anti-Terror-Einheit, und sie legen sich mit ihm schlafen. Diese Frau, die noch so vieles in ihrem jungen Leben wird bewerkstelligen müssen (wenn sie nur will), gehört in seinen gern ignorierten Wertekanon, sie bespielt ernsthaft seine unlimitierte Liebes- und Lebensszene. Maya lässt sich gelegentlich interesselos gehen, verliert sich in unwichtige Kleinigkeiten aus den Katalogen hausfraulicher Alltags-Gebrauchsanweisungen oder wohlfeiler Blumen-und-Baumschulenobbyg-Broschüren und verwendet das nichtige Wort »Küsschen«, wenn ihr nicht nach mehr zumute ist. Frank staunt dann schweigend. Denn sie bleibt auch entspannt, wenn positive Spannung und eine Portion hoffnungsfroher Alternativen der komplizierteren Art für sie von Nutzen wären. Vielleicht, diese Sorge beschleicht ihn manchmal, fürchtet sie folgenreiche Weichenstellungen in ihrem Leben, die ihre empfindsame Seele in Mitleidenschaft ziehen würden.

M. ist eine selten von ihrem Weg abgehende Frau. Nur in der Haltung, die sie zu den Philosophien Sacher-Masochs einnimmt, verfolgt sie die kurvenreichen Promenaden der Liebe. Sie macht das so gelassen wie fordernd. Sie lässt sich klaglos ein auf Schmerz und Enge. Sie genießt die Unterwerfung als periodische Genugtuung, als himmelstürmende Katharsis ihrer körperlichen und ihrer emotionalen Verfassung. M. kann großzügig zurückgeben, was ihr angetan wird: Es ist keine Rache für den Schlag, für den Schmerz – es ist vielmehr einfühlsame Liebeskunst mit einem frivol tanzenden Vibrator, geübten Fingern und sehnsüchtig wartenden Lippen. Sie verwandeln die geliebte, wohltuende Härte und den heiteren Schmerz in versöhnliche Glücksmomente und führen in die endlosen Weiten der mit ihm gemeinsam erschaffenen phantastischen Welten.

Wann immer er sie gefragt hatte, wo und wie ihr Leben bisher verlaufen ist, war sie ins Ungenaue ausgewichen. Einmal, vor Wochen, konnte er unerwartet einer Spur folgen. Sie hatte ihm, mit vom Rotwein gelöster Zunge in seinen Armen liegend, von »diesem Corrado« erzählt: Er war »so etwas wie mein allgegenwärtiger Vater. Er benahm sich sehr, sehr lieb zu mir.« Pause. »Er wusste, wie man mich glücklich machen konnte – aber nicht ganz so gut wie du …«.

Ein Bombenkrater tat sich auf, wurde auf Franks inneren Bildern schnell groß und immer grösser. Seine M. hatte die

Sprengung ausgelöst. »Deswegen muss ich mich schützen vor Begegnungen, die mir nicht guttun.«

»Und deine Mutter?« fragte er Maya, die in Embryo-Stellung neben ihm lag und ungerührt ihr epochales Psychogramm entfaltete.

»Meine Mutter war eine unauffällige Frau mit Neigung zu depressiven Einschränkungen, geboren in unserem Dorf bei Trier, wo sie eine Baumschule betrieb. »Zum Verstecken spielen mit Freundinnen war das herrlich. In einer Platane mit schön gefärbter Rinde in Tarnfarbenmuster hatte ich mein Baumhaus. Kein Kunde wollte sie kaufen, sie war zu groß und zu teuer. Zu teuer für die Gärten dieser Gegend, die von Thuja- und Buchenhecken eingerahmt waren.«

»Und Corrado? War er nicht Dein Vater?«

»Das dachte ich lange Zeit. Mit 18 erst habe ich erfahren, dass er der Anwalt meines Vaters war, den er in einem Prozess nach einem Kapitalverbrechen lebenslang ins Gefängnis gebracht hatte. Ein echter Freund …«

Maya begann am ganzen Leib zu zittern. »Du musst das alles wieder vergessen, bitte Frank. Ich habe es noch nie jemandem erzählt, aber ich konnte es nicht mehr aushalten mit mir allein in dieser verborgenen, mich erstickenden Vergangenheit.«

»Du kannst sicher sein, ich werde es für mich behalten.«

Mit dem Handrücken strich sie sich Tränen aus dem Gesicht.

»An einem zwielichtigen Oktobertag, da war ich 12 Jahre und drei Tage alt, änderte sich mein Leben. Als ich aus der Schule kam, wartete die Mutter nicht in der Küche auf mich, wie sonst immer. Auch Corrado war unauffindbar. »Beide waren wie vom Erdboden verschluckt«, erzählt sie mit leerer Stimme. Es klang wie der letzte Satz in einem Science-Fiction-Thriller über eine bipolar gestörte Heldin vom Planeten *Vok´iko*.

Frank, von der verdrängten und doch gegenwärtigen Fegefeuer-Geschichte seines eigenen Vaters in immerwährendem Schweigezwang interniert, fand keine Wörter, um M. zu helfen. »Ich bin bei dir«, sagte er, vermeintlich hilfreich und unverbindlich, »es ist ja lange her … Warum hast du nie etwas gesagt?« Maya antwortete nicht. »Die beiden sind nicht wiedergefunden worden, man hat sie irgendwann für tot erklärt. Und sie sind für mich tot, tot, tot …«

»Und dieser … dieser Mann?« fragte er.

»Corrado, von dem ich lange dachte, er sei mein Vater, hat mich immer mal wieder betrunken gemacht und mir dann gezeigt, wie man junge Mädchen auf das Erwachsenenleben vorbereitet … Ich habe ihn dafür geliebt … Manchmal fand ich es sehr schön …«

Die beiden haben in dieser Nacht wenig geschlafen und die Nähe des anderen genossen. Maya ist dann von ihm abgerückt, lautlos weinend.

*

Frank hat eben, wieder einmal, die Lektüre von Lampedusas *Der Leopard* beendet, im italienischen Original, weil sich das Buch dann dramatischer und poetischer offenbart. Er bewundert diesen Mann als großen, ehrlichen Dichter Italiens. Seine sprachmächtigen Bilder und die intimen Analysen menschlicher Prototypen geben Frank Berenberg die Kraft, sich selbst zu definieren, das himmelweite Faszinosum Italien aus seiner Historie heraus besser zu verstehen. Besonders *eine* Idee würde er M. gern nahebringen: *Wenn wir wollen, dass alles bleibt, wie es ist, muss sich alles ändern.* Das ist einer der Sätze, die es ihm erleichtern, Gott und seine marode Welt zu verstehen. Man stelle sich vor, ein heutiger Politiker hätte den Mut, dieses Statement auf einem Wahlplakat zu veröffentlichen.

*

Mit den Phantasien ist es so eine Sache. Sie kommen unangemeldet vorbei, zeigen dir ein paar Bilder, einen kurzen Film, spielen dir ein Hörspiel vor. Sie legen sich unbequem auf dein Gemüt, sie nähren kunterbunte Hoffnungen, erzeugen längst erfüllte Wünsche. Und zerplatzen im Erwachen.

Kürzlich hat Frank von Reni und von Rom geträumt. »Liebster«, hat sie zu ihm gesagt und ihn gebeten, gut auf sich aufzupassen, »weil Rom von einem neuen Kaiser beherrscht wird, der nur den Sozialisten einen Gefallen tut!« Dann fuhr sie mutterseelenallein mit dem Lift hoch bis zum Dachgeschoss des Vittorio-Emmanuele-Denkmals. Ohne weiter auf ihn zu achten. Sie erscheint ihm, selbst in wolkenleichten Phantasmagorien, unglaublich selbstbestimmt.

Oft kann er nach dem Aufwachen am helllichten Morgen sehr genau rekapitulieren was war. Dann machen die Fantasien ihn noch einmal bestürzt, erheitern oder belustigen ihn, wenn sie zu kraus und auf total verrückte Weise abwegig waren.

In dieser Nacht war Frank umgeben von einer himmlisch strahlenden Frau, die sich ihm näherte, um zu weissagen, was er gestern in der Wirklichkeit bereits erlebt hatte. Sein Geisteszustand war wirr, aber das wusste er ja nicht – Logik ist ohnedies kein normaler Bauplan für Träume, das Paradoxe hat hier eine Bühne, auf der die Rössel Regie führt. Das astrale Wesen wirkte wie eine Schönheitsköniginnen-Braut aus einer mittelamerikanischen Stadt, puppig, knallbunt, voller Spitzen auf einem mit Strass-Steinen und Büroklammern bestickten glitzernden weißen Kleid. Das zu Mariachi-Getöse atemlos durch das Setting schwirrende Traumwesen ließ ihn wissen, dass er Zeuge einer Fügung werden könnte – wenn er nur schnell genug handelte. Sie schnippte mit den Fingern: schon stieg ein Hochzeitspaar aus einer Art von Riesenrad-Kabine und verbeugte sich betont scheinheilig. Dann, im Slapstick-Tempo: Eine frivole Gesten vollführende Showmasterin, die Frau Rössel verblüffend ähnelte, und der halbseidene Bräutigam mit einem himmelblauen Einstecktuch-Wasserfall im Smoking-Jackett, der aussah wie Favero, überließen ihm Braut und Szene und verschwanden, indem sie sich zu einem kitschigen Jingle in Luft auflösten. Nun stand er da – mit der Braut, die aus der Nähe betrachtet gar nicht mehr unnahbar wirkte. Sie drehte sich schnell um sich selbst, bis ihr Hochzeitskleid sich öffnete und davonflog. Dann stand sie entblößt vor ihm, ruckelte ihm einen protzigen Ehering auf die rechte Hand, stimmte dazu einen verhalten intonierten, stetig anschwellenden Ton an und begann ihn mit ihren wie getrocknete Pflaumen schmeckenden Lippen rigoros zu küssen. Das wiederum brachte M. auf den Plan, die als Rachegöttin in einem schwarzgelben Outfit die Braut mit einer golden verkabelten vibrierenden Keule in die Flucht. Danach griff sie nach ihm: Ihre herrische Tatkraft und der haptische Gefühls-Booster ihres Ganzkörper-Kondoms wirkten als Stimulanz für einen übergangslos praktizierten *pas de deux* inmitten endlos weiter Wiesen. Sie legte sich zwischen die unschuldig mit den Köpfchen wippenden Gänseblümchen, riss ihn an sich wie von Guillermina Bravo expressionistisch choreographiert, nahm ihn, irgendwie, und entließ ihn erst wieder aus ihren kundigen Händen, als ihn eine Heuschnupfen-Attacke lahmlegte. Im vom Nießen begleiteten Erwachen, mit einer märchenhaften Bereitschaft zu lieben, und von der Pollenallergie in Mitleidenschaft gezogenen Augen, spürte er Sehnsucht nach seiner Traumfrau Maya. Was folgte, war die ernüchternde Erinnerung an einen einträglichen Termin, den er fast versäumt hätte.

*

Sabine Roy-Hohlfeld hatte sich angesagt. Die Prinzessin wollte ihm, gegen eine stattliche Honorarpauschale, das Gemälde *Schnitter im Hochsommer* aus dem Besitz einer burgenländischen Dynastie zur Begutachtung und eventuell auch zum Verkauf vorlegen.

Sie waren gegen Mittag in seinem Büro in der Uni verabredet. Es blieb ihm nicht viel Zeit, aber für einen Espresso und ein Croissant im *Etcetera* an der Rothenbaumchaussee reichte es. Und für einen Anruf bei M. »Ich liebe dich, meine Süße!«

»Ich kann jetzt nicht.«

»Ich muss dich sehen!«

»Es geht aber gerade nicht …«

»Und neben dir einschlafen!«

»Keine Chance!«

»Warum nicht?«

»Weil Hans Herrchen mir eine Audienz gibt. Ist wichtig für mich, wie Du weißt.«

»Weil er besser ist als ich? Vergiss nicht: *Ich* bin dein Herrchen!«

»Ach … Dummkopf … Wir sehen uns morgen, kannst dich auf eine Überraschung freuen!«

*

Während seine M. sich im Trainings-Zentrum ihrer Firma am Jungfernstieg mit Management-Coach Hans Herrchen traf, um auf Wunsch ihres Chefs ihr weiteres Berufsleben genauer einzustellen zu lassen (im Klartext: etwas mehr Honorar für noch mehr Arbeit), wartete Frank auf Prinzessin Sabine. Er hatte sie flüchtig kennengelernt, als der vor Angeber-Attitüde fast platzende Antiquitätenmogul Dr. rer. nat. Möhlmayr kürzlich seinen jährlichen Champagner-Empfang gab. Dabei unternahm er mit ihr den untauglichen Versuch, die Entwicklung der Europäischen Union prospektiv und jenseits von *Small Talk* zu klären.

Die Dame ist noch nicht lange Prinzessin, sie hat, da hieß sie noch Sabine-Gerlinde Schütz, den Erbprinzen Roy von Hohlfeld bei der Lübecker Segelschiff-Regatta ins Boot geholt. Nun macht sie sich entschlossen daran, den finanziell klammen und vermutlich, wie sie selbst auch, mit einem IQ im mittleren Bereich ausgestatteten Gatten zu entlasten. Sie tut das vor allem dadurch, dass sie die unzulänglich katalogisierte Erbkunst des Erbprinzen verkauft – das, was sie »Kleinzeug« nennt, zuerst, später dann die größeren Bilder und Möbel. *Das wirklich Werthaltige*, wie sie es ausdrückt.

Frank Berenberg sollte nun, begünstigt durch seinen noch immer seriösen Ruf als Kultur- und Kunstwissenschaftler, zu einem Nutznießer der geplanten Transaktion für die banale Dame avancieren.

Sabine zeichnete sich durch ein braves helles Gesicht aus (das ihn an eine Darstellerin des Films »Schoßgebete« erinnerte), Ihre untere Kopfhälfte war ausladender als es den Proportionen guttat. Außerdem fiel sie auf durch eine zu weit aufgeknöpfte Bluse, unvorteilhafte Körperhaltung, vulgo: Hängeschultern, und einen leise aber beständig wehenden

Mundgeruch. Er versuchte, sich in einem gewissen Abstand zu ihr im Raum zu bewegen. Was gar nicht so einfach war; denn sie glaubte, ihm mitsamt dem Gemälde zu nahe kommen zu müssen: »Die Roys«, sagte sie artifiziell-hoheitsvoll, »sind ein so altes Geschlecht, dass man nicht mehr nachvollziehen kann, welche Kunstwerke wann in unseren Besitz gelangten. Sie haben doch sicher *The Crown* gesehen. Da hängen die Räume auch packevoll mit Gemälden, die wohl noch jahrelang Kohle bringen.«

Frank war schnell klar, dass die Prinzessin dringend Geld brauchte. Deshalb musste er ihr raten, sich einem renommierten Kollegen anzuvertrauen: Sein Kunstgeschichte-Kollege Friedrich Fest, FF genannt, kann Alte Meister, insbesondere Flämische und Niederländische »Landwirtschaftslangweiler« wie er sagt, »aus dem FF schneller zuordnen als Frank sich für ein Menü auf der McDonalds-Speisekarte je wird entscheiden können.

Er bat Professor Fests muskulöse Assistentin Gretel, ihren Chef aus einer Dekanatssitzung zu holen. Sie klebte FF ein gelbes Haftetikett auf die langfingerige Hand, als sie nach seinem Brillenetui griff. Er las darauf das mit Frank verabredete Code-Wort für opportune Gewinnchancen: *Morgenluft!* Das war der alarmierende Aufruf, alles liegen und stehen zu lassen. Kollege FF, der das Kunstwerk schon von einem Foto kannte, inszenierte sich gekonnt unbeteiligt, als Kenner aber sachkundig interessiert. Er setzte seinen fachmännischen Blick auf, drehte und wendete das Bild – bis ihn der Atemstrahl der Prinzessin traf. Die ihm vorgelegte langweilige Sommer-Ernte-Szene hatte FF ohne jeden Zweifel längst identifiziert und zugeordnet. Frank bekam von Gretel den selbstklebenden Zettel mit dem durchgestrichenen Wort *Morgenluft* zurück. Er trug FFs stenografischen Hinweis: *Lüften!!! Das Bild: Scheußlich, aber teuer! Ein echter Jan Bettenhem! Sicher! Großes Geld!*

Professor Fest schlug vor, das Gemälde in den Tresor ihrer Restauratoren an der Fakultät zu legen, gab der Prinzessin eine unleserliche Quittung (auf Frank Berenbergs Briefpapier) und verschwand, von der Tür her kabarettistisch-jovial winkend, mit dem mäkelig klingenden Hinweis, man solle doch bitte die Fenster weit öffnen. Jede Menge *Morgenluft*!

Die Dame, die Frank bei interessierterem Hinsehen gar nicht mehr so unattraktiv fand, verließ ihn mit der Bitte um einen bald zu realisierenden Plan. Sie küssten einander höflich auf die Wangen. Frank hielt dabei die Luft an.

Der Kollege FF, ein schlanker Mann mit hellem Bart, hellen Augen und hellem Verstand, meldete sich noch am gleichen Tag. »Hallo, hallo«, schäkerte er und sagte nach einer Spannungs-Pause sehr dezidiert: »Den Wert von rund zwei Millionen Euro könnte man bei einer Altmeister-Auktion bei Christie's in London auch in Britischen Pfund erzielen. Was uns beim Wechsel in Euro eine richtig schöne Marge einbringen wird. *Bettenhems* sind selten. Wenn's gut läuft, kommen sogar zwokommazwo Mio dabei raus. Die dummen, noch nicht am Hungertuch nagenden Landadligen mit Geld oder die neureichen alten Industrie-Fuzzis, die solche Ölschinken für ihre hinterwäldlerisch düster möblierten getäfelten Esszimmer suchen, die zahlen das.« Am Ende seiner blitzschnell abgesonderten Strategie-Utopie strahlte FF. Und fügte siegesgewiss hinzu: «Wir kriegen zehn Prozent plus, lieber Kollege! Lassen sie *mich* mal machen!»

Frank war begeistert. Vor seinem geistigen Auge sah er sich mit M. in einem flotten Cityhopper zur Feier der noch längst nicht kassierten Provision nach Amsterdam fliegen, dort im *Grandhotel t'Hont* absteigen, sich lieben, essen und trinken ..., bis Maya das Urteil fällen würde: *Ich bin viermal gekommen. Du bist verrückt, Mann!*

Anderntags würden sie in der Galerie *Lieve Hemel* die verblüffend feinen Stillleben heutiger holländischer Maler ansehen. Dann, so jedenfalls plante es M., sollten sie das *Erotikmuseum* am Oudezeijds Achterburgwal besuchen und danach in der nahen *Condomerie* in der Vermoesstraat die Phallusbrötchen testen.

Da es sich um einen nur dahinphantasierten Ausflug in die Niederlande gehandelt hatte, blieb nichts als Frust. Und der feste Entschluss, eine Amsterdam-Reise bald Wirklichkeit werden zu lassen.

XXI.

Der hilfreiche Henker

Vor etwa zwei Jahren: Weil sie sich im Datum geirrt hatte, stand Marie Kolbing am Hamburger Flughafen, gestrandet, ohne Hotel. Das klang nach Hinterhalt, konnte aber auch die reine Wahrheit sein oder ein schriller Hilferuf. Oder Sehnsucht im Glücksspiel-Format. Das schusselige Model aus England, frech wie kaum eine der Frauen, mit denen Frank bisher zu tun hatte, präsentiert sich in Modemagazinen als sanfte und liebenswürdige Tochter untadelig feiner Eltern (Mutter Direktorin eines Gymnasiums, Vater Archivar der Staatlichen Schottischen Bibliothek und *Brexit*-Prediger). In Interviews kam Marie stets als Hüterin des Wahren und des Schönen rüber. Ihre von einer Sonderabteilung der Schöpfung designten Beine zeigte sie nur bis zu dem Punkt, von dem aus man den Rest wie eine *Fata Morgana* erahnt. Ihre Fotos auf Titelseiten prägten sich ein – sie gehörte für Jahre zum unverwechselbaren Dutzend im Heer der *Beauties*. Für ein witziges *Vogue*-Foto, das sie mit zwei Zitronenhälften vor den Augen zeigt, haben der Art-Directors-Club und die Chefredakteure englischer Fashion-Magazine Marie zur *Miss Media Univers* gekürt.

Ein englischer Journalist arbeitete damals an einem Psycho-Enthüllungs-Interview mit ihr *(»Marie – You Confess!«)*.

Dabei muss der smarte Autor ihr verborgenes Faible für schräge Liebesspiele enthüllt haben. Er bekannte sich offen als Gleichgesinnter und williger Fan, bot sich ihr für unübliche Sessions an, kurz und gut: Sie nahm ihn, ließ sich von ihm nehmen wie immer er es wollte, nur unliebsam-böse musste es sein. Sie blieben eine Weile zusammen, bis dem Zeitungsmann eine keusche amerikanische Erbin unterkam – wieder in der Folge eines Interviews, so wurde es Frank berichtet.

Damals empfand er etwas noch nie Dagewesenes, etwas, das sich für ihn anfühlte wie Liebe. Sie entflammte, entzündete ihn, er brannte lichterloh. Marie, das verrückte Pfauenhuhn, erstickte das Feuer schnell. Was übrigblieb, waren Bilder einer Frau, deren explosive Mischung aus hochgezüchteter Andersartigkeit und unstillbarem Verlangen Frank regelmäßig aus seinem mäandrierenden Leben hochschrecken ließ.

*

Frank erinnert sich noch mit Inbrunst und detailliert an eine variantenreiche Bildungsreise ins schottische Edinburgh. Marie beschenkte ihn mit einem aufregenden Abenteuer, nachdem der Werbechef des amerikanischen Jeans-Labels *buttown* bei einer Wohltätigkeitsveranstaltung mit üppig ausgestattetem Etat von ihr geschwärmt und ihn ihr dann vorgestellt hatte.

Marie gehört zu den Mädchen, die ungern allein sind. Die Kakophonien, denen sie in ihrem Immer-schön-sein-Job auf Modeschauen und in Studios regelmäßig ausgesetzt ist, haben ihre Fähigkeit zum Genuss ruhiger Momente zerstört. Sie weiß das und nimmt es hin als ein Dogma, genauer: als konstruktivistische Grundannahme.

Damals saß Marie mit Frank in einem Hamburger Restaurant, das hauptsächlich von Model-Kindern der gebärfreudigen Mutter Gleichmaß (gebucht für die Otto-Kataloge unserer Unterschichten-Konsumwelt) bevölkert war. Dabei hatte er sie zu sich nach Hause eingeladen, »auf einen Tee« (so sagt man in der Welt der notorisch kalorienzählenden Nichtesser und Nichttrinker, wenn es darum geht, sich nicht »in echt«, sondern nur in Gedanken Kalorien zuzuführen. Aber auch das macht ja die Anhänger dieser Form der Ernährung bereits dick). Marie bestand aber auf einem Dinner im angesagten *Rive Gauche* in Blankenese. »Und heute zahle ich die Rechnung!« (Wer sie kennt und weiß, dass Marie einen gefährlich stacheligen Igel in der Tasche hat, wenn es ans Zahlen geht, musste körperlich fühlen: Ein Wunder war geschehen.)

Sie ließ es mit einem harten Drink intensiv angehen. Dann orderte sie zwei *Jägermeister* (beide für sich selbst) und eine Flasche Rosé.

»Irgendeinen Rosé?«, wollte Frank wissen. »Irgendeinen?«

»Den allerbesten!«

Danach war es nicht weit bis zu einer *Tour d'Horizon* – wie in »alten Zeiten«. Sie lehnten sich in Vorfreude darauf bequem zurück und öffneten in Alkohollaune die Es-war-einmal-Büchse der Pandora.

»Du erinnerst dich an Edinburgh, an den Besuch im *FetishClubNoir* in East-Tritton, am Stadtrand?«

»Wie könnte ich das vergessen?«

Es war eine Nacht voller *lessons to learn* für ihn. Marie, eine der teuren Kindfrauen der boomenden Fashionszene, sorgte in dem verruchten Club für seine endgültige Entjungferung auf dem schmutzigen Hinterhof blitzblank polierter Phantasien.

»Du warst so ängstlich, so heikel. Du hattest Sorge, dass etwas passiert, wenn du dich auf diesem düsteren Marktplatz der Verderbtheit hingibst an unbekannte, ungewaschene Wesen …«

»Stimmt«, gab Frank zu. »Die Idee allein … Das pure Grauen …«

»Du hast dich an mich geklammert und zweimal gefragt, ob wir wirklich bleiben sollen … Ich konnte dich aber kaum verstehen, weil es so laut war. Habe nur *leiden wollen* verstanden.«

»Erschreckend!«

»Dabei hattest du noch nicht einmal die finstere, unästhetische Abseite des Clubs gesehen.«

»Und erst die Darkrooms … Und die aufgewärmten giftigen Gerüche auf den dunklen, langen, düsteren Gängen.«

Marie, vom Alkohol und den Erinnerungen an das Sodom-und-Gomorra-Event stimuliert, setzte sich auf seinen Schoß. Diese Inbesitznahme wurde argwöhnisch beobachtet vom bemüht feinen Kellner in zu kurzer Hose. Nur Franks großzügiges Trinkgeld hielt ihn davon ab, sich als weisungsbefugter Moralapostel einzumischen. Ein so unanständiges Pärchen Haltung in seinem feinen Haus – da gilt es professionell wegzuschauen …

Damals im *FetishClubNoir* von Edinburgh ging es mehr um das Hinschauen: Sie hatten sich kurz vor Mitternacht in Maries dramatisch unaufgeräumter Wohnung »maskiert«, wie sie es nannte. Alles war einfühlsam vorbereitet. Auf ihrem schlanken Körper trug sie ein vorn geknöpftes Minikleid, dazu oberschenkellange Stiefel. Ein paar Zentimeter Haut bildeten den faszinierenden Übergang. Um den Hals baumelte einsatzbereit ein *Ballgag* an einem Riemen. Lange Handschuhe verbargen Maries schmale Hände und Arme. Das alles ließ sie unnahbar und begehrenswert zugleich wirken. Über ihre Augen würde sie, später, eine Maske ziehen – denn erkannt werden durfte das Topmodel auf keinen Fall. Könnte das Geschäft nachhaltig schädigen.

Ein Cover-Girl als Under-Cover-Agentin.

Für Frank hatte Marie eine Polizeiuniform vorbereitet: Als New Yorker Motorrad-Cop uniformiert, fühlte er eine neugierige Erregung. Die engen Breeches verrieten (so sagte Marie, und der Spiegel gab ihr Recht) die jeweilige Befindlichkeit seines mehr oder weniger engagierten Geschlechts. Im Schaft eines der Motorradstiefel steckte eine authentisch blinkende

Polizei-Kelle mit der Befehls-Aufschrift: *Fuck now!* Auf der Rückseite: *Stop fucking!* Und am Gürtel hingen neben einem sehr echt wirkenden Colt ein Paar goldener *Irish-Eights*, die den Delinquenten seine prekäre Lage intensiv spüren lassen. (Die Polizeiuniform stammte aus einem Theater-Fundus und war wohl schon öfter im Einsatz gewesen – sie roch nach Rauch, einem dubiosen Billigparfum und Spuren unterschiedlicher Genese.

Frau Rössels pessimistischer Kommentar war vorherzusehen: *Eine Ami-Uniform, ich bitte doch sehr – und dann noch ungereinigt! Seuchengefahr! Sofort ausziehen!*)

An der Seite von Marie fühlte Frank sich sicher. Sie hatte ihr Madonnen-Gesicht im damals ultimativen, weil von den Modefotografen vorgeschriebenen *Pale Look* geschminkt, nur die Lippen leuchteten greller und die Wimpern waren knalliger getuscht. Sie durchschritten, nachdem sie sich hinter ihrer Augenmaske in die Anonymität zurückgezogen hatte, gravitätisch die Kontrollzone am Einlass des Clubs. Dass Miss Marie sich auskannte in den geschmacklosen Katakomben dieser maroden Unterwelt, machte es ihm leichter, erst mal den devoten Lehrling zu geben.

Als Motorrad-Bulle aus New York hatte er schnell zwei schutzbedürftige Damen der schottischen Gesellschaft an seiner ungeschützten Flanke. Marie hatte sich von ihm gelöst und ihn einer penetranten, rotlockigen, in ein Riemenkorsett gepackten Lady Macbeth überlassen; ihre spitzgesichtige Begleiterin in einem extrem kurzen Hasenfellrock, obenrum garniert mit einem einfallslosen Harness aus rotem Plastik, sah eher aus, als habe sie sich aus einem Jäger-Faschingsball davongestohlen und dann – mit einem Hasen als Beute – in der Weite des Reviers verirrt. Jedem ihrer Sätze ließ sie ein tonales Ausrufungszeichen folgen – boaah!

Es gab dann einen kuriosen Zwischenfall: Ein Typ mit randvoll tätowierter Glatze und ausgebeultem Motorrad-Outfit im Glamrock-Stil griff heftig in Franks Schritt und herrschte ihn an, er sei Lou Reed! Frank solle nicht so tun als sei er schwul: *Walk on the Wild Side, Buddy*! Nach dieser Macho-Attacke legte der Glam-Rocker seinen Kopf winselnd an Franks Brust. Die rote Häsin warf sich verängstigt in die Arme ihrer Lady Macbeth und schrie, zu Frank gewandt: »Officer – help me! Oh … I love brutal Policemen«.

Marie verlor weder den Überblick noch die Contenance. Sie zog den Spinner von ihm ab wie einen Kaugummi von einem regennassen Kleppermantel. »Total zugekifft«, erklärte sie Frank extrem cool den Sachverhalt und schickte die torkelnden Schicksen zum Getränkeholen. Sie hat ihm damals so sehr imponiert, dass er für kurze Zeit daran dachte, sie auf einer Liste der *most remarkable women in my life* an die dritte Stelle zu setzen. Nach seiner Mami Heliane. Und, vielleicht, nach Maya. Oder Esther. Oder.

Der intensivste Lernprozess an diesem Fetisch-Abend vollzog sich in einem der Hinterzimmer. Hier ließ Marie ihn als *Heinzgünther Schnösels Tanzaffe* auftreten. Sie fragte das ineinander verknotete Hetero-Paar, ob Frank und sie mitspielen dürften. Ohne die Antwort abzuwarten jubilierte sie: »Dann ist ja alles geritzt!« und pellte ihre Brüste aus dem fleckigen

Futteralkleid. Selbstvergessen umtanzte sie die auf Kettenkarussell-Sitzen von der Decke hängenden *old-school*-Herrschaften. Als wolle sie sie für ihre Ignoranz bestrafen, hob Marie provozierend beide Hände, dann fuhr sie die Mittelfinger beider Hände aus und drehte sich Beifall heischend nach mir um, ohne mich wirklich zu fixieren. Ihr leerer Blick kam aus einer fernen Zone, in dem das Kompass-System des Menschen nur an Silvester und in Schaltjahren zum Einsatz kommt. Dabei ist dieses Gehirnareal für die Emotionen und für das Triebverhalten zuständig; manch ein gutgläubiger Wissenschaftler macht es sogar für intellektuelle Leistungen mitverantwortlich.

Marie hatte sich zugedröhnt und befand sich, längst ohne ihre schützende Maske, selbstvergessen auf einem Trip ins Niemandsland bedrohlicher Einhausung. Zusammengesunken und mit verkleckerter Wimperntusche saß sie im Streulicht eines flackernden Scheinwerfers auf einer Bank. Ein langer Lulatsch mit Hackebeil und Henkerkapuze und eine zur Korpulenz neigende Tänzerin in gefährlich hochhackigen *Ballet-Boots* gesellten sich zu ihr.

Als der Kapuzenmann Marie aus nächster Nähe inspiziert hatte, wandte er sich suchend um. Dann ließ er, wie elektrisiert, von seiner durch den düsteren Raum staksenden Fetisch-Ballerina ab. Er riss sich die Haube vom Kopf. Mit schweißtriefendem Gesicht schaute er Frank prüfend an. »Sie müssen ihre Begleiterin sofort abräumen!« sagte er. »Und ich meine: Sofort!« Mit dem Handrücken wischte er sich über seine verschwitzte Stirn. »Sie ist kurz davor, in einen Schockzustand wegzudriften. Am besten bringen wir sie ganz schnell in eine

Notfall-Ambulanz. Die *Loreta Klinik* hat heute Nachtdienst. Ich begleite sie. Ich bin dort Arzt.«

Leo Hufkins, so heißt der helfende Henker, gehört bis heute zu den Menschen, denen Frank zu Weihnachten und zum Geburtstag schreibt. Leo ist inzwischen Chefarzt in Edinburgh und geht noch immer gern einmal in der Woche um Mitternacht unerkannt unter seiner schwarzen Gummimaske auf seinen ganz persönlichen Jahrmarkt der phantastischsten Eitelkeiten. Wenn jemand Frank beigebracht hat, wie Fantasien und Wirklichkeit interagieren, aber doch voneinander entfernt sein können, dann Hufkins. Ihm ist die Verbindung zwischen fordernder, aber banaler Alltagsperformance und enthemmendem Gladiatorenglück mit Henkerslust in seiner Scheinen-ist-Sein-Welt perfekt geglückt.

Und Marie: sie wurde die angebetete, eitle, selbstverliebte, ständig irgendwohin verreisende *Fashion-Victim*-Ehefrau des bei Tag und Nacht in seiner Klinik beheimateten Mediziners. Die Beziehung hielt nur ein paar Monate. Angeblich konnten sich die beiden nicht einigen, ob sie lieber im *ClubNoir*, oder bei einem Sternekoch glücklich werden wollten.

Seit dem Ende ihrer Zeit mit Leo Hufkins, der auf dem Höhepunkt der Corona-Krise in ein Virologen-Forscher-Team berufen wurde, hatte sie 19 Lover in sieben Ländern. *One-night-stands* wohlgemerkt. Eine Bilanz, bei der die Buchhaltung, in Ermangelung ordentlich geführter Aufzeichnungen, ins Leere geht.

(Ganz im Gegensatz zur niemals wirklich präzisen Marie hat Maya übrigens genau dokumentiert, wer in ihrem Leben die Partner waren, wie sie ihre Sache gemacht haben, wo was am Ende dabei herausgekommen ist – in Schulnoten von 1 bis 6. Frank hat sich bisher nicht getraut, nach seinen Zensuren zu fragen. Könnte ja sein, dass Sie ihm nur eine Einsminus zugestanden hat. Das wäre schwer zu verkraften für den selbstverliebten Erotomanen, der wohl auf Lebenszeit in ihm wohnt. Die Rössel würde ihn wohl mit einer unnützen Drei auf den weiteren Lebensweg schicken.)

Und Frank, der also Maries Nr. 20 war? Der träumt von M., deren Liebe auch mit Schmerz, mehr aber mit ambivalenten Gefühlen zu tun hat. Mit Bindung, nicht nur mit *Bondage*.

Er hält es kaum aus ohne sie. Ihre Lebensklugheit und ihre Küsse fehlen ihm. Ihr Duft. Ihre Scham. Und ihr kleiner, liebender, fleißiger *Flogger*, der beide mit belebenden Hieben dient, auch wenn ein Akteur gelegentlich zu hart zuschlägt oder in sensiblen Bereichen schmerzbringend danebentrifft. Was sehr schnell zu Revanche führt. Und bei M. zu einem weiteren Höhepunkt.

*

Für einen introvertierten Moment tritt Frank eine fantastische Reise an: Über Arabien bis in den Indischen Ozean. Unter Palmen auf einer mückenlosen Werbefoto-Insel liest er erst *Die Enttarnung der Geschichte der Kunstgeschichte* seines Kollegen Held-Fabrizius und dann ein Buch über raffinierte Fälschungen und geniale Fälscher. Er träumt von Marie *und* von M. Die zwei haben sich in einem eleganten Pariser Club getroffen, um sich und ihn aufreizend-unverbindlich zu küssen und sich wenig später im Séparée ihre parfümierten Slips von den schmalen Hüften zu ziehen. Dann reiben sie ihre erhitzten Körper rhythmisch aneinander, beglücken sich mit virtuosen Fingern für ihn, den einzigen Zuschauer-Nutznießer. Sie tun es, als wäre die raffinierte Kamera des Erotikfilmers Hannes Hower auf sie gerichtet, der symbolträchtige Orchideen zeigt, wo sich bei anderen Regisseuren des Genres anatomische Details in grober Mittelmäßigkeit auflösen. M. ist die frechere und die empfindsamere von beiden. Sie kann eine derart prätentiöse Situation mühelos hinter sich lassen und auswandern in eine von ihr längst schon eroberte, ihr allein gehörende Kolonie. Marie wird als erste fertig sein. Sie wird dabei, etwas zu theatralisch, die Haare hinter sich werfen und sich aufbäumen, aber nur, damit Frank beeindruckt und sprachlos sieht, wie sehr sie es für ihn tut, diese hemmungslose Schönlügnerin.

In seinem Arbeitszimmer träumt er von ihr und ist zu weit weg, um ihr nicht ganz nah zu sein, seiner Maya, die in dieser Sequenz seines Camouflage-Lebens Marie heißt. Beide zusammen liebt er, weil sie so genau wissen, wie es ist, in Wahrheit und Wahn zeitgleich zu existieren. Wie es ist, eine so besondere Empfindung zu haben, die alle Hindernisse für Stunden aus der zu engen Welt schaffen kann, in der wir gefangen sind. Die einen mehr, die anderen weniger.

Oft weiß Frank nicht mehr genau, wie er sich finden und wie er sich befreien könnte. Das Labyrinth allerdings ist wohnlich eingerichtet. Mit einer Chaiselongue im Zentrum der Wohnung unter der magischen Sternenfinsternis. Frau Rössel hat seine Liegestatt da hingestellt, eine Kaschmirdecke über sie gebreitet und ihm die Gates-Erfahrung auf der Rückseite ihres stenografierten Einkaufszettels hinterlassen: *Erfolg ist ein verdammt schlechter Lehrer. Er lässt sogar kluge Menschen glauben, dass sie nicht verlieren können.*

*

Favero zählt zu den angenehmsten Fahrern, die Frank Berenberg bisher untergekommen sind. Er bewegt ihn mit seiner wie neu wirkenden alten Limousine zwischen Flughäfen, Universitäten und Theatern und gelegentlich zu lebensbejahenden Etablissements. Er ist für seinen Lieblingsfahrgast da, wann immer der auf ihn angewiesen ist. Und sollte er, was selten vorkommt, schon von einem anderen Auftraggeber gebucht sein, meldet er sich krank und fährt – Frank Berenberg: Unaufgeregt, vorausschauend und für jede Frau bremsend, um ihr mit einer weitausladenden Kavaliersgeste das gefahrlose Überqueren der Straße anzubieten. Manchmal geht mir sein Höflichkeitsgetue auf die Nerven. Besonders, wenn Favero Machtausübung zelebriert, um einer Person zu imponieren, die er nicht kennt und der er nie wieder begegnen wird.

Faveros Diskretion lässt ihn gelegentlich unvorsichtig sein. Dann offenbart er, nicht ohne einen Anflug von Eitelkeit, wie sich seine Tage und Nächte in Licht und Dunkelheit entwickelt haben oder wie sie sich abspielen werden. Er, der beeindruckende Portugiese in seinen frühen Sechzigern, liebt delikate Geheimnisse über alles. Er schweigt gern spürbar, lächelt wissend und nickt verständnisvoll, wenn er Zeuge eines besonderen Rendezvous' wird. Dann nimmt er sich zurück, verschwindet auf ein kleines Zeichen und überlässt Frank bei Bedarf den weiteren Umgang mit der Liebeslimousine, deren Innenraum nach *L'Occitane Limone* riecht.

Frank hat das Zitrusparfüm geliebt; von einem Tag auf den nächsten aber konnte er es nicht mehr ertragen. Von der plötzlichen Abneigung weiß Favero noch nichts.

XXII.

Zwokommazwo Mio. für einen Ölschinken

Ohne einen Plan für die Entlastung seiner Libido bekam Frank Besuch von einer ihm als extrem defensiv beschriebenen Dame namens Erika-Louise, die er vor geraumer Zeit auf der Geburtstagsparty eines Hamburger Reeders kennengelernt hatte. Sie – so seine Erinnerung – ließ sich nicht auf seine an diesem Abend einfallslose Schmalspur-Anmache ein. Vielmehr legte sie aus einzelnen seiner Sätze ein Domino, das ihm die Schamröte ins Gesicht trieb: »Schon mal vom guten alten Dativ gehört?«, fragte Erika. »Ist auf jeden Fall wichtig, für w*em* auch immer«. Und freute sich diebisch über Franks schülerhaft-irritierte Reaktion.

Er kam sich damals vor wie bei einer Schiffstaufe: Er war die Zehn-Liter-Champagnerflasche, die heftig weiß schäumend am unkaputtbaren stählernen Bug ejakulierte. Und Erika war die festungsgleiche *Titanic*, die drauf und dran war, souverän die Weltmeere zu überqueren. (Hat bekanntlich nicht funktioniert. Was ihm seit dem Besuch des *Titanic*-Hafens in Irland immer wieder deutlich wird, wenn sich Untergangsstimmung breit macht.)

Erikas scharf-blitzende Intelligenz, die sie spontan gegen seine an jenem Abend wirklich dürftigen Äußerungen schmetterte, brachten ihn einerseits in Rage, dann aber auch in eine von der Situation regierte Begeisterung für so viel weibliche Coolness. »Was macht dieser Mann denn so?«, fragte sie über Frank hinweg ihre Begleiterin. Diese sah ihn mit leerem Stummfilmblick abschätzig an, um sich dann kommentarlos wegzudrehen.

Also beantwortete Frank die Frage selbst: »Der Mann ist W3-Hochschullehrer und quasi mit dem Dativ aufgewachsen«. Seine gespreizte Retourkutsche machte keinen Eindruck. Die Anbahnungs-Holperstrecke wirkte plötzlich wie vermintes Gelände.

Als dann Favero unvermittelt auf der Party auftauchte, um ihm seine im Auto zurückgebliebene Brieftasche zu überreichen, wurde Erika zugewandter. Der *personal driver* (und die dicke Brieftasche) machten wohl einen guten Eindruck. Faveros beflissene Haltung und seine feine weinrote Jacke mit dem Mercedesstern am Revers vermittelte der Dame sichtlich hoffnungsfrohe Gefühle. Diese wiederum begünstigten ihre Antwort auf Franks karge Frage nach einem »Wiedersehen in absehbarer Zeit«.

»Gern«, ließ sie ihn samtlippig wissen, »falls sie ihre Zeitplanung besser beherrschen als den Dativ. Und: falls sie nicht zimperlich sind, was die Gestaltung unseres Abends angeht. Die Programmpunkte bestimme jedenfalls *ich*. Damit das schon mal klar ist.«

Es war als hätte ein Sandstrahlgebläse die eben noch so versteinerte Szene glattgeschmirgelt. Die Dame lächelte so hübsch wie erhaben-eingebildet und die zurückgekehrte Stummfilm-Megäre spürte sofort, dass während ihrer Abwesenheit ein auch sie selbst betreffender Sinneswandel eingetreten war. Sie verhielt sich abwartend und überließ der Freundin die Regie.

Frank äußerte sich dann noch in einem Wortschwall linkisch über seine Lieblingsautoren, Lieblingskomponisten, Lieblingsmaler, Lieblingsphilosophen. Was er erntete, war konstruktiver Spott: »Darüber will ich mehr wissen!«, beschied sie ihn und fingerte aus ihrer Gold-*Clutch* eine Visitenkarte, um sie, zwischen Zeige- und Mittelfinger geklemmt, hinter sein Einstecktuch zu versenken. (Die gelackte Karte sagte aus, dass Dr. Erika-Louise Gutebrandt als Psychologin tätig war, spezialisiert auf *Enthemmungsproblematiken*.)

Sie gingen damals auseinander wie zwei ambitionierte Forscher, die auf Gedeih und Verderb von einer übergeordneten Instanz in ein brisantes, ja explosives Projekt verstrickt worden sind, das der eine ohne den anderen nicht würde zum Erfolg führen können. Und bei dem am Ende der Liebig-Preis winkt. Oder die totale Pleite.

»Holla! E uma Lésbica?«, sagte Favero in seinem grumpeligen portugiesischen Deutsch, als er ihm wenig später im Auto von dieser kuriosen Verabredung erzählte. Was es mit dem Dativ auf sich hat, bleibt ihm bis heute verschlossen.

Es wäre klüger gewesen, Frank hätte den Mund gehalten, denn Favero beendete die wortreiche Reportage (sie war unter dem

Einfluss von reichlich 2012er *Rêve de Portalono* etwas außer Kontrolle geraten) mit dem Satz: »Die Dame hat noch ziemlich was mit ihnen vor, Professore! E uma mulher maluca!« Dabei hauchte er, mit nach unten gedrehtem Kopf, ein wenig zu affektiert, Atemluft auf die Mercedesstern-Brosche an seinem Revers und begann mit seinem Brillenreinigungstuch eine völlig sinnfreie Politur.

*

Nun also, keine Woche nach der seltsam-gezierten ersten Begegnung, hatte Favero die auf Enthemmungsproblematiken spezialisierte Dame in ihrem Heimat-Städtchen Sprockhövel abgeholt und bei Frank in Hamburg abgeliefert. Erika entstieg dem Fonds des Wagens mit einer Grandezza, die er liebt: Er spürte, dass diese so kontrolliert wirkende Frau mit ihrem nicht deformierbaren Stil (grauer Bleistiftrock, weiße Bluse) sich untadelig verhalten würde – oder, im richtigen Umfeld, ihre dezent geschminkte Contenance so vollständig verlieren konnte, dass die Hormone Berserkertänze in Dreierketten ausführten. Es war schön, die Unsicherheit dieser selbstsicheren Person körperlich zu spüren. Bei Frauen mit einer so sorgsam verborgenen und doch offenkundigen Programm-Idee ist es besonders spannend, die enthemmte Enthüllung zu beobachten. Auch wenn für ihn Überraschungen auf diesem Feld der Unehre eher selten sind.

Als sie auf ihn zukam, wünschte er sich nichts mehr, als möglichst schnell Zeuge ihrer seelischen und vor allem ihrer körperlichen Entblößung zu werden. Er wusste, er würde sie unbotmäßig behandeln und so lange alle Variationen seiner

Phantasien mit ihr durchspielen, vor allem: sie mit seinen Tricks auf die Probe stellen, bis sie nicht mehr die Dame mit dem neunmalklugen Dativ war. Die schöne Schlaue würde ihr Versteckspiel beenden und Objekt seiner Begierde werden. Ihm ganz ausgeliefert sollte Erika bekennen, dass die denkwürdige Begegnung auf der Sprockhöveler Party nun zu einem Härtefall ihres an Schwierigkeiten bestimmt reichen Lebens geführt hatte. Er wollte sie unterwürfig, besser noch, erniedrigt sehen. Für eine schlaue Psychologin wohl die Höchststrafe.

Es sollte ihm gelingen.

*

Auch wenn es für einen geübten Chronisten wie Frank Berenberg ungewöhnlich sein mag: Er erinnert sich nur noch bruchstückhaft an das, was geschah, nachdem Erika seine Wohnung betreten hatte, die von der Rössel mit riesigen Rittersporn-Sträußen dekoriert worden war und penetrant nach *Calèche* roch.

Sie nahm seine Hand, führte sie an ihre Lippen und sagte: »Du riechst gut.« Dann schaute sie sich sachlich im Raum um, wie ein besorgter Klischee-Polizist das im TV-Krimi tut, wenn er, seine Waffe wie einen Seismografen vor sich her balancierend, den Täter im Visier hat. Ihr Kopf machte, wie ein aus der Meeresoberfläche ragendes U-Boot-Okular, eine 180-Grad-Drehung, um zu registrieren, was sich an Verdächtigem in ihrem Blickwinkel zeigte. »Du sammelst Bücher«, stellte sie fest. »Gut. Habe ich nicht anders erwartet. Eine ziemliche Unordnung. Die drei Bände *Benoit Le Trouve*, allerdings in der Erstausgabe, besitze ich auch. Darin verstecke ich mein Bargeld.«

Unten, auf der Straße vorm Haus, spielten kreischend fröhliche Mädchen. Ein weißblonder Junge stachelte sie an: *Ihr kriegt mich nie, ihr frechen Hühner!*

Frank nahm sich vor: Die arrogante Zicke in seiner Wohnung sollte ihn auch nicht kriegen. Ganz im Gegenteil: Innerhalb der nächsten Stunde sollte sie ihm aus der Hand fressen. Falls sie den Mund dann noch nutzen konnte.

Erika hatte, glaubt er sich zu erinnern, ihre große Louis-Vuitton-Reisetasche auf seine Couch gestellt. Dann sagte sie noch etwas über sein Lieblingskunstwerk: »Der Öschweiler hängt bisschen zu hoch hinter deinem Schreibtisch, passt aber so richtig zu dir. Dieser Mann war bekanntlich ein Frauenhasser. Einer, der weibliche Wesen am liebsten im Rhein verklappt hätte. Interessant: er ist im Bett mit seinem blinden Lover gestorben … Hat man selten.« Nach dieser blasierten Erklärung schwappten Franks Gefühle über, denn die Besserwisserin lehnte sich eng an ihn und öffnete mit verblüffender Geschicklichkeit seinen Gürtel, zog ihn aus den Schlaufen und legte ihn um seinen Hals.

»Du wirst jetzt tun, was ich sage … Versuchsweise …«.

»Ich …«

»Habe ich Dir erlaubt …?« Erika zog die Schlinge etwas enger zu.

Dann wurde er mit pragmatischer Langsamkeit entkleidet. Sie zeigte nach unten, auf den blaugrün ornamentierten Turkmenen-Teppich, ließ ihn darauf niederknien und bewegungslos zu warten. Eigentlich gar nicht sein Ding.

Der Gurt erzeugte eine euphorisierende Wärme in seinem ganzen Körper. Sein verunsicherter Freund führte sich auf, als gelte es, die Hauptrolle in einer Slapstick-Komödie zu proben und machte sich, ohne den teuren Teppich zu schonen, geflissentlich daran, einen klaren, im Licht der Schreibtischlampe blinkenden Sehnsuchtstropfen abzugeben. (Nur mit Maya hat er schon einmal eine solch hart getaktete Abfolge von fahrplanmäßig inszenierten Erregungsbeglückungen erlebt – allerdings war es immer *sie*, die vor ihm niederkniete, um die Vorstellung zu starten.)

Nackt zu Füßen einer Frau zu kauern, deren damenhafte Unnahbarkeit und aufreizende Arroganz er eben noch als kaum erträglich empfunden hatte – das war eine aufwühlende Aktion. Als sich anbiedernder Hund kniete er auf seinem Teppich und sah Erika mit ihrer teuren Tasche wie eine Ladendiebin aus dem Raum verschwinden. Sie öffnete zwei Türen, auch die zu seiner normalerweise verschlossenen Abstellkammer. Hier ist verborgen, was niemand sehen soll, auch nicht Frau Roessel. Sie spricht gern von der *Dunkelkammer, in die man endlich mal Licht bringen muss*«.

Dann fand Erika das Badezimmer. Die Spiegel im Flur und über dem Waschbecken sandten in einem optischen Doppelspiel elitäre Bilder eines nur für Frank offenen Geheimnisses: Erika ließ ihren Rock und ihre Bluse achtlos fallen und setzte sich für einen Augenblick auf den Rand seiner türkisblauen Badewanne (Kopf und Schultern wurden jetzt von den Spiegeln direkt übertragen). Seine Phantasie schickte ergänzende Details des Drehbuchs: Sie entledigt sich ihrer schmeichelnden Unterwäsche. Sie besprüht sich mit einem betörenden Aphrodisiakum. Sie sieht selbstsicher auf ihren Schoß hinunter. Sie atmet sehr tief ein und aus.

Dass er jemals auf seinem schönen Teppich in seinem Arbeitszimmer unter der Sternenfinsternis vor einer ihn dominierenden Frau knien würde, in hündischer Ignoranz verharrend, dabei aber gierig auf weitere Spielzüge wartend – das hätte er sich in den wirrsten Träumen nicht ausmalen können. Dumm, dass ihm die Sache mit dem Dativ wieder einfiel, während Erika mit klackernden Stiefeln zurückkam. Sie schritt achtlos über den Fliesenboden, über seine alten Kelims und seinen hochheiligen Turkmenen. Außer den Juchten-Stiefeln trug sie zwei große silberne Plaketten mit Mittellöchern, aus denen die Brustwarzen wie machtverliebte Zwillings-Königinnen auf ihn, ihren subaltern verharrenden einzigen Untertanen, herabblickten.

»Jetzt wird *dein* Stück gespielt«. Erika betonte das *dein* auffallend manieriert und zeigte mit einer Touristenführer-Geste lobend auf seinen Unterleib, der im Begriff war, sich im weichfließenden Teppichflor zu verlieren. »Nachher, wenn Du am Ende deiner Kräfte sein wirst«, raunte sie ihm zu, sich über ihn beugend und sein dichtes Haar liebevoll streichelnd, »darfst Du mich für das bestrafen, was ich dir jetzt gleich antun werde«.

Frank begann, die Welt in all' ihrer Unbegreiflichkeit zu umarmen. Hypnotische Kräfte gingen von Erika auf ihn über, und er fühlte, dass er – wie fremdbestimmt – ihre gestiefelten Beine in Höhe ihrer Knie umklammerte wie er es als Kind bei seiner Mutter machte, als sie ihn erstmals von der Elementarschule abholte. Dann zog ihn der Riemen am Hals nach oben. Dankbar durfte er wahrnehmen, was sein Geschenk war.

Er leckte in glücklichem Gehorsam Erikas Nippel, die aus den polierten Silberpanzerplatten hervorlugten. Der Diensthabende sah sich derweil im von blondem Haar besiedelten Schambereich der Besatzungssoldatin um. Er legte wieder an Größe zu und unternahm einen mutigen Versuch, das noch immer verminte Gelände ohne Gegenwehr, erhobenen Hauptes zu betreten. Frank fühlte sich herrlich unmännlich und dachte für ein paar Sekunden an seine muskulöse schwarzhaarige Physiotherapeutin Anny und ihr ambitioniert gehandhabtes Klettergerüst, an dem sie ihm beglückend-schweißtreibende Übungen abgefordert hatte.

Erika überwältigte ihn mit Küssen. Alle Trompeten von Jericho wurden gleichzeitig geblasen. Sie schaffte es auch jetzt wieder, ihn zu sklavischer Hingabe zu bewegen. Sein Mund wurde ihr Revier, ihre Lippen nahmen sich, wonach ihnen zumute war. Dann schlossen sie sich wieder und entfernten sich, lieblos, spröde, wie unbeteiligt – als habe eine hinter einem Vorhang verborgene Spielleiterin zu einer Pause geläutet, und als hätten diese Lippen nur für die Dauer einer Stellprobe mit der Szene zu tun gehabt.

Unten, auf der Straße, hatten die frechen Mädchen den Jungen in ihre Gewalt gebracht und bejubelten die Eroberung.

»Du legst dich auf den Rücken«. Diesem Bescheid, folgte die Lockerung der Zwangsmaßnahme. Frank fühlte eine unliebsame Freiheit, sehnte sich aber immer noch nach Enge und Unterlegenheit. Dann bestieg sie ihn, den Gurt als Zügel enger ziehend. Er sah sie stolz lächeln als ihm für einen Moment die Sinne schwanden. Erstaunt betrachtete er dann dieses wohlproportioniere Weib hoch über ihm aus der Perspektive jenes glücktrunkenen englischen Forschers Horman, der einst die Sphinx im oberägyptischen Gizeh-Tal zum ersten Mal in ihrer ganzen Größe gesehen und die Begegnung euphorisiert beschrieben hat.

Seine widerstrebenden Gefühle für Erika, deren Eroberung ja noch ausstand, konnte Frank nicht benennen. Verwirrt und irritiert benahm er sich weiter so, wie *sie* es wollte. Als sei sie prädestiniert für eine Liebe des fordernden Darstellens von Positionen, die sie vorausberechnet und in einem exakten Zeitplan festgelegt hatte.

Sie lag über ihm und empfing die tänzerisch begabte Spitze seiner Zunge mit großer Aufmerksamkeit.

»Darf ich …?« Es klang höflich und unterwürfig.

»Du darfst – … jetzt!«

Sie folgte seinem Befehl, begann sich wegzudrehen.

Der Kampf war, so schien es ihm, zu Ende. Vorher aber legte sie, mit gesenkten Augen, eine sanft gesprochene Beichte ab: »Jetzt kennst du mein zweites Ich, und du weißt, was ich so sehr liebe, dass ich eine glücklich in unsichtbaren Fesseln wartende Frau bin, die immer und immer wieder die Erlösung suchen muss.«

Erika sah ihm in die Augen. »Ich habe lange auf einen wie dich gewartet. Vom ersten Moment an, als ich dich so beiläufig … wie sagt man: *angemacht* habe, ahnte ich, dass du der Mann für meine Vorlieben sein könntest. Ich habe gebluft, dich verunsichert, dich provoziert, dich mit Absicht entsozialisiert – wie es in meinem eigenen Lehrbuch steht. Du hast alles hingenommen, um dem zu erwartenden Abenteuer die Stirn zu bieten und es zugleich willkommen zu heißen. Du hast vorausgesehen, was jetzt hier in deinem schönen Arbeitszimmer unter der himmlischen Sternendecke und auf deinen edlen Teppichen vonstatten gehen würde.«

Er empfand während dieser druckreif formulierten Bekenntnisse aus Erikas süchtig machendem Mund eine tiefe Wesensnähe, konnte die schrillen Muster ihres Seelen-Paradoxons lesen und enttarnte dabei packende Geheimnisse ihrer Lust.

»Also bin ich nur … also … hast Du mich … eigentlich bloß als ein Bauernopfer …« Er fragte, ohne eine Antwort zu erwarten.

»Nein«, unterbrach sie ihn. »Du bist nicht *nur* – und du bist *nicht irgendeine* Schachfigur, du bist der König, ein Glücksfall. Vielleicht sind wir aber auch beide am Zug, als König und als Königin im Spiel der 1046 Millionen Möglichkeiten. Es ist ein Spiel, in dem es schon nach den ersten zwei Zügen 72.084 denkbare Stellungen gibt … Mehr als ich dir je zumuten werde!«, lächelte sie versöhnlich und mit schwebend dahingesagter Sinnlichkeit.

Ihre Stimme, in der das Unberechenbare wie ein metallener Unterton anklang, tat ihm gut. Erika war ohne Zweifel dabei, ihn *matt* zu setzen, ehe ich die Partie gespielt war. Ein *Remis* wenigstens wollte er erreichen – einen unentschiedenen Ausgang im Match zweier ungleicher Gegner mit ganz unterschiedlichen Zielen.

»Du hast mich also als Versuchsperson gesehen, als potenten Kerl mit Lust auf eine Frau, die ganz anders lieben will als die meisten anderen …?«, fragte ich im Verhörstil.

»Nein – ich habe dich als jene zweite Hälfte betrachtet, nach der ich lange gesucht habe. Es war nicht leicht für mich, dich zu verblüffen und scheinbar zu ignorieren, obwohl du gar nicht clever und nicht als ein Intellektueller agiert hast am aberwitzig-seltsamen Abend unserer ersten Begegnung. Denk mal an den Dativ …«

»Wie habe ich mich denn damals benommen?«

»Du hast erstaunlich reagiert: ein wenig irritiert, dann aber doch animiert und fasziniert, immer auf deinen Vorteil bedacht. Das darf, das *muss* so sein, wenn Menschen wie wir unsere Spiele spielen wollen, deren Ursprung in den Katakomben der phantastischen Liebe liegt. Nur unsere mit Herzrasen verschenkten ersten Küsse sind echt, unsere Schmerzen sind es auch. Wir lügen nur, wenn Polizisten uns stoppen, um zu fragen, ob wir die Geschwindigkeits-Überschreitung zugeben.« Frank dachte an seinen olfaktorisch unzulänglichen Auftritt als harter Cop in Edinburgh und quittierte ihre Philippika mit einem verlegenen Kuss.

»Ich wusste, dass du mich gut lieben würdest! Deine strengen Sehnsuchtsaugen haben Dich von Anfang an als versierten Schulmeister verraten.« Ohne auf ihr Aussehen zu achten versank sie schweißgebadet in den Kissen auf Franks erst kürzlich frisch aufgepolsterten Couch. »Wasser!«, stöhnte sie noch, »oder wenigstens Wodka!«, und schlief in einer manieriert unweiblichen Haltung mit langen, seltsam verknoteten Gliedmaßen ein.

*

Die Episode mit Erika, der raffiniert-wandelbaren Erfüllungsgehilfin all seiner und all ihrer Wünsche, fühlt sich zwei Wochen später an wie ein billiger Fernsehfilm. Franks großformatiger Erinnerungsbildschirm hat ihn ständig im Programm und sendet ihn in Endlosschleifen zu den unpassendsten Zeiten. Wiederholungen, so kennt man das ja von mittelmäßigen TV-Schmonzetten voller magerer Werbespots, werden von Mal zu Mal bedeutungsloser. Sie verändern die gefühlten Inhalte der Szenen und der Dialoge; selbst die Darsteller entkostümieren sich, verwandeln sich von Farbfiguren in wesenlose, eindimensionale, blasse Fremdlinge. Sie treten mit der Zeit in anderen Räumen als umbesetzte, neu kostümierte Darsteller auf. Die Logik bekommt Risse und der Handlungsstrang geht unter in einem dünnen Bildersüppchen. Mit einem Wort: Die Daseinsberechtigung der ganzen Veranstaltung schwindet.

Dass sich die *Erika*-Filme in seinem Kopf nicht verändern, dass er sie trotz aller Anstrengung nicht löschen kann, liegt an dem ihm noch immer unerklärlichen Kraftakt, den diese Frau inszeniert hat. Ihre karnevalistisch-tölpelige Dativ-Anbahnung und unsere aufregende Begegnung in meiner Wohnung, schließlich der Schöpfungsakt, mit dem sie ihre Inszenierung in Eigenregie aufs Tapet brachte – das war mehr, als meinem Forscherhirn zuzumuten ist. Von der Zensur gar nicht zu reden, die für die neue Kategorie hätte erfunden werden müssen, um den Film *Erika* zu katalogisieren, um ihn dann wegen Jugendgefährdung aus dem Verkehr zu ziehen.

Oder anders, auf die kürzeste Formel gebracht: Frank glaubt, er sei wieder verliebt. Dabei verwechselt er in seinen Erinnerungen Erikas Aktionen und die physisch herausfordernde Herangehensweise der Trainerin Anny.

Wohl dem, der so viel guten Stoff in seinem Repertoire findet und im Kopf nicht alles so sortieren und entwirren kann, dass es Sinn ergibt.

*

Wie will er M. erklären, was mit ihm los ist? Wie soll er seinen Uni-Alltag und seine schönen, lukrativen Nebenjobs managen, ohne mit sich selbst im Reinen zu sein? Der Ausweg, mit dem er das Problem angehen will: Die Übertragung all seiner Entdeckungen auf Maya. Er will mit ihr nachstellen, was er mit

Erika geprobt hat. Und dabei wird all die Entdecker-Dynamik, die ursächlich zuständig ist fürs Sich-Verlieben, von Erika auf M. übergehen.

Dieser Ausweg aber war erstmal ein Weg ins Aus.

Als er Erika den Wunsch unterbreitete (telefonisch, weil Feigling), ihre glückspeienden Vulkanausbrüche noch einmal stattfinden zu lassen, nagelte sie ihn ans Kreuz: »Das geht nicht, mein Freund. Wir würden uns nur langweilen. Wir wüssten genau, wie die Wiederholung abläuft. Wir lägen uns lustlos in den Armen.«

Frauen, die mit so viel Überlegenheit und Überblick argumentieren, verpassen Frank ohne Zeitverzögerung ein heftiges Minderwertigkeitsgefühl. Es wird ihm schlecht, alle Kreativität weicht. Eine Zuckerwatte-Isolierschicht legt sich zwischen ihn und das zu lösende Problem. *Alarm!* meldet dann seine Amygdala und entlässt die Streitkräfte seiner sonst so talentiert und präventiv arbeitenden Verteidigungsformationen in die Etappe.

Der Gedanke, mit dem er ein Revirement ins Werk setzen wollte, blieb als magerer Fetzen übrig und flatterte, vom dünnen Wind einer vagen Hoffnung getrieben, durch sein gemartertes Gehirn. Erika befahl mit ihrer klaren, bestimmenden Stimme: »Lass' dir was einfallen. Ich kann dir sagen, was – wenn du willst.«

»Du lässt dir also einfallen ... was *ich* mir einfallen lassen soll. Guter Einfall!«, versuchte er witzig aufzutrumpfen.

»Du rufst diese einzigartige, kluge Frau an, von der du mir so beiläufig erzählt hast … – und dann bringe ich dich gemeinsam mit dieser zielsicheren Jägerin noch einmal auf den Hochsitz. Du darfst die Flinte bedienen und wir zwei Mädchen werden zur dich belohnenden Strecke. Vorher aber, ehe du uns erlegst, besorgen wir es uns gegenseitig. Nach *meinen* Regeln.«

Sie ließ ein paar Sekunden über meine wortlose Verblüffung hingehen und fügte dann mit dem Charme einer guten Verkäuferin halbseiden an: »Wenn's trotzdem langweilig werden sollte bin *ich* schuld. Dann hast du eine Nummer bei mir gut.«

Eine weitere Pause in ihrem Rede-Stakkato machte Frank klar, dass die Wucht, mit der Erika ihren Rettungs-Anker in Grund und Boden seiner empfindsamen Persönlichkeit gerammt hatte, alle Maßstäbe neu definieren oder sogar vollständig ändern würde. Er wusste, dass die auf Meta-Abenteuer fixierte M. immer auf der Suche nach den attraktiven Abseiten des erotischen Normalbetriebs war. Erikas Plan müsste ihr also gefallen. Da sie liebend gern mal wieder eine artverwandte Frau erleben würde, wollte er das als Superlativ auf die Lockangebotsliste setzen.

Diesmal sollte das Match aber nicht auf seinem empfindlichen Hochflorteppich stattfinden, nahm er sich vor, noch ehe die Würfel gefallen waren. Denn bei M. musste er erst noch antichambrieren und ein paar Dinge erklären, die ihr die Details verständlich machen würden (»Woher kennst du die Frau? Warum weiß ich nichts von ihr? Wie sieht sie aus? Was kann sie, was ich nicht kann?«). Erikas Anspruch, die strahlende Heldin und Herrin in unserem Actionfilm-Plot zu geben, wollte er Maya als *die* Herausforderung schlechthin verkaufen.

Er begann damit, den geeigneten Moment für die heikle Mission zu suchen. Es war ihm nicht sehr wohl dabei.

Esther, die spröde, unartige Blonde, hat zu Beginn ihrer Beziehung einmal versucht, sein komplexes Ich ruppig und doch nicht böse zu definieren: »Du bist ein Spießer und du bleibst ein Spießer – mit einem besonders schönen Spieß.«

Seinerzeit ist Frank besänftigt, sogar mit einem stolzen Gefühl, wieder zur universitären Tagesordnung zurückgekehrt – im Glauben an seine ihm unbeschädigt erhalten gebliebene, also noch fortbestehende erotische Strahlkraft, die Licht ins Dunkel selbst sternenfinsterer Männernächte bringt. Aber dann fiel ihm ein, dass sein 50. Geburtstag bevorstand. Er beschloss, ihn auf einer fernen kleinen Insel im weiten Meer des Vergessens einsam zu ertragen.

In Frank hatte sich etwas gelöst. Eine klassische Katharsis begann sich ihren Weg durch sein zerfasertes Ich zu bahnen. Etwas drohte, ohne Vorwarnung, zu zerbrechen. Solche Momente eines Umbruchs kennt er genau – immer schon haben sie seine allzu geordnete Haltung durch ein Beben ins Chaos gestürzt. Dann wird das zerbrechliche Etwas, das sich Leben nennt, von einem Gefühl aus Angst und Stärke erschüttert und nimmt ihm erst die Bodenhaftung, dann den Glauben an sich selbst. Wenig später betritt ein hilfreicher Selbstheilungs-Fatalismus die Bühne, um alles wieder in Ordnung zu bringen.

Ohne sein Zutun, unter dem spärlichen Beifall von Frau Rössel.

Frank floh vor seinem Ego. Seine Gedanken stürzten in sich zusammen. Eine Sehnsucht, aus Beton gemacht, erdrückte ihn. Er wollte Maya hart spüren – jetzt. Und er wollte, dass sie ihm den Rücken kehrt, sich von ihm abwendet um ihm seinen inneren Frieden zurückzugeben. Ungerechtigkeit ist eine seiner fatalen Neigungen im Umgang mit psychischer Not. Sie pariert die Attacken und gibt ihm wohlbedachte Argumente gegen den Zerstörungswunsch seines »Etwas«. Wenn er wie von selbst das Gleichgewicht wiederfindet, beginnt seine Kreativität eine Leuchtspur zu ziehen und stachelt ihn an: Sei wohlmeinend, werde wieder du selbst. Die anderen, auch die Liebsten, dienen doch nur deiner eigenen Beglückung …

Zu Hause, an seinem Schreibtisch, in der gewohnten Umgebung, fand er langsam, sehr langsam, zurück zu sich selbst. Die Rössel hatte einen Strauß *Vergißmeinnicht* in eine viel zu große Vase gestellt. Und Argan-Raumduft versprüht, um davon abzulenken, dass sie es *mit dem Staubsaugen wieder mal nicht ganz geschafft* hat.

Frank ließ müde, aber hellsichtig Zeit vergehen – als würde warmes Wasser über sein Gesicht rinnen, das seine Gedanken mit sich nahm, um sie in seinem Schoß als helfende Matrix zu speichern.

M. fehlte ihm schmerzlich. Er musste ihr erklären, was er sich selbst nicht erklären konnte.

*

Er begann an M. zu schreiben, um festzuhalten, was so flüchtig (aber verstörend wirklich) vor seinem geistigen Auge erschienen war. Es sollte ein Statement werden, kein Brief mit bleiernen Zeilen. Eine Enttarnung, nicht die Auflösung eines Rätsels.

Liebste M., natürlich weiß ich, dass wir ein nur ein Spiel spielen. Ein schönes Spiel. Wir folgen Regeln, die wir durch unser Verlangen und die Befriedigung selbst aufgestellt haben. Wir erweitern unseren Spielraum immer wieder, verlassen aber nicht den Raum, den wir beim ersten vielversprechenden Rendezvous betreten haben. Wenn dieser Raum auch seinen Ort wechselt, er bleibt unsere Bühne. Wir lernen voneinander. Wir verlangen voneinander, was uns die für uns bestimmte Befriedigung verschafft. Wir geben uns Zeit und – wir achten einander. Würde und Diskretion sind Teil unseres Spiels. Wir halten uns an der Hand und küssen uns mit Zärtlichkeit und Gier. Wir kommen miteinander, einer leitet den anderen. Wir teilen unsere Sensationen. Nach so vielen Nächten der Leidenschaft ist aus unseren Spielen eine besondere Art von Liebe geworden. Diese macht uns als Paar größer und – sie macht uns hart gegeneinander: Die Grenzen zeigen sich. Die äußeren Bedingungen werden starr. Obwohl sie vom Vertrauen gelockert worden sind. Die Ehrlichkeit beginnt zu schmerzen. Unwichtiges wird wichtig. Verletzungen bleiben nicht aus. Sie sind die Folge unserer Ehrlichkeit. Sich immer wieder wiederzuerkennen, ist eine schwierige Aufgabe. Unsere Freude hält unsere Sehnsucht aufrecht. Aber nur, solange wir uns bedingungslos annehmen. Wenn wir gegeneinander aufrechnen, was uns Freude machen soll, verschwindet die Freude. Und mit ihr die Fähigkeit unsere Art der Liebe zu erleben.

Maya, lasse uns also zum eigenen Schutz zurücktreten hinter die Mauer aller banalen Alltags-Themen, die nicht mit unseren einzigartigen Spielen zu tun haben. Lass' uns tief ineinander versinken, um in Fesseln frei sein für uns – ohne die Fragen nach richtigem oder falschem Handeln. Dein Frank

*

Endlos lange Tage vergingen. Drei. Vier. Eine Woche. Dann kam Mayas rätselhafte Antwort.

Lieber Frank, ich hatte viel zu tun und bin erst jetzt dazu gekommen, Deine gekränkten Gedanken (sie wurden doch von Kränkung diktiert?) in mein überfrachtetes Leseprogramm aufzunehmen. Also: Wir kriegen das hin. Du mutest Dir, Deinem Kopf und Deiner Libido, manchmal zu viel zu, denke ich. Wir leben in zwei Welten. Sei froh darüber – denn: wenn wir sie zu einer vereinigen, zu unserer Welt, ist alles einzigartig und schön. Aber nur dann. Wenn Du Dich von mir lieben lässt, fallen Sternschnuppen aus der Finsternis. Wenn Du Dir aber die normale Welt zurechtlegen und sie mir dann erklären willst, kann ich Deine Sprache nicht übersetzen in meine Sprache. Also machen wir es so, wie Du sagst: Wir bleiben, jeder für sich, hinter den Mauern des Alltags verborgen. Du an Deiner Uni, ich in meinem Rätsel-Märchenwald. Wir lassen die Begrenzung nur hinter uns, wenn wir unsere unwirklichen Abenteuer erleben wollen. Eisenherz! Ich bin Deine Prinzessin! Ich bin leicht zu handhaben, und – nach Deinen Regeln – zu befriedigen. Ganz anders als Du. Für Dich braucht man nämlich einen hochkreativen

Simultandolmetscher, der auch das übersetzt, was unlesbar zwischen den Zeilen steht. Und weil Du das selber genau weißt, musst Du nur warten, bis ich Dich küsse. Dann ist alles wieder gut. Du wirst sehen. Und fühlen. Ich bin Deine Maya (aber eben nicht immer).

Es war kurz vor Mitternacht. Fünf vor zwölf. Ein Paar ging unten auf der Straße vorüber als spiele es die Hauptrolle in einem pantomimischen Stück, für das Franks Briefwechsel mit M. als Vorlage gedient hatte. Sie gestikulierte heftig, er winkte ab. Sie trat primaballerinenhaft kokettierend einen Schritt zurück. Er rückte entschlossen nach. Sie breitete ihre Arme weit aus. Dann küssten sie sich.

Vom Turm der Rochuskirche lösten sich zwölf Glockenschläge. Ein neuer Tag.

Frank dankte dem Himmel, an den er sich sonst nicht einmal in Notfällen wendet, schon gar nicht in Liebesdingen, dass es ihm gefallen hat, seine nagenden, schmerzenden Zweifel so bühnenreif in Wohlgefallen aufzulösen.

Guter Gott, Dein Name ist Amor. Aber das ist nur eine Vermutung.

*

Auf seine Frage nach einer Begegnung zu dritt hatte M. in ihrer Mail nicht geantwortet. Typisch für sie: Je selbstverständlicher etwas für sie ist, desto ignoranter behandelt sie das Thema.

Am nächsten Abend, nach mühsamen Stunden voller Prüfungen an der Uni, trafen sie sich wieder. Sie war ausgelassen fröhlich, lachte über alles, was ihnen auf dem Weg zu ihrer Lieblingskneipe begegnete. Als hätte seine angstgeprägte Zweifel-mail sie nie erreicht, verlangte sie zu wissen: »Bist Du gut drauf?« Das folgende Versprechen bezog sich nur auf seine vergebens aktivierte Bilanz der guten Taten, die bald folgen sollten. »Ich mach' Dir's so, dass Du tagelang an nichts anderes mehr denken wirst. Gut?«

Frank kam dann so lässig wie möglich auf die Frage zurück, ob sie sich eine Begegnung nach Erikas appetitanregender Menükarte vorstellen könne. M. hatte nach seinem ersten Versuch, sie auf einen Abend mit Erika vorzubereiten, spontan gesagt: »Die Antwort ist ja und ja und ja.«

»Wie kannst Du das so bedenkenlos zusagen?«

»Ich kenne Dich. Du weißt, was wir beide lieben. Was ich brauche. Was Du brauchst. Du denkst zu viel, bist aber so leicht zu lesen, und das macht es mir leicht, mitzumachen.«

Dann ließ M. die Katze aus dem Sack.

»Sei mir nicht böse, dass ich es nicht gleich gesagt habe: Ich kenne Erika schon ... eine ganze Weile, ich habe sogar einmal eine Nacht lang mit ihr gespielt. Wir waren ein sanftes Duo, haben uns weich und warm und sehr lange umarmt ...«

Frank blieb die Luft weg. »Du kennst Erika ... Woher?«

»Ein toller Zufall. Sowas ähnliches wie Liebe auf den ersten Blick. Dabei ist sie gar nicht auf Frauen aus. Wir haben uns, als Du in Kanada warst, durch Holm Bothflicka kennengelernt. Er hat uns bei einem Abendessen ganz nebenbei zusammengeführt, sie mir als Enthemmungs-Therapeutin empfohlen und nicht geahnt, dass aus Erika und mir ein Duo werden könnte. Wir sind schließlich keine Musterlesben.«

»Ich glaube dir kein Wort. Alles nur *Fake-News*?«

»Ich schwöre, es ist wahr. Holm hatte übrigens eine sehr angenehme Studentin im Schlepptau. Ella. Sie himmelte ihn an. Er war höchst elegant, aber stringent im Flirt-Modus und es sah gut aus für ihn. Ella spulte später am Abend, animiert von zu vielen Drinks, ihre liebsten Liebesabenteuer ab. Eines hatte mit einem viral tätigen Supertypen zu tun, einem Hamburger Kunstphilosophen, stell dir vor. Sie plapperte vor sich hin, dass dieser es ihr besser besorgt habe als andere Lover, und genau der besagte Prof …«

»Nein!«, unterbrach Frank sie nach einer Schrecksekunde. »Nein … Ich glaube Dir kein Wort, … das erfindest du doch!?«

Es war zu viel für ihn. Erstens: Ella und Holm. Zweitens: Ella hat allen erzählt, dass er mit ihr … oder sie mit ihm … und vor allem – Erika und M. waren schon einmal ein Liebespaar.

Aus seinen sich unlösbar verknotenden Gedanken stieg ein einziger, ein ziemlich dummer Satz auf: »So klein ist die Welt«, sagte Frank mit möglichst viel Entscheider-Dynamik in der Stimme.

Er beendete das Gespräch kurzatmig, mit einem Gedanken, der ihn immer dann beschlich, wenn eine Situation außer Kontrolle zu geraten schien: seine allzu trivialen Spiele, die nur die Eitelkeit triggerten und zu nichts führen – am besten er würde sich von allem abwenden, von allen Problemstellungen, von allen negativen Einflüssen. Und, ja, von allen Frauen.

Der Überblick ging verloren. In seinem Kopf drehte sich eine Drehtür und heraus kamen Holm und seine kleine Ella (die überhaupt nicht *seine* kleine Ella war); dann kam M. mit Ella; dann Erika mit M., dann Holm allein mit dem in die Ferne schweifenden Blick eines eigentlich schusssicheren Gebirgsjägers, der nicht nur seine Flinte sondern auch das Zielgebiet aus den Augen verloren hat. Noch einmal drehte sich die Karussell-Tür und spuckte M. und Ella aus, gefolgt von Dr. Erika-Louise, die beide umarmte und frohgemut mit ihnen aus dem Bild verschwand.

Hallo, sagte Frank zu sich selbst. *Du bist dabei, den Verstand zu verlieren und – ins Hintertreffen zu geraten.*

Die Flucht nach vorn sei generell die richtige Vorgehensweise, jedenfalls bei allen von Planlosigkeit geprägten Umständen. Das hatte ihm der universalgelehrte, analytisch versierte Kollege Hans Lösch einmal bei anderer Gelegenheit gesagt. Lösch ist der, der ihm schonungslos attestiert hat: *Sie wollen doch nur das eine!* Sein selbstsicheres Hohnlachen nach dieser Vermessung seiner Schwäche klingt noch heute schrill in seinen Ohren.

Die mail des Verlegers kam zwei Tage nach der Übersendung dieser Textpassage: Oh, oh, oh, lieber Wolff, das mit der Planlosigkeit würde mich bei einem anderen Autor sehr verunsichern. Bei Ihnen und bei Lösch, den ich in Person zu kennen glaube, schreckt mich das nicht – ist ein Teil aus Ihrem schweren Werkzeugkasten, stimmt's? Die Idee mit der Menschenmischungen produzierenden Drehtür gefällt mir! Schreiben Sie weiter, damit nichts ins Stocken gerät. Und bleiben Sie unter 350 Seiten! Das Schutzumschlagfoto habe ich schon, ist große Klasse, von einer sehr begabten Fotografin aus München, die von meiner Rössel entdeckt wurde. LG Ihr M.

Frank verließ das Haus. Um Favero zu bestellen war es zu spät. Vor der Tür traf er Anne, die irritierend selbstsichere Tochter des Notars aus der Wohnung über seiner. Sie muss ihm angesehen haben, dass er nicht ganz bei Trost war. »Kann ich sie mitnehmen?«, fragte sie. »Wo müssen Sie denn hin?« – »Zum Stephansplatz«, antwortete er, als sei Anne eine Taxifahrerin. »Yeep! Passt genau, ich muss zur Oper. Also: Einsteigen, der Herr.«

So wurde er, bewegt vom umtriebigen Flair eines höchstens 19jährigen Mädchens, das er nur von Begegnungen im Treppenhaus kannte, in einem *Fiat 500* in die Innenstadt gefahren. Anne fragte unbescheiden und zugleich einschmeichelnd: »Sie sind doch an der Uni. Ich habe das gegoogelt ... Kann ich sie mal paar Sachen fragen, mein Studium betreffend? Ich mache Jura, erstes Semester, und will raus aus dem Fach. Mein Vater, wissen sie doch?, ist Anwalt und Notar, er sagt, kommt nicht in Frage. Ich habe aber einen Freund, mit dem ich nach Indonesien fliegen möchte, er will Tierarzt werden und hat wegen mir seine Freundin verlassen und jetzt ist ziemliches Gejammer angesagt, meine Mutter zetert dauernd und ich weiß nicht, was tun. Er ist so toll! Ein Hurrikan! Das ist untertrieben, massiv untertrieben! Und er hat überhaupt kein Geld. Null. Ich schon. Vorerbe ohne Restriktionen!« Sie sah ihn mit flatternden Lidern an. »Was raten Sie, weiser alter Mann?«

»Vor allem, dass sie auf den Verkehr achten!«

Nach all den vorhergegangenen Wirrungen im Telefonat mit M. nahm die Drehtür in Franks Kopf wieder Fahrt auf und spukte auch noch dieses resolute Kindweib Anne aus (gladiatorenhaft gepanzert und sonnenumglänzt, mit einem rosaroten Reisepass in der triumphierend erhobenen Hand).

Zum Glück erreichten sie das Ziel unbeschadet. Er war viel zu früh da, denn Annes Fahrstil hatte mehr von Nico Rosberg als von seinem geschmeidig dahingleitenden Favero. Er lud Anne ein, einen Kakao mit ihm zu trinken. »Sie denken wohl, ich bin noch Kleinkind«, kritisierte die Gedankenleserin.

»Kakao ist nichts für mich, absolut nichts. Macht mich sogar impotent, glaub' ich.«

Frank wand sich aus dem für Zwerge gebauten Kleinwagen. Schmerz im 5er Rückenwirbel. Sie aber verlies den Fiat geübt wie eine Akrobatin. Beim Parallelschwung ihrer gebräunten Beine rutschte ihr kurzer Rock hoch. Ein winziges Höschen, Format Tanga, affektierte für eine Sekunde sein kränkelndes Weltbild.

Das war der Augenblick, in dem sein Verstand sich wieder darauf besann, den Regeln zu folgen. *Er ist so toll*, hatte dieses unbekümmerte Wesen aus der ganz neuen Welt über ihren Freund gesagt. Frank wollte mehr darüber wissen. Auf den Verkehr achten, hatte er angeraten, und sie hatte Gehorsam gelobt.

»Also gut, keinen Kakao, dann eben Espresso«, bot er an.

»Und einen Wodka auf Eis! Alles klar?«

»Wenn Du noch einmal *Alles klar?* sagst, kriegst Du mit einem Lineal den Hintern versohlt.«

»Klar, gern!«

Lolita Anne lächelte maliziös und machte sich daran, ihr Handtäschchen aus dem Auto zu fischen – Oberkörper gestreckt über dem Vordersitz, den Hintern mit dem Minirock in der Luft, das Höschen ein weiteres Mal in hab-acht. Frank musste an seinen Freund Orton denken, der in einer Osloer Werbeagentur fürs Optische zuständig war. Um Bilder wie diese Szene mit Anne am und im Auto zu inszenieren zermartert Orton sich in langen und teuren Sitzungen mit dem *Artdi*rector und Fotografen und einem halben Dutzend anderer teurer Kreativer das Gehirn – und dann kommt doch nur etwas heraus, das mit der impulsiven Schönheit, die hier für Sekunden aufblitzte, nicht vergleichbar ist.

Im Restaurant war ein Tisch auf den Namen Frank Berenberg reserviert. »Drei Personen, richtig?«

Anne fragte, immun gegen delikate Themen: »Drei? Wieso drei? Wer kommt denn noch?«

»Freunde von mir«, sagte er. »Also, erzählen Sie mal. Sie wollen mit diesem … Jungen …«

»Er ist kein Junge, er ist ein richtiger Kerl, 23, fast schon 24, über Durchschnitt schlau, musikalisch, ein super Fliegenfischer, ein mutiger Bergkletterer mit Greiferhänden, hat schöne Muskeln an den richtigen Stellen, er fährt in seinem alten Porsche morgens Zeitungen aus, weckt dabei mit Fehlzündungen ganze Stadtviertel auf, es hat schon Abo-Kündigungen gegeben deswegen, und: er hat coole argentinische Vorfahren. Sein Vater heißt Arnoldo Garcia Lorca. Wie mein Lieblingsautor. Im Bett ist er ein Hammer, – der Sohn natürlich, nicht der Vater …«

»Das hatten wir schon! Sie wollten …«

»Sagen Sie doch nicht *Sie* zu mir. Einfach Anne und du … Darf ich was fragen? Würden sie mich, wenn ich Ihre Tochter wäre, mit diesem Mann so mir-nichts-dir-nichts um die Welt reisen lassen? Ich kann ziemlich genau einschätzen, wie sowas läuft. Und ich weiß, dass wir uns unterwegs nicht in die Haare kriegen oder auseinanderleben würden.«

»Da hilft es sehr, dass dein kerniger Klettermaxe es dir so gut … richtig?«.

»Lieber wäre mir ein älterer Mann, 40 oder so, einer wie sie, bei dem ich lerne, wie man sich als junge Frau und auch sonst immer richtig verhält ... zum Beispiel mit Hilfe eines, ... wie war ihr Angebot? Eines biegsamen Lineals ...«

In Ihren Augen flackerte ein diabolisches Signal.

»Anne, sie sollten – nein: *du* solltest auf den *richtigen* Mann warten ... Deine Intelligenz, dein Aussehen und deine smarte Art werden alles von selbst erledigen. Das Körperliche ist nicht alles und kommt sicher nicht an erster Stelle. Denn Sex ist ja nur die Sekundärwissenschaft ...«

Jemand, der nah hinter ihn getreten war, räusperte sich deutlich.

»Da staune ich aber, so etwas aus dem erfahrenen Mund eines Sekundärwissenschaftlers zu hören«, sagte eine Stimme, die nicht Annes Stimme war.

Erika stand, ohne dass Frank es bemerkt hatte, am Tisch und hielt die lachende Maya im Arm.

Wer der begossene Pudel war – keine Frage.

»Kennen Sie sich?«, fragte Kindfrau Anne streng und erwachsen, als sei sie Franks Erziehungsberechtigte. »Wir hatten uns nämlich gerade ein wichtiges Thema vorgenommen.«

»Dass Sex nicht alles ist. Klar. Dafür ist unser Prof ohnehin der einzig wahre Experte! Jedenfalls in diesem Raum. Gute Wahl, kleines Fräulein!«

»Das ... ist ... Anne«, stellte Frank mit mürber Kopfstimme seine Begleiterin vor, »Studentin ... hatte ein paar Fragen ... Und das sind Maya und Erika.« Er sah, dass Anne sich im falschen Film fühlte.

»Sie wollten doch sicher gerade gehen?«, übernahm Erika die Regie und sah das Mädchen mit einem keine Widerrede duldenden, Funken sprühenden Beraterinnen-Blick an. »Wir haben mit ihrem Professor nämlich einige sehr intime Dinge zu bereden.«

Anne stand ruckartig auf, wie ein von seiner Automatik gesteuerter Roboter. Sie trank souverän, in Zeitlupe, ihren Kaffee aus und sagte zu Frank: »Wir sehen uns sicher bald wieder, ich klingel' mal bei ihnen, abgemacht?«

Ohne M. und Erika eines Blickes zu würdigen, ging Anne Richtung Ausgang. Dann kam sie noch einmal zurück. »Tasche vergessen«, sagte sie und beugte sich über Tisch und Bank so weit nach vorn, dass ihr winziges Höschen noch einmal ungehindert sein gefährliches Wirkmuster aussenden konnte: *Denkt nicht, dass ihr ohne Konkurrenz seid, ihr neunmalklugen Mitdreißigerinnen. Ich werde sehr bald alles über Männerlust erfahren, auch das kunstvoll Verborgene, das Geheimnisvolle und das streng Verbotene. Auch alles über die Dämonen der Liebe. Blümchensex hat ausgedient. Over.*

Nachdem Anne diesen Beeindruckungs-Abgang hingelegt hatte, nahmen M. und Erika ihn in den Arm, küssten ihn ironisch-exaltiert. Wie auf einem Schmuse-Seminar für dauerhaftendes Make-up in der Kosmetikfachschule. Er kam sich uralt vor. Und er ahnte: Sein schöner, verwirrend vielgestaltiger Globus hatte sich wieder einmal um die Äquatorialachse gedreht, sich dabei sogar um einen Kontinent erweitert. Wenn auch nur um einen kleinen, bevölkert von schrecklich agilen Pygmäen in winzigen Autos, deren Lebensaufgabe die Erfindung eines pfeilschnell wirkenden Aphrodisiakums war.

XXIII.

Anne, die Allgegenwärtige – oder Bloß keinen Blümchensex!

Als die Roy aus der Tür trat, sah es aus, als habe sie ein vollständiges Von-Kopf-bis-Fuß-Angebot des Modeversenders *Prèt-a-Porter* geordert. Nur teures Zeug, von Hut bis Schuh, das in seiner zum Ensemble vorsortierten Angebotsform bestsituierte Entschluss-Unfähigkeit anzeigte. Die Dame hatte ihrem Körper so viele hellblau-weiß-braune Sachen angetan, dass Frank es mit einer fast schon phobischen Berührungsangst zu tun bekam. Dabei wollte er – gemeinsam mit dem Kollegen Friederich Fest – das lukrative Kunstdealer-Geschäft mit der Roy zu Ende bringen, vorher jedoch noch einmal das soziale Umfeld und die Persönlichkeit der Gemälde-Verkäuferin begutachten. Außerdem das, was unter deren schrägsündteuer gemixtem Versandhaus-Outfit zum Vorschein kommen würde, wenn man es nur intelligent genug anstellte. Frank war an diesem Tag nichts weiter als ein notdürftig verkappter Voyeur. Es gab aber keinen Anlass, ihm das übelzunehmen. M. wusste ja nichts von seinem kurzen Ausflug mit der *Hautevolée*-Dame ins gedecktfarbige Niemandsland, in der eine *Tote* kein lebloses Wesen sondern nur eine mittelgroße Handtasche ist.

Er hatte der Prinzessin Roy versprochen, sie abzuholen und zu entführen. Wohin – das stand noch nicht fest. So beging er den Fehler, sie in seine Wohnung mitzunehmen.

Als sei es verabredet, rief Friedrich Fest an, während Favero das *fashion victim* im Fond platzierte. »Alles okay, die Sache ist gelaufen! Das Ding gehört uns, so gut wie sicher …«, schrie er ins Telefon. Franks Schock muss spürbar gewesen sein. Er bekam eine Hitzewallung und begann zu zittern.

»Ach, übrigens«, sagte die Roy mit einem Gesichtsausdruck, als habe sie im 18-aus-66-Lotto gewonnen. »Ihr Kollege Fest und mein Mann – und ich! – wir sind uns einig geworden – unser Bild ist verkauft. Aber nicht nur deshalb geht dieser Abend auf meine Rechnung!« Ihre rosa Hand mit dem rosafarbenen Chopard-Ring senkte sich auf seinen Oberschenkel herab.

Wenn Verblüffung sich in einem leeren Gesichtsausdruck verdichten kann, dann passierte das in diesem Moment. Franks Hände begannen zu schwitzen, er war unfähig etwas Substanzielles zu sagen, bewegte sein Handy wie einen Fächer, dachte an Friedrich Fest, den er im Affekt weggedrückt hatte, nachdem dieser seine Kernbotschaft losgeworden war. Er wusste intuitiv: Sein Leben könnte eine entscheidende Wendung nehmen. Glaube, Liebe, Hoffnung, wie man so sagt, übernahmen in Zehntelsekunden die Steuerung seines Daseins – vielleicht als arbeitsloser Denker mit unbestimmtem Ziel auf einer Zweitmarkt-Yacht in der blauen Karibik.

Er muss ziemlich tölpelhaft in seinem Sitz zusammengesunken sein. Favero wartete auf einen Befehl zur Fahrtroute. Frank sah in weiter Ferne, im Rückspiegel, sein Ich-hab-Zeit-und-kann-warten-Gesicht. Der Fahrer setzte es immer dann auf, wenn er genüsslich mitansehen wollte, wie Frank sich in den von ihm ausgelegten Netzen verhedderte. Seine Begleiterin nahm ihn wohl als mehr oder weniger bewusstlosen Kumpan wahr, der der Lage nicht gewachsen war. Welcher Lage auch immer. Und er fühlte: *Mein Navigationssystem hat sich aufgehängt, ich weiß nicht mehr, wer und wo ich bin.* Die Chopard-Hand auf seinem Oberschenkel übte einen Druck aus als habe sie sich in eine steinerne Echse verwandelt. Es gelang ihm nicht, auch nur einen einzigen klaren Gedanken zu fassen.

»Wohin denn jetzt?«, fragte Favero.

»In seine Wohnung«, sagte die Roy indigniert. Und zu Frank gewandt: »Jedenfalls war das doch ihr Plan?«

Welcher Plan, warum und wann..? Er nahm alle Kraft zusammen, um sich aus der Ohnmacht zu retten und das Gesicht zu wahren.

»Wo ist M.?« fragte er Favero. Der hob die rechte Hand mit der ausladenden Geste des Unwissenden. Womit er alles noch schlimmer machte.

»Wer ist M.?« fragte die Roy, deren Profil vor seinen Augen zu verschwimmen begann. Die steinerne Echse auf seinem Oberschenkel machte Anstalten, mit ihrem Krallengriff seinen Schenkel zu zerquetschen.

Hier fehlen Frank nun ein paar Erinnerungs-Segmente. Dann endlich gelangte er aus der Tiefe des Vergessens zurück ins Hier und Jetzt. Er nahm die Welt wahr wie sie war: *Könnte es sein,* fragte er sich, *dass ich als armer Professor unter- und als Millionär wieder aufgetaucht bin? Könnte es sein, dass Friedrich Fest eine Botschaft übermittelt hatte, die mein Leben entscheidend verbessern würde?*

Es war wohl so.

Favero steuerte als konsequent handelnder Schicksalschauffeur das Fahrzeug in Franks Heimathafen. Was die Frau an seiner Seite unterwegs gesagt hatte, war ihm entfallen. Er betrachtete sie ohne Arg und kam zu dem Entschluss: *Sie ist Fortuna, sie hat mein pekuniäres Schicksal vergoldet. Ich bin reicher als zuvor.* Seine auf null geschaltete Libido und sein von zu vielen Versuchungen diskriminierter Anstand lagen im Clinch. Vor seinem unsichtbaren Hausaltar unter dem Zimmer-Himmel mit energiesparenden Leuchten kniete ein süßes, kindliches Mädchen, das Sterntaler einsammelte und salbungsvoll *Alles klar!* sagte. Klappe.

Der Fahrer ließ die Roy formvollendet aussteigen, wünschte Frank einen schönen Tag und empfahl seine Dienste für den Fall, dass die Dame – »wohin auch immer« – expediert werden wollte oder sollte. »Ich steh ganz und gar bereit«, lächelte der in fataler Komik unschlagbare Favero.

In der Hauseinfahrt wurde Frank von einem zauberhaften Teenager mit einer Umarmung und einem unerwartet indiskreten Kuss auf die Wange empfangen – Anne, die Allgegenwärtige, machte sich daran, ihn schon wieder in eine Situation zu bringen, die zur Unzeit kam, aber zu schönsten Hoffnungen berechtigte. »Ein andermal«, sagte er teilnahmslos. Er wusste sofort, dass er damit dieser bedenkenlosen Lolita seine Wohnungsschlüssel ausgehändigt hatte. Und dass Anne nicht zögern würde, sie zu benutzen.

(Auch James Mason wusste sich als Hauptdarsteller in Nabokovs »Lolita« in einer solchen Lage nur zu helfen, indem er, filmhistorisch relevant, seine unmännliche Minderjährigen-Affäre in den kargen Kapitulations-Satz kleidete: »Zieh' dich aus, teuflisch schöner Engel«. Dass der von seiner Hörigkeit getriebene Mann, Humbert Humbert genannt, Literatur-Professor ist, macht die Sache keineswegs nahbarer. Dazu kommt: Nabokov hat seine Story nach den Aufzeichnungen eines Strafgefangenen erzählt.)

Prinzessin Roy ging neben Frank her, jeden Körperkontakt meidend, mit eineinhalb Meter Abstand als seien noch immer Corona-Zeiten. Sie betrat seine Wohnung ohne jedes sichtbare Interesse für das Inventar und die erlebbare Anmutung. Nicht einmal dem indignierten Buddha schenkte sie einen Moment Aufmerksamkeit.

Während Frank fremde Umgebungen mit großer Neugier, fast wie ein Kriminalist zu betrachten pflegt und dreist nach Dingen Ausschau hält, die geschmacklich Verrat üben am Bewohner, machte die Dame mit einem Satz alles zunichte: »Wo ist das Schlafzimmer?«, fragte sie gerichtsvollziehermäßig lapidar und schälte sich aus ihrer wolligen Kostümjacke, wobei ihre parfümiert-verschweisselte Ausdünstung rasch in die Umwelt verduftete.

Frank wurde sofort klar: Den Lohn für ihre gute Tat würde sie hier und heute nicht erhalten. Eine intertemporäre Impotenz kündigte sich an, gepaart mit einer Appetitlosigkeit, die Alexander Solschenizin analytisch als *Entsagung in der Körpertiefe* beschrieben hat.

Frank bat um eine Pause, ließ die Dame Roy in seinen Lieblingssessel sinken und rief, aus dem Badezimmer, bei FF an. Der zeigte zwar Verständnis für die sich schwierig gestaltende Vollendung der Ankauf-Aktion, wagte jedoch den entkrampfenden Hinweis, es gehe doch »um eine Menge Kohle für uns beide«. Er bat darum, sich »nach getaner Arbeit« bei ihm zu melden.

Er war sicher, dass er nun in seinem Wohnraum eine in Unterwäsche drapierte Prinzessin vorfinden würde, die mit Nachdruck verlangte, in der Missionarsstellung angebetet zu werden.

Dem war aber nicht so. Ganz im Gegenteil.

Die Dame hatte sich aus dem Staub gemacht, die Wohnungstür stand offen und als er aus dem Fenster sah, entfernte sie sich mit schweren Schritten ohne sich umzusehen. Ihre Ausdünstung schwebte noch schwer durch seine Räume. Ihm war, als müsse er alle Fenster weit öffnen, um zu überleben.

Zurück auf dem Boden der Tatsachen nahm Frank sich vor, wiedergutzumachen, was wiedergutzumachen war, um dann ohne Skrupel den Verkauf weiterer Kunstwerke aus dem Roy'schen Besitz anzugehen. Auch wenn das unter Einsatz seiner Männlichkeit und des Verlustes seiner lauteren Gesinnung zu geschehen hatte. Er würde sich zuvor in einen debilen kleinen Mann mit subalternem Habitus verwandeln müssen. *Es wäre nicht die erste Metamorphose, die der Maestro zu meistern hat,* ließ Frau Rössel sich hintergründig vernehmen.

Der Gong an der Wohnungstür riss ihn aus der armseligen Nachdenklichkeit. Er fühlte eine fremdartige Panik: Die Prinzessin ist zurückgekommen, sie hat es sich anders überlegt … Er öffnete, schicksalsergeben zögernd, und es dauerte einen Moment, bis Erleichterung sich ihren Weg bahnen konnte.

Anne stand strahlend mit einem kleinen Paket vor ihm. »Ich denke, nach diesem heftigen Abgang brauchen sie jetzt erst mal einen gedeckten Birnenkuchen und Tee mit Zitrone … Meine Güte, wie riecht es denn hier? Wie in der Spanischen Hofreitschule bei Hochbetrieb zu Deckzeiten!« Anne ging in ihrer federnden Haltung, die ihn an seine durchtrainierte Gymnastik-Despotin erinnerte, an Frank vorbei in seine Wohnung als sei es auch ihr Zuhause. Zum zweiten Mal an diesem Nachmittag war er nicht Herr der Lage. Gut nur, dass Frank mit Studentinnen und ihren oftmals prämenstruativen Zickigkeiten umzugehen gelernt hatte. Besonders, wenn sie zielsicher aufgeregte jugendliche Übergriffigkeit demonstrierten: *Du besorgst es mir jetzt, mein lieber Prof, bis dir Hören und Sehen vergeht. Wozu brauchst du diese Schabracke, die zu teure Bilder aus ihren vermufften Salons verticken muß? Jetzt hast du mich, du Altmeister!*

Mit ihrer manchmal noch eingeschränkten Wahrnehmung der Welt, die ihr bereitwillig offenstand, zeigte sie Frank eine Wirklichkeit, mit der er lange nicht mehr Umgang hatte, mit der er aber bestens vertraut war. Sie hielt sich nicht mit Fragen auf. Nicht mit Handlungsanweisungen. Sie lehnte sich gegen ihn, nahm ihm behutsam die Brille ab und legte sie mit achtsamer Geste auf dem Sideboard ab. Dann wurden, während er fassungslos beobachtete, was mit ihm in seiner Wohnung geschah, fast schüchtern, jedoch systematisch die Knöpfe seiner Strickjacke gelöst, die Hose und das Hemd geöffnet. Seine physische Bereitschaft erstaunte ihn selbst. Sein Verstand stand für einen weltbewegenden Augenblick still.

»Schön«, sagte Anne. Es war leicht zu erraten, was sie damit meinte. Für Frank war es die reine Wahrheit und nichts als die Wahrheit.

Sie entledigte sich ihrer nach schwarzen Zigaretten riechenden verwaschenen Trompeten-Jeans und ihrer karierten Bluse und ließ ihre kleinen festen Nippel frech seinen Wohnraum einschließlich des erloschenen Sternenhimmels inspizieren. Dann verhielt sie sich so, wie ansehnliche Mädchen ihres Alters sich verhalten: Anne küsste sich selbstsicher den

Weg frei, erstaunlich zielstrebig, unbekümmert, keine Zweifel zulassend, aber auch keine Zweifel anmeldend. Der kleine Slip (ein XXS-Modell, das er schon bei ihrer reizüberfluteten Begegnung in ihrem XXS-Auto gesehen hatte) rutschte mit einem offensichtlich eingeübten Griff und einem Winden des schmalen Körpers an ihren Beinen nach unten. Sekundenlang hing er hinderlich, aber schön anzusehen, um ihre Fußgelenke. Dann wurde er mit achtloser Bewegung virtuos weggekickt.

Noch immer hatten die beiden kaum miteinander gesprochen. Frank musste an Annes Freund, den Fliegenfischer und kernigen Bergkletterer mit den starken Händen denken, mit dem sie ihre Reise nach Indonesien plante, vielleicht sogar in seinem Oldtimer-Porsche mit den heftigen Fehlzündungen und einer Neigung zum Liegenbleiben (die sich jetzt auch bei Frank einstellte). Er spürte, dass er – genau jetzt! – dabei war, auf die ziemlich schiefe Bahn zu geraten. Ihm fehlte der Wille, sich zu befreien. *Lass es doch einfach geschehen*, soufflierte seine innere Stimme (mit Frau Rössels professionellem Timbre). Wohlig korrumpiert und reichlich matt und schon im romanhaften Kapitulationsmodus betete sie: »Wir … dürfen … das nicht machen, … Anne. Auf keinen Fall …«

«Gut«, hörte er sie so folgsam wie uneinsichtig mit prätentiösem Studentinnencharme antworten. »*Du* bist der Lehrer! Du sagst, was Sache ist …« Dann umfassten ihre Hände federleicht seinen Hals, die Daumen an seine Ohren gelegt. Sie küsste Frank mit der Leichtigkeit eines Feenkindes, weich, warm und geübt mit sündenerprobten Kokotten-Lippen. Ihr biegsamer Körper, ihre langen Beine und der vom Kontrollverlust verwirrte aber bereits aktive Lover in seiner an den Lenden willig aufgewölbten Feincordhose und der aufgeknöpften Strickjacke überm offenen Hemd, sich nach ihrer Hand sehnend ... – das Arrangement ließ nur einen Schluss zu: Weiterer Widerstand nutzlos, die nächste Stunde gehörte Anne. Bald hatte sie mit mehr oder weniger intuitiver Liebesarchitektur auch ihre Wünsche feinmotorisch befriedigt. Das erstaunlich schnell zu erwachsener Reife gelangte Mädchen hatte ihr volljähriges Leben um prägende Eindrücke bereichert. Er darf das in aller Bescheidenheit annehmen. Von einer gesicherten Erkenntnis aber kann nicht die Rede sein.

Der konfuse, taktil wundersame, fast lautlose und wohl deshalb so innige Akt mit Anne wird – wie viele zuvor – in Franks Biografie (Arbeitstitel: *Sternenfinsternis*) nur eine Notiz von marginaler Bedeutung ausmachen. Die zärtliche Umarmung, in der sich eine höchst befriedigende Form kindlich-frivoler Lust gezeigt hatte, stimmte ihn nachdenklich, ja schuldbewusst. Er war lange nicht einer so trickreichen Unschuld begegnet. Diese Erfahrung, – nein, dieses Wagnis entfernte ihn auf seltsame Weise von sich selbst: Frank fragte sich nach den bestimmenden Wahrheiten, die das Monopol eines »reifen« Mannes begründen. Waren sie von Nutzen? Ließ sich mit ihnen noch etwas anfangen? Oder sollte er die noch immer stolz geschwellten Segel einholen und nicht weiter in nur ungenau zu ortenden Gewässern fremder Meere kreuzen? Sollte er endlich einen sicheren Moral-Hafen anlaufen, dort an Land gehen, für immer bleiben? Oder nur, solange der Erlös aus dem Verkauf des Bildes aus dem Hause Roy fürs liederliche Wohlleben reichen würde?

Das war der Augenblick, in dem sich Frank für die Skizze eines neuen Lebensentwurfs entschied. Alles sollte sich verändern. Zumindest war in ihm, wieder einmal, etwas zerbrochen und in eine neue Ordnung gebracht, die ihn ruhiger machte. Er konnte sich wieder spüren. Das Gefühl für Sinn und Werte und den Glauben an eine Zukunft ohne Frauendramen mit Entscheidungsqualen hatte einmal mehr Besitz von seinem Denken ergriffen.

Das Kaleidoskop war wieder heftig geschüttelt worden, von wem auch immer, und hatte ein neues, buntes Bild geformt – aus den gleichen Glassteinen die zuvor ganz andere Trugbilder gezeigt hatten.

XXIV.

Ein falscher Schritt könnte dein letzter sein...

An seiner Uni verschaffte Frank sich mit Hilfe eines allzeit zum Einspringen bereiten Juniordozenten aus Potsdam (»Ich komme liebend gern«) eine längere Auszeit. Als Begründung gab er an, Forschungsergebnisse des großen Schweizerischen Neoklassik-Spezialisten Dichand für sein Osmanen-Buchprojekt weiterverfolgen zu müssen. Was nur marginal getürkt war.

Nach dem Abnabelungs-Gespräch mit dem Lehrstuhl hatte er das sichere Gefühl, dass man ihn nicht vermissen würde und rief Gerda Dünkel an, eine grauäugige Touristikerin in seinem Reisebüro. Seit Jahren schon bucht sie in schwierigen Lebenslagen für ihn die richtigen Rückzugsräume. Ihre Diskretion ist wasserdicht; nie würde ein verräterisches Wort über ihre Lippen kommen. »Wieder nach Rom?!«, fragte sie routiniert und gab Frank einmal mehr das gute Gefühl, in den besten Händen zu sein. »… in die Stadt ewiger Rätsel und Schönheiten, richtig?« – »… wobei die Schönheiten meist auch voller Rätsel sind. Nein – es darf diesmal eher das nasskalte Neufundland sein, weit weg vom nasskalten Hamburg, liebe Frau Dünkel.« Das Schweigen am anderen Ende der Leitung ließ ihn hoffen:

Die unwirtliche kanadische Destination würde nicht nur die Dünkel zum Umdenken zwingen. Sondern vor allem ihn.

*

Frank entschied sich, auf einer der einsamsten aller besiedelten Inseln sein Leben zu entkrampfen: Das kanadische Fogo stemmt sich dem rauen Nordatlantik entgegen. Nur wenige Touristen entdecken diesen Ort der Leere. Selbst wenn sie einsiedlerisch unterwegs sind, verlassen sie das Eiland bald wieder. Es gibt nur 900 Einwohner auf Fogo Island, nicht viele Frauen, kaum junge Menschen, eine fast hundertjährige Wahrsagerin, eine Ärztin im Rentenalter, eine mannhafte Gemeindevorsteherin, die inquisitorisch herrscht und richtet wie die heilige Zuiopül aus den *Memmerland*-Märchen.

Wer sich dem von der Gischt versalzenen nördlichen Strand von Fogo nähert, findet ein verwittertes Schild mit der Warnung: *You are nearing the edge of the flat earth. One false step could be your last.*

Ein falscher Schritt – und dein Leben wird vom Schicksal zu den Akten gelegt. Diese einfache Wahrheit sollte es Frank leichter machen, auf dem von Felsen und knorrigem Buschwerk bestimmten Eiland zurück in eine nur von ihm selbst bewohnte Existenz zu finden. Er hatte dort mit Frau Dünkels Topografie-Lupe einen Ort der Isolation gefunden, bewirtet von einer wettergegerbten Neufundländerin und ihrer wortkargen Tochter Tess, die er anfangs nicht so richtig wahrgenommen hat. Sie erschien ihm zu reserviert, gab ihm das Gefühl, auf Fogo als ein Sonderling, als deutscher Spion oder gar als Gesetzesbrecher erschienen zu sein. Mit der Zeit aber gingen die beiden aufeinander zu; sie kamen sich näher, auch weil Tess den Tagesablauf in der selbstgewählten Verbannung für ihn mitbestimmte. Sie brachte Mahlzeiten und Zeitungen, sobald diese es aus dem Städtchen Gander nach Fogo geschafft hatten.

An einem der morgennebligen Tage erwachte Frank früher als sonst aus traumlosem Schlaf. Innere Unruhe bewegte ihn. Die Sonne hatte unentschlossen über dem roten Haus der Bauern ihr leuchtendes Tagwerk begonnen. Wolken türmten sich schwermütig auf, änderten ihre Formen, täuschten eine bewegte, vergängliche Welt vor, verschwanden schnell wie sie gekommen waren.

Zwischen Traum und Tag wusste er: *Heute ist mein Geburtstag.* Frank Berenberg ist 50 geworden. Auch freie Radikale altern.

Wie kann man solch ein Datum bewerten, ist es nach mitteleuropäischer Zeit zu erleben oder zählt die kanadische Zeit? Er beschloss, einfach zu ignorieren, dass der Zeiger auf der Lebensuhr unmerklich um eine Millisekunde weitergesprungen war. Einen unkonzentrierten Augenblick lang an dachte er an seine nur noch in blassen Erinnerungen wirkende Mutter Heliane, die vor 50 Jahren von einem nie wirklich geliebten Waffennarren ein Kind bekommen hatte, *ihn.* Ihre Lebensaufgabe bestand darin, den Sohn vor dem Polizeibeamtenvater, einem gefühlskalten notorischen Fremdgänger, zu beschützen, ihn von ihm fernzuhalten. Kindermädchen, Haushälterinnen und Erzieherinnen, deren Namen ihm entfallen sind, zogen an

Frank vorüber, hinterließen kaum auffindbare Spuren. Seine angebetete Geigen- und Klavierlehrerin Emanuela liebte er erst zaghaft, dann von innerer Glut stranguliert und schließlich mit pubertärer Eroberer-Tatkraft. Emanuelas Madonnenfinger auf den Tasten und am Bogen zu beobachten, bis sie sich auf seiner Haut in einer zärtlichen *Etude d'amour* verloren, war reines Lebensglück. »Emanuela!«, antwortete Frank wahnhaft auf die Frage, wer den größten Einfluss auf seine Menschwerdung hatte. Überlagert werden diese Erinnerungen vom verstörenden Geruch von *Kölnisch Wasser*. Die Mutter zog ihn als penetrante Schleppe hinter sich her. Einmal, während der Geigenstunde, öffnete sich Emanuelas weiter Rock. Sie demonstrierte raffinierte Grifftechniken. Er war ihr gelehriger Schüler. Das Intermezzo aber führte zu ihrer Verbannung aus Franks Elternhaus. Er litt wie ein Hund. *Nie wieder werde ich ein Mädchen lieben*, schrieb er in sein Tagebuch.

Eine mail folgte kurze Zeit nachdem er die letzten Seiten an den Verleger geschickt hatte: Lieber Herr Wolff, ich vertrete meinen Mann bei der Kommentierung Ihrer Arbeit, die mit moralischen Hürden für mich verstellt ist, weil ich als Gattin des Verlegers (und als sein mutiertes Gewissen) nicht so ohne weiteres dieses Frauen-Mikado eines sich wohl maßlos überschätzenden Erotomanen gutheißen kann. Da wir aber noch nicht die Auflösung kennen und die Rolle Ihrer Frau Rössel auch nicht, gebe ich Ihnen jetzt mal hellgrünes Licht. Sobald mein Mann von seiner Gürtelrose einigermaßen geheilt ist (eine scheußliche Sache, sage ich Ihnen!), wird er wieder selbst mit Ihnen in den Dialog treten. Frage: Könnte es sein, dass ihr Frauenheld auf der Insel vor Kanada sesshaft und monogam wird? Das ist meine in

Sternenfinsternis gehüllte Vermutung; Sie werden uns wohl bald eines Besseren belehren!?

Mit Grüßen, auch von meinem leidenden Mann,

Elvira Morgenschön-Colmar.

*

Während vor dem Fenster die heile Welt von *Fogo Island* zum Vorschein kam, die Wolkenfestungen entschwebten um sich der Sonne zu ergeben, spürte Frank seinem frühen Erwachsenwerden nach: ein Prozess ohne nachvollziehbare Formen, ohne Treue, Bindung und Liebe. Eine ewige Pubertät voller Selbstbefriedigungsversuche und unerfüllter Sehnsucht. Auf einigen wenigen Fotos, alle anderen sind gelöscht, ist der lange Marsch durch sein Daseinsrätsel verewigt. Die Bilder, hat er einmal gesagt, seien die unscharfe Blaupause seines Lebens. Emanuelas fader Blick gibt nicht annähernd wieder, wie groß die Bedeutung ihrer wunderkindlichen Jungmädchenhände für ihren gelehrigen Schüler war.

Die achtsame Rössel hatte es mit einer literarischen Frechheit per *sms* auf seinen Laptop hier auf Fogo geschafft: »Im echten Manne ist ein Kind versteckt, das will spielen. Auf ihr Frauen, so entdeckt mir doch das Kind im Manne!« Die Nietzsche-Forderung hatte sie ihm schon einmal, zu Weihnachten, auf einen Theaterzettel gekritzelt. Wie es scheint, liegt der Rössel viel daran, Frank Berenbergs für andere befremdlich wirkende Spielwiese mit Teufelskralle und anderen giftigen Blumen der Intoleranz zu bepflanzen.

Das Internet funktionierte an diesem Tag, es kamen noch einige Belanglosigkeiten, gesprenkelt mit Floskeln aus den Vokabular-Automaten der Einfallslosen. Von Anselm Pfründe, dem Rektor seiner Uni, poppte ein Bekenntnis zu Franks bedeutungsarmer Wichtigkeit auf: *ad multos annos, lieber Kollege – nur noch 15 Jahre!*

15 Jahre bis zu ... was? Delete!

M. hatte noch immer nichts von sich hören lassen. Systemstörung im Netz.

Tess, das autodidaktisch gebildete Bauernmädchen, Mitte 30, kommentierte, was es sich auf dem kurzen Weg zu seinem Gartenhaus aus den Schlagzeilen der lokalen Presse zusammengereimt hatte. »Really nothing to write home about, Mister!« war ihr stereotyper Satz, während sie den *Gander Beacon* vom Vortag und die *New York Times* von vorvorgestern auf seinen vollgekrümelten Esstisch legte und ihn ansah als trüge er allein die Verantwortung für die Ereignislosigkeit in ihrer Welt. Einmal hatte sie einen kleinen Text aus der *Times* aufgeschlagen, in dem die deutsche Regierung als Wegbereiterin einer europäischen harten Haltung gegen den bitterdummen Systemumstürzler Trump (*What a fucking nerd*) gefeiert wurde. Weit weg, das alles. Aber doch, für einen heimatlosen, an einer kränkelnden Seele leidenden Hamburger, ein bewegender Moment. Er wurde, ohne dass Frank es verhindern konnte, zum Auslöser einer blitzartig auftretenden Heimweh-Sehnsucht nach Maya, deren meist kurze mails ihn alle paar Tage vor dem selbstgewählten Untergangsbedürfnis in dieser Abgeschiedenheit retteten. Nur mit ihr tauschte er

Lebenszeichen aus, einen Monat lang voller Begeisterung für die überwindbare Tiefe des Atlantiks, der zwischen ihnen lag, aber ohne die Bitte, ihn zu besuchen.

Dann, im dritten Monat seines Exils, am 71. Tag der Klausur, bestimmt von der Erinnerung an ihre schönen Zeiten und verrücktester Verrenkungen in ihren erotisch aufgeladenen Alltagsmachenschaften, spürte er einen kaum zu stillenden Schmerz. Fröstelnd fühlte er Einsamkeit und zugleich eine Überhitzung seiner Sensoren durch die Vermessung seiner Liebe zu Maya.

»Ich höre lyrische Lieder. Christian Gerhaher singt *Mein wundes Herz* und dabei träume ich von Dir. Wie wir in unseren selbstvergessenen Spielen alles Störende aus der Welt schaffen. Ich sehe, während wir miteinander sprechen, die Schönheit des Daseins in vielen sanften Tönen. Es macht mich glücklich ...«

Zwei Tage, nachdem er diese mail an M. geschrieben hatte, kam eine lapidare Antwort. Ohne eine einzige Frage und ohne jeden Zweifel. »Übermorgen werde ich bei Dir sein.«

Wie an fast allen Tagen zuvor, berichtete der *Beacon* über einen aufregenden Vorfall: Wieder hatte in Gander ein Elch einen Unfall verursacht: *moose crossing* – Alltagsschrecken für kanadische Autofahrer. Frank mailte M. einen detaillierten Reiseplan und klinkte das Foto einer Elch-Warntafel ein. »Du weißt, dass die weiblichen Tiere ihren Weg unbeirrt gehen, ohne darauf zu achten, ob jemand sie daran hindern könnte – besonders im Morgen-Verkehr ...«

Er musste über seinen kargen Witz lachen und klickte auf *Senden*.

Als Frank den Plan für das Wiedersehen mit M. fertiggestellt hatte, entlud sich die Phantasie des von gleichförmiger, ritualisierter, unbefriedigender Selbstbefriedigung völlig denaturierten Mannes. Sein Herz schlug in beängstigenden Rhythmen. Es erhöhte unbotmäßig die Frequenz und gab seinem Gehirn den Befehl, sich minutiös auf M. einzustellen: Nimm sie mit all der Liebe, die in dir ist. Nimm sie als Retterin deines von Beginn an verkorksten Daseins. Bekenne, dass nur sie alleine das Maß aller Dinge für dich sein kann. Bis ans Lebensende.

*

Das Wiedersehen mit M. verzögerte sich. Gander signalisierte die wetterbedingte Schließung des Flughafens. Die Fähre ließ wissen, dass nach einer Sturmflutwarnung Fahrten von Neufundland nach Fogo Island ausgesetzt werden könnten.

»Der Verkehr ab Lewisport soll eingestellt werden, ich warte verzweifelt«.

Seine sms-Notiz wurde nach einer Minute beantwortet: »Keine Sorge. Ich komme morgen. Und wie!«

Tess stand plötzlich in der Tür. Frank hatte das Klopfen nicht gehört und nur mit Mühe konnte er gedankenschnell einen Weg aus seinen Wimmelbild-Fantasien finden. »Komm rein«, schrie er Tess zu, die gegen die sich wehrende Tür ankämpfte. Staunend erkannte er, dass diese starke junge Frau mit den von

Sturmböen verwirbelten Haaren und der nach Teer riechenden Regenjacke eine *natural beauty* war.

Tess stand frisch und heftig atmend neben ihm. Sie sammelte Blätter vom Boden auf, die von der Zugluft ins Zimmer getrieben worden waren. »Ein Orkan rast auf die Insel zu. Die Zeitungen sind nicht angekommen. Wäre wohl auch nichts Wichtiges dringestanden, nothing to write home about ...«, sagte sie in ihrem schnoddrigen kanadischen Englisch, das jetzt aus ihrem Mund wie eine raue Verheißung klang. »Der *Gander Beacon* ist aber auch übermorgen noch gut – zum Feuermachen!«, schwang sie sich zu harscher Medienkritik auf, die ihn – keine Ahnung, warum – amüsierte. Er lachte, fühlte sich froh, erlöst und bedeutend selbstsicherer als zuvor.

Nach Wochen eines sträflich ignoranten Umgangs mit der bäuerlichen Naturschönheit (die ihn einmal am Tag mit einem Teller geschälter, entkernter, geviertelter Bauernäpfel besuchen kam) schaute Frank genauer hin: Tess hatte ihn innerhalb von Minuten in ihren Bann geschlagen. Die hellblonde Locke, die der harte Wind in ihren hochgeschlagenen Kragen gedreht hatte, sah er als ein Zeichen spontaner Bereitschaft.

Tess' ausdrucksvolle Augen waren ruhig auf ihn gerichtet. Der von der warmen Kleidung unter dem zerschrammten Ölzeug verhüllte Körper, ihre starken Beine in grobmaschig gestrickten Strümpfen und zu großen grauen Gummistiefeln – sein Bild von einer liebesbereiten Frau hatte bis zu diesem Moment ganz anders ausgesehen.

»Soll ich Tee machen?« fragte sie, jetzt mit sehr deutlicher Aussprache. In ihren tiefbraunen Augen nahm er, weil er es so wollte, das feine Glitzern aufflammenden Begehrens wahr. »Oh …, ja«, sagte Frank, ohne zu wissen, was alles er Tess damit sagen wollte.

Aus verlegenem Aktionismus räumte er den Zeitungsstapel von der einen auf die andere Seite des Arbeitstisches. Ein deutsches Kunst-Magazin (mit einem absichtsvoll Missverständnisse provozierenden Interview von Frank Berenberg über *Madonnenmalerei in drei Jahrhunderten*) ließ er unter kanadischen Zeitungen verschwinden: Das Titelbild zeigte die locker bekleidete Claudia Schiffer als moderne, keinesfalls unbefleckte Zeitgeist-Muttergottes.

Draußen, vor den kleinen Fenstern des Bauernhauses machten sich die Vorboten des bedrohlich heranbrandenden Orkans über die verkrüppelten Obstbäume her. Einzelne Zweige knallten gegen lange nicht geputzte Scheiben (hätte auch keinen Sinn gemacht, nicht mal Frau Rössel wäre auf die Idee gekommen, hier Hand anzulegen). Blätter wirbelten durch die regenfeuchte Luft. Die Szene erinnerte Frank an den Nachmittag, damals in Montreal. Seltsam: Was damals mit den beiden gierigen jungen Frauen passiert war, entfaltete sich nun in bedeutungslos fernen Bildern noch einmal in seiner Erinnerung. Er fühlte das unerträgliche Gewicht des Seins. Eine unheilbare Verlassenheit. Die Zweifel an der halbseidenen Wahrheit des Zuspruchs, den das Glück selbstmitleidigen Seelen verpasst wie einen bei verbundenen Augen herbeigesehnten Schlag; wie den Reitgertenhieb bei der Session mit den zwei theatralisch erregten Mädchen in Montreal.

Als er aus seinem grauen Jammertal wieder zurückkehrte ins schummrig beleuchtete Leben, tat Tess ihm leid. Ihr Instinkt hatte ihr wohl signalisiert, dass der Mann aus dem fernen Europa, der sich für ein paar Einsiedler-Wochen entrückt schreibend in ihre spartanisch eingerichtete Kate zurückgezogen hatte, – dass dieser Mann in ihrer Welt, am wilden Ufer des brodelnden nördlichen Meeres, für sie unerreichbar war. Sie setzte die dampfend heiße Steingut-Teetasse auf einem hochbeinigen kleinen *Gateleg* ab, auf dem sich Zeitungen aus der letzten Zeit ungeordnet stapelten. Das Lokalblatt *Beacon* – was auf deutsch *Leuchtfeuer* bedeutet – lag obenauf. *Fire displaces family of four in Twillingate.* Unter der alarmierenden Schlagzeile die Meldung: *Gander von Wetterkatastrophe bedroht – Fischer in Angst vor Orkan und Sturmflut.*

Die naturreine, bodenständige Tess, hatte, ohne davon etwas zu ahnen, die körperliche Liebe wieder ins Bewusstsein gerückt. Mehr als zwei Monate lang war seine Lustsuche von der einsichtigen Kraft seines Willens (oder seiner Vernunft, wer kann das schon sagen?) ins Verborgene verdrängt worden. In der von Kachelofen und offenem Kamin gewärmten Behausung, die ihm eine kontemplative Ich-habe-alles-und-es-fehlt-mir-nichts-Haltung ermöglichte, ließ es sich klar denken und gut schreiben. Anfechtungen aus seiner Großhirnrinde ließ er nicht zu. Frank fand sich tapfer und gerüstet für den Widerstand gegen die eitel-selbstmitleidige Tour, die ihn sonst durch erotisierte Tage voller filmreifer Bilder trieb – auf der wahnhaften Suche nach einem Happyend. Betonung auf *end*.

Als Tess die Eingangstür der Kate mit ihren kraftvollen Armen aufgestemmt und sie, gegen einen alarmierend pfeifenden Luftzug ankämpfend, wieder zugezogen hatte, wurde es sehr, sehr ruhig in ihm. Frank sah sich sitzen und nachdenken über sein vom Dasein zerpflügtes Lügen-Ich: Spitzwegs *Armer Poet im feuchten Bett* … Er spürte eine heilsame Wärme und ein ihn streichelndes Selbstmitleid, wie er es mit solch übergriffiger Wirkung noch nicht erlebt hatte.

Die Komödie seines Lebens und das Tief seines Lebens entfalteten sich in einem Akt, der nicht von ihm selbst geschrieben worden sein konnte: Draußen tobte inzwischen unwirtliches Hochseewetter. Niedrig hängende, tief gestaffelte dunkle Wolken segelten in dichten Formationen direkt in seine von schwerer Last befreite Psyche. Der seesalzige Regen demonstrierte die Macht der Natur und ließ den verunsicherten Menschen mit all seinen vagen Selbsteinschätzungen, aber auch mit einem undefinierten Heilsversprechen, auf verlorenem Posten zurück.

Frank spürte, dass es ihm diesmal gelingen konnte, sein labyrinthisches Leben in neues Gleichgewicht zu bringen. Dann stieg melodiös, wie ein auf Verführung komponierter Werbe-Jingle, eine Wahrsager-Meldung aus der Tiefe seiner Seele auf: *Du wirst Maya lieben. Für lange, lange Zeit.*

*

Gestärkt durch den Befreiungsschlag gegen sich selbst fühlte er einen ziehenden Glücksschmerz, der die ganze Nacht lang anhielt. Er sank in einen heiteren Schlaf, sah, wie glücklich er anderntags mit Maya sein würde, um ihr mit größtmöglicher

Beiläufigkeit priesterlich-salbungsvoll mitzuteilen: *Ich nehme Deinen Heiratsantrag an!*

Zwischen Traum und Tag, ausgeliefert der schwefelgelben Gewitterkulisse mit Starkregen und höllischem Donnergrollen, hörte er Maya rufen. Er sah sie auf das Fischerhaus zukommen. Ihre Stimme, deren Klang ihn immer von Neuem überraschte, hatte jetzt etwas Klägliches. Ein Suchscheinwerferstrahl vom nahen Leuchtturm streifte über die Wiese vorm Fenster. Dann schaltete Tess sich ein, dominierend den Weg weisend – und in der sich öffnenden Tür standen zwei fröstelnde Frauen. »Ich habe es geschafft!« Maya warf machtvoll den triefend nassen Mantel auf den Boden, umarmte Tess mit einer Art von Dank, wie er das zwischen zwei einander fremden Frauen lange nicht beobachtet hat. Auf einer im Sturm schwankenden Brücke, über die er seine unruhigen Träume mit der Realität verband, ging er auf die beiden Mädchen zu. Zitternd vor Müdigkeit, Nässe und Kälte und, wie er hoffte, vor Sehnsucht auf seinen warmen Männerkörper, nahmen die beiden ihn in ihre Mitte.

Tess wagte es nicht, Gefühle zu zeigen. Sie stand in ihrem nasskalten Regenzeug, darunter das grünkarierte Flanell-Nachthemd, neben der Tür und sah reglos zu, wie Maya Besitz von Frank ergriff und mit ihren eindringlichen Küssen sich selbst wieder Leben einhauchte. Dann drehte M. sich zu Tess. Sie nahm ihr das nasse Cape von den Schultern und erlaubte ihr wortlos, Teil ihres Wiedersehensglücks werden. Maya umarmte Tess, wärmte sie und presste sie an Frank. Dann legte sie sich in sein Bett und breitete die Arme aus. Frank spürte die muskulösen Arme des Fischermädchens, das seinen Kopf mit den nassen Haaren in seine Schulterbeuge legte. Tess ließ die klobigen Gummistiefel achtlos vom Bettrand fallen. Als sie zu dritt in einer seligen Umarmung aneinandergeschmiegt lagen und er spürte, dass seine so lange vernachlässigte Männlichkeit sich zu einer angemessenen Begrüßung aufraffte, brach Tess in Tränen aus. »Das darf nicht sein«, schluchzte sie und rang ihm einen Kuss ab, den er in solch maskuliner Selbstsicherheit nicht erwartet hatte. Tess verlor ihre Stärke schnell wieder, löste sich von seinen Lippen. Maya gab ihr mit einem klaren Blick die Erlaubnis, sich zu nehmen, was sie sich erhoffte. Sie zog Tess das nach Kernseife riechende Nachthemd aus. Kälte und Erregung hatten ihre Brüste zu eisernen Spitzen geformt. Dann küsste sie Tess im Widerschein eines letzten Blitzes über der alttestamentarischen Szene und öffnete Tess' sehnsüchtige Lippen mit fordernder Zunge.

M. war fasziniert. Bewundernd lächelte sie und beugte sich über Frank. Tess spreizte ihre von harter Arbeit trainierten Beine. Frank sah den mit einem rötlichen Dreieck dekorierten Schenkeln an, dass sie Wegbereiter eines guten Schicksals werden sollten. Dass ein aus einem fernen Land kommender, auf ihrer angestammten Insel gestrandeter Mann ihr den Umgang mit der Liebe zu dritt gezeigt hat – es würde ganz sicher Tess' Geheimnis bleiben.

M. versuchte seine Gedanken zu lesen, es war ihr anzusehen. Ihre samtenen Lippen, die sie eben noch ungeniert in den Dienst der gemeinsamen Sache gestellt hatte, formten ein sinnliches O und entließen einen der schönsten aller klassischen Sätze: *Ich bin glücklich, hier, bei dir.*

Tess, das spontan erweckte Dornröschen aus der Sturmnacht, stieg wie in Trance in ihre Stiefel, zog nachlässig den Mantel über, stopfte das nasse Nachthemd in ihren Korb und ging. Unter der Tür drehte sie sich um und schickte einen schüchternen Handkuss ins Zimmer. M. war zu Tränen gerührt, als die junge Frau draußen im Regen am Fenster vorbeiging, vornübergebeugt, halbnackt unter dem wehenden Mantel. Frank kam es vor, als spiele Tess eine tragende Rolle in einem ergreifend phantasmagorischen Strindberg mit einem Sehnsuchtspotential von trauriger Größe. Sie war geliebt und damit erlöst, befreit und in ein Wesen aus einer neuen Welt unter einem sternenfinsteren Himmel verwandelt worden.

M. hatte ihn noch einmal ins Bett geküsst, ihn mit ihrem Zeigefinger zart gestreichelt, seine Hand in ihre gelegt. Der blauschimmernde Vormittag sah ihn Rücken an Rücken mit seiner Liebsten liegen. Sie erwachten früh, von der eigenen Anwesenheit verzaubert. Es war, als sei das bisherige Leben mit all seinen Auflagen, seinen unsinnigen, unsittlichen Zwängen, seiner Unersättlichkeit und Hektik ausgelöscht.

Der Regen hatte seine Kraft verströmt, der Sturm sich gelegt. Vor dem Fenster, auf einem vom Wetter gegerbten Holztisch, stand ein Strauß aus einfachen Zweigen in einem schweren braunen Milchkrug – wie aus einem Gemälde der minimalistischen Maler von *Lieve Hemel* in Amsterdam.

*

Unvermittelt begann M., die Geschichte ihrer wagemutigen Reise zu erzählen. Ihr Lächeln der letzten Stunde ihrer stillen Liebesnacht erlosch.

»Auf dem Weg zum Hamburger Flughafen«, sagte Maya, »hatte ich mich von einer auf die andere Sekunde entschieden, die Reise nach Kanada doch nicht anzutreten. Es war am Coweier-Platz, wo wir vor langer Zeit angetrunken aus der *Bar 99* gekommen waren und einander unter ungenau platzierten Küssen und unseriösem Lachen versprochen hatten, uns nie, nie, nie voneinander zu trennen, obwohl wir wussten, dass das nur Wunschdenkenquatsch war und dass wir unsere verlogene Art zu sein nicht würden ändern können. Angst, dann Panik erfassten mich. Mein bisheriges Leben stand in schnell aufscheinenden Bildern vor mir. All die Verirrungen. All die Fehlentscheidungen im Beruf. All die billigen Ausreden im Umgang mit Frauen und Männern. Die hässlichen Trennungen. Und dann meine immer mehr auf dich gerichtete Abhängigkeit und eine Eifersucht, die ich bis zu diesem Tag mit schwarzweißer Promiskuität bekämpft habe – vergebens. Dass ich jetzt auf dem Weg zu dir war – ans unbekannte Ende der Welt, zu einem unbegreiflichen Mann namens Frank Berenberg, der sich völlig unerwartet aus dem Alltag zurückgezogen und in verschrobenen Mails bekundet hat, *jetzt mal ein erlösendes Leben ohne Frauen* erproben zu wollen, um endlich das von einer mächtigen Schicksals-Orgel erzeugte Brausen aus dem Kopf zu kriegen, das wiederum die Folge eines *zerstörerischen, süchtigen Kontaktwahns* war … Du hast mich dann aber …«

»Nein, Maya«, unterbrach Frank, gelassen vorhersehend, dass ihre Geschichte ein gutes Ende nehmen würde. »Nein, du warst ohne dein Zutun am Beginn eines Denkprozesses angekommen, der etwas vorwegzunehmen wagte. Es war dir klar, dass – wie bei mir auch – das Versteckspiel, das Suchen-und-Finden-Spiel ein Ende finden musste, dass eine erwachsene Sorge und eine untrügliche Liebe die Schatten auf deiner Seele getilgt haben. Sie hat sich befreit. Sie hat dir zu verstehen gegeben, dass du eine Reise antrittst, von der du als eine völlig andere Frau zurückkehren würdest – wenn du den Trip nicht, den Alarmzeichen folgend, einfach abbrichst. Hättest du das getan, wärest du genau die Maya geblieben, die du bis dahin warst – voller unstillbarer Sehnsüchte nach Männern und sinnentleerten Begegnungen mit Männern, die du zwar nehmen, aber nie wirklich kennenlernen konntest.«

Die Poetin Maya wand sich in Franks Arme. Wie eine glaubwürdige Geliebte küsste sie seine Hände. Sie nahmen sich wahr als ein Paar aus einer verlassenen, alten Welt, in die zurückzukehren ihnen jetzt nicht mehr möglich schien.

»Willst du mit mir zusammenbleiben, als meine *Frau?*« fragte er mit einer bürgerlichen Zuversicht, die er aus einem stillen Glücksgefühl und der Sicherheit mobilisiert hatte, im richtigen Moment das Richtige zu tun.

Maya antwortete nicht auf seine Frage, als hätte sie sie nicht gehört, und erzählte weiter.

»Als ich dann im Flieger von Frankfurt nach Montreal und Neufundland saß, neben mir ein großes mageres Kind, 18, vielleicht 19, sah ich mich die Reise in mein eigenes Leben antreten. Ich betrachtete das Profil des schlafenden Mädchens und hörte mich lautlos sagen: *Vergeude deine Jahre nicht. Bring' dich in Sicherheit, lass die Männer und die Geldgier und die Dummheit einen Bogen um dich machen.* Dann schlief ich ein. Als ich erwachte war der Sitz neben mir leer. Das Mädchen hatte in *Economy* eine Reihe gefunden, in der es sich lang ausstrecken konnte. In eine Decke gewickelt lag es entspannt auf drei Sitzen, leicht amüsiert lächelnd und die Haare über die geschlossenen Augen gelegt wie schützendes Blattwerk.«

Frank hörte Maya zu als läse ihm jemand aus *Siawosch und Homa* vor, einem altpersischen Märchenbuch, illustriert mit Traumbildern aus noch wenig erforschten Regionen der unzivilisierten Welt.

Eine Geste, die ihr bedeuten sollte: Stoppe deinen Redefluss, lass' *mich* wieder zu Wort kommen, beantwortete sie kurz: »Warte, bin gleich fertig.«

M. sammelte sich, zog empfindsam ihre Hand aus seiner zurück, um das Erlebte als ihre ureigene Geschichte zu Ende zu erzählen. »Ich traf das junge Ding später bei dem unsäglichen *Immigration*-Getue in der Warteschlange wieder. Sie nannte ihren Namen, Benedikte, und fragte mich nach dem Ziel meiner Reise und ich sagte: *Ich weiß es noch nicht. Ich weiß nur, dass ein Mann auf mich wartet, auf der einsamen kanadischen Insel Fogo.* Benedikte schaute mir irritiert aber verständnisvoll in die Augen, als wäre es ganz normal, eine der entlegensten Inseln Nordamerikas anzusteuern. Sie nickte dabei leicht und fragte dann unvermittelt: ›Sind sie nicht die

Frau, die in Hamburg mit dem Typen von der Uni im gleichen Haus wohnt wie meine Freundin Anne?«»

Maya sah Frank jetzt mit dem leicht verschatteten Blick an, den sie immer dann einsetzte, wenn es um das Äquilibrium im Kräftemessen der Denker ging. »Von Benedikte weiß ich, dass Anne sich sicher ist, mit dem Prof den schönsten Sex ihres jungen Lebens gehabt zu haben – haarscharf jenseits der Volljährigkeitsgrenze.«

Die Schatten in M's Augen hellten sich auf. Ihr Gesicht wurde jetzt vom ungetrübten Licht des neuen Tags beschienen. Wie eine hochkonzentrierte Souffleuse in der ersten Reihe eines Theaters richtete sie ihre Aufmerksamkeit auf Frank und sich selbst, gleichermaßen. Nebenbei zündete sie drei braunrote Kerzenstumpen an, die in einem von Wachsrinnsalen verunstalteten Zinnleuchter standen. Dann setzte M. sich wieder an seine Seite: »Ist das nicht eine erstaunliche Geschichte? Ich wusste gar nicht, dass *Du* es auch mit so jungen Dingern treibst. Deine angebetete Colette, die strenge Fatalistin, hat dazu gedacht, was ich nie vergesse: *Männer sind Lebewesen ohne Gewissen. Man darf es ihnen aber nicht vorwerfen, denn sie können nicht anders – sie sind immer auf der Jagd ...* Ich weiß jetzt, dass sie die Sache auf den Punkt gebracht hat.«

»Und Oskar Maria Graf empfiehlt ganz eindeutig: ›Mehr Erotik bitte!‹«, sagte Frau Roessel, die belesene Besserwisser-Souffleuse.

*

Die zwei letzten Tage auf der Insel verbrachten die beiden mit vielen Übungen in sanfter Langmut. Frank hatte in einer Häutung alle Härte und seinen monströsen Egoismus abgeworfen, ohne zu wissen, mit welchen Werkzeugen ihm das gelungen war. Auch M. gelang es, aus ihren Träumen voller nutzloser Hektik und unerfüllbarer Hoffnungen zu erwachen.

Sie standen ungläubig voreinander, hielten sich aneinander fest und verstanden ihre Welt nicht mehr.

*

»Tess wohnt nicht mehr hier. Sie ist zu Verwandten gefahren, nach *Change Islands*«, sagte uns ihre Mutter beim Abschied. »Keine Ahnung was mit ihr los ist. Kann sein, dass sie eine Weile wegbleibt. Ich soll sie beide grüßen. Ach ja, ... und ... sie bittet sie um das Magazin mit dem Titelbild einer blonden Frau aus Deutschland. Lag bei ihren Zeitungen neben dem Tisch auf dem Boden in ihrem Zimmer ... Ich weiß nicht warum, scheint ihr aber wichtig zu sein«.

Frank fand das *art*-Magazin mit seinem süffisant geschriebenen *Moderne-Madonnen*-Essay und dem provokativen Claudia Schiffer Titelbild im Stapel schon vergilbter Ausgaben des *Gander Beacon*. Er schrieb eine Widmung auf das Blatt: *Für Tess, die sturmerprobte Madonna der Küste.* Und M. kritzelte darunter: *Dreifaltigkeit – ein Wunder – Tess und wir! Never forget! Change Islands, that's it!*

Als sie Fogo verließen, riss der bewölkte Himmel auf. Sie standen an der Reling der sich schüttelnden, von dröhnenden

Dieselmotoren angetriebenen Fähre. Es erschien Frank, als seien sie allein auf dieser Welt, gereinigt und von etwas erlöst, was ihm noch immer unerklärlich war. Sie sahen die Möwen hungrig ihre Pirouetten fliegen und hörten das harte Krächzen der Sturmvögel, die – so sagt man – vor drohendem Unheil warnen.

Von diesem Tag an begleiteten ihn Harmonie und Aufräumarbeiten in den tausend unbewohnten Räumen der zurückliegenden Jahre. Was Frank betrifft – verlorene Zeit, unwiederbringlich weggeschenkt an Menschen, deren Bedeutung unter dem kühlen Zuckerwatte-Licht der Insel impressionistisch zerrann wie die Umrisse des Fogo-Eilands selbst. Es geriet aus dem Blick, löste sich auf in Ahnungen von einem Stück unserer eigenen Geschichte. Oder besser: von einem nutzlos gewordenen Stück Welt in unbeteiligter See.

Was jetzt zählte, waren Maya und Frank als ein Paar. Sie hatten Ballast abgeworfen und einander angenommen. Es gab keinen Zweifel, keine Angst, keine Sorge. Frank konnte sich wieder spüren.

Sie flogen von Gander nach Montreal und wieder weiter nach Osten. Die Sonne ging auf und nochmal unter. Dann erreichten sie einen fernen, fremden Erdteil, auf dem sie als die, die sie jetzt waren, noch nie waren – ihr eigenes Land.

Hamburg machte es ihnen leicht. Es erkannte sie wieder. Nahm sie an. »Jetzt sind wir ein Paar«, sagte er zu Maya, küsste ihre nach bittersüßem Marzipan schmeckenden Lippen. »Wir sind zu Hause.«

XXV.

Wimmelbildfantasien: Berenberg wird 50

Sie zogen bei Frank ein, in Jetlag-Narkose, und lebten in seiner Wohnung, als wäre das seit Menschengedenken so gewesen. Die Räume blieben wie sie waren, Schauplätze seiner Einsamkeit, seiner Zwiegespräche mit seinem Buddha, seiner Suche nach Entschuldung und Selbsterkenntnis, seiner unproduktiven Zweifel und verschwenderischen Liebesszenen.

M. änderte an all dem nichts. Seinen Abstellraum betrat sie nicht. Ein paar wenige persönliche Dinge deponierte sie in der untersten Schublade der Kommode im Flur. Fast jeden Tag sah sie am Harvestehuder Weg nach ihrem eigenen Appartement (das er noch nie gesehen hatte) und war dann eine Weile »unterwegs in der Stadt«, während er mit seinen Studierenden die Weltkunst wieder in den Mittelpunkt seines nun fast bürgerlichen Lebens zu rücken versuchte. Von seinem Traumtourismus-Urlaub berichtete er in ausschweifenden Märchen und etablierte Kunstschätze an Orten, an denen niemand sie vermutet hätte, weil es sie nicht gab. Besonders das *Ende der zivilisierten Welt* am lebensgefährlichen Rand von *Gander Island* nahm faustische Untergrund-Dimensionen an. Eine Promovendin mit Weitblick stellte glockenrein, aber verfänglich die Frage: »Und – da waren sie wirklich, Professor Berenberg?«

Frau Rössel hielt die Wohnung in Schuss. Die Stelle, an der die Kindfrau Anne ihren G-String von den langen Beinen gestreift hatte, blieb ein von rosaroter Erinnerung geweihtes Geheimnis. Aber selbst dieses würde er eines Tages mit M. teilen, denn er wollte sie ungeschönt für sich haben, ohne respektlos zurückgehaltene Bilder aus seiner Vergangenheit. *Fein*, würde Maya sagen, wenn er ihr, vielleicht mit ein wenig zu ausschweifendem Stolz, den kleinen Liebesakt mit der eben erst aufgeblühten Knospe beichtete. Ihren Kommentar konnte er schon vorhersagen: *Zeig' mir, was du mit der Kleinen angestellt hast!*

Als sie, Tage danach, dem Mädchen Anne im Treppenhaus begegneten und er die beiden einander vorstellte, lächelte Maya ihr rätselhaft-gewisses Lächeln und legte ihren Arm um ihn: Zeichen der souveränen Siegerin. Generalabsolution von der Großpönitentiarin. Anne übrigens benahm sich wie eine Studienreferendarin, die am Schuljahresende ihren Lieblingsschüler an die Kollegin der nächsten Klasse weitergibt: *Der Streber bringt ordentliche Leistungen!*

*

Franks Leben mit Maya glitt schnell ab in eine Routine, die sich nach Heimatfilm anfühlte, manchmal auch nach dem seligen Reigen himmlischer Geister. Das Suchen und Finden und wieder Suchen und Verdrängen und Hoffen und Warten und Weitersuchen hatte ein Ende. Für Illusionen war offensichtlich kein Platz mehr.

Und die Rössel? Hielt sich fern. Blieb außen vor. Argwöhnisch umging sie Maya. »Ich weiß nicht recht«, hatte sie sie Frank in einem schwachen Moment souffliert. »Zu viel Theater, denke ich. Zu viel Schatten, zu viel Licht, drohende Finsternis ... Strindberg halt! Aber *Sie* müssen ja mit ihr leben, *ich* bin ja nur die Putzmamsell«.

Begeistert von ihren Körpern erprobten sie an den Abenden die wildesten Glücksspiele. Sie hörten dazu Maria Cecilia Munoz, deren Flöte sie befeuerte und in eine Stille geleitete, in der sie sich befriedigt erholten, bis sie sich von neuem bedrängten und jeder den anderen als Objekt seiner Begierde wieder und wieder entdeckte.

Es schien, als sei ihr neues Leben ein Lotteriegewinn. Ein goldenes Los leuchtete in seiner Hand.

*

Frank hatte seine Arbeit an der Uni mit viel Elan und neuen Ideen zum Erstaunen der Kollegen und der Studierenden wieder aufgenommen. Maya schwebte mühelos durch ihr *Sabbatical*. »Dich zu lieben ist jetzt mein Handwerk«, antwortete sie auf seine forschende Frage, ob sie nicht manchmal eine Leere spüre und ob die Sinnfrage nicht auf der Lauer liege in ihrer geheimen Wohnung am Harvestehuder Weg. Ob sie nicht mal wieder anderen Menschen begegnen und im *Haerlin* essen gehen wolle. Jetzt nicht, sagte sie und küsste ihn, als könne sie damit ihr Leben verlängern.

*

An einem der folgenden Tage hatte Frank mit einigen Kollegen eine öde Sitzung im Dekanat. Sie dauerte länger als geplant, weil es um einige Ausgaben-Verfehlungen ohne ausreichende Deckung ging. »Da hat jemand sich verkalkuliert, wie Columbus sich versegelt hat«, veralberte der einzig witzige Kollege in der Runde (nebenbei: ein Ägyptologe) die Sachlage – kurz bevor er Frank wegen seiner vielen Abwesenheiten als Inhaber eines bemerkenswerten *Leer*stuhls bezeichnete. Witz und Gemeinheit treiben es bekanntlich gern miteinander. Wenn dann noch die Wahrheit dazukommt ...

Weil, ihn ausgenommen, wohl keiner der Gesprächsteilnehmer wegen häuslichen Sex erwartet wurde, was die Schlagzahl bei dieser abendlichen Entscheidungsfindung erhöht hätte, musste Frank die Bürokratendiskussion ertragen. Er konnte sich nicht vorzeitig ausklinken, denn er hatte bereits den Ruf, ein querulantischer, desinteressierter, zu teurer Verwalter seiner ohnedies auf ein Anwesenheits-Minimum reduzierten Lehrtätigkeit zu sein. Das Handy unterm Tisch verbergend schrieb er eine knappe sms an Maya – *komme später, sorry* – und bekam Sekunden später die Antwort: *du kommst heute gar nicht.*

Zwei Stunden danach öffnete er die Tür zu seiner Wohnung als gehöre sie einem anderen. M. war nicht zu sehen, nicht zu hören. Er rief nach ihr. *Mein Engel ... Maya!?* Dann stand sie lautlos hinter ihm. Sie zog ihm eine Binde aus schwarzer Seide über die Augen, führte seine Arme nach hinten. Sie hatten genau diese Szene vor ein paar Tagen in einem schäbigen Porno gesehen, der so abturnend war, dass sie danach keine Lust mehr aufeinander hatten. Die Darsteller waren zu spießig. Zu verschwitzt. Zu dick. Zu ungelenk. Zu tätowiert. Man nahm ihnen nicht ab, dass sie gern taten, was hier zu tun war. »Liebe«, dozierte M., »Liebe ist eben doch, vor allem, eine Frage der Ästhetik. Sie ist elitärer, als man denkt. Sie eignet sich nicht fürs Schmieren-Theater.« Ein Satz, der eins-zu-eins auch von der Rössel sein könnte.

Frank stand und wartete, übte sich in Entsagung.

»So«, belehrte sie ihn, »so geht es einem Mann, der seine Geliebte wegen einiger Professoren in schlechtsitzenden Sakkos mit Schuppen auf den Schultern zu lange warten lässt. Ich werde mich jetzt selbst beglücken. Du wirst nur Zuschauer sein.« M. begann, sich in ihr eigenes Spiel zu vertiefen. Sie sagte kein Wort. Er konnte nicht mehr länger stehen und suchte tastend nach dem Sessel (es war der, den er kürzlich der hochwohl-angeheirateten Roy zugewiesen hatte, als das Rendezvous mit ihr so gründlich misslang). Maya hatte ihn zur Seite geschoben.

Er hörte das vertraute Summen ihres Vibrators. Und spürte ihren sich schnell verändernden Atemrhythmus. Sie stand vor ihm, ließ die kleine Maschine emsig ihre Arbeit verrichten, ein bisschen so, als betreibe Frau Rössel fleißig die Teppichpflege. Innerhalb weniger Minuten hatte M. das Ziel erreicht.

»Ich verzeihe dir … Du hast mich zu lange warten lassen. Dafür hast Du jetzt gebüßt.«

Frank zog sich aus und ging zu Bett, ohne ein Wort zu sagen. Es war der erste Abend, an dem sich eine seltsam-unfrohe Stimmung zwischen die beiden schob. Hingetupfter Märchen-Sadismus, gepaart mit verbal-psychischer Aggression – so hatte er das mit M. noch nicht erlebt. Für einen Moment, während er erschöpft und unbefriedigt einzuschlafen versuchte, schob sich das Bild einer römischen Schönheit vor sein geistiges Auge: Reni. Sie sah ihn tieftraurig mit der unbestimmt-immerwährenden Demut einer Canova-Marmorstatue an und sagte: *Es gibt mich nicht mehr. Sempre e per sempre. Arrivederci, mi amor.* Dann weinte sie aus jedem Auge eine quecksilberne Träne.

Zwischen Tag und Traum schreckte Frank hoch. M. hatte sich mit ihrem warmen Körper an ihn geschmiegt. Er roch ihre gebräunte Haut und ihren klaren Atem. Sie beugte sich über ihn. Die Nähe löschte alles, was am Abend passiert war, in Sekunden aus.

Schön, schön, schön! Schrieb der Verleger. Meine Gürtelrose blüht nicht mehr, welch ein Segen. Zu ihrem Text: Habe alles mit gemischten Gefühlen gelesen, auch die kessen Einlassungen meiner Frau gehört. (Sie ist jetzt schon deutlich mehr auf Ihrer Seite, kaum zu glauben. Das jedoch dürfen Sie keinesfalls wissen!) Ich will mich nicht einmischen – aber mir würde es gefallen, wenn Frank sich für die römische Reni entschiede, gegen die unbeständige, unberechenbare Maya. Die angestrebte Zeilenzahl nicht vergessen! Ihr Morgenschön

*

Zwei glückliche Wochen später, in denen Routinearbeiten seine Arbeitstage strukturiert und seine Phantasien einigermaßen unterdrückt hatten, bereitete Frank einen Wochenendtrip nach Amsterdam vor. Er fragte M., ob sie ihn begleiten wolle.

»Ich war schon mal in Amsterdam, als junges Mädchen«, sagte sie.

»Du bist immer noch ein junges Mädchen«, sagte er.

Das *arte vivere* Hotel liegt an einer der schönsten Grachten Amsterdams, an der Prins Hendrikkade. Das Zimmer war nach Süden ausgerichtet. Bunt bemalte Spielzeughäuschen mit hohen Fenstern, eng aneinandergereiht, und vorbeifahrende Boote voller Touristen – das Holland-Bild aus dem *Baedeker*.

Nach Besuchen des *Rijksmuseums* und des Anne-Frank-Hauses gingen sie demütig zurück zum Hotel. Auf dem Weg lag die Galerie *Lieve Hemel*, deren heutige Künstler verkörpern, was wir als Holländischer Malerei seit Jahrhunderten lieben. Diesmal stellte Bernard Verkaaik seine einzigartigen Stillleben aus – Bilder von so großer handwerklicher Qualität, dass sie als Objekte einer phantasieanregenden Sensibilität faszinieren. Sie betrachteten, geleitet von Herrn Nieuwendijk, die kostbaren kleinen *Tableaux* und entschieden sich für ein Bild mit zwei durchscheinenden Taubeneiern auf einer polierten Tischplatte. Sie schmiegten sich aneinander wie korpulente, aber doch leichtsinnig Liebende. M. sagte leise, während sie wie ungewollt in seinen ahnungslosen Schoß griff und ihm einen Kuss auf den unrasierten Hals gab: »Hier wäre ich gern zu Hause. Alles ist so sanft und so ruhig. Und so seltsam anders als in Hamburg ...« Ihre Augen streiften seine wie Lichtkegel aus einem rundlaufenden Leuchtturmlicht. Sie machten ihm deutlich, dass sie ins Hotel zurückkehren sollten.

Frank kaufte das in zarten Farben mit einem magischen Widerschein aus unsichtbarer Quelle gewärmte Stillleben. Der Galerist nahm Mayas Hand, um sie galant zu küssen. »Sie haben eine gute Wahl getroffen, meijn moie jonge Dame«.

Draußen vor der Ladentür, die sie beim Schließen mit piepsigen Spieluhr-Glöckchenklängen entließ, umarmten sie sich. In seinen Armen ließ M. ihn fühlen, wie schön sie die Zeit hier in Amsterdam fand.

Im Hotelzimmer packte Maya das Stillleben aus. Es war in die Feuilletonseiten des *Telegraaf* eingewickelt, mit einer Abbildung des Schweizer Dorfs Albinen, das kaum noch Einwohner hat und deshalb Prämien zahlt an Menschen, die sich neu ansiedeln und Kinder zeugen, um dem Bevölkerungsschwund zu begegnen.

Das kleine Meisterwerk verströmte zarte Dünste von Kümmel, Terpentin und Ölfarben-Lösungsmittel. M. stellte es auf den Nachttisch: »Wie schön, es bei uns zu wissen.«

Sie stieg in ihren kurzen, wehrhaft schimmernden Rock. Dann ging sie federnd in die Hocke, öffnete seinen Gürtel, zog ihn aus den Schlaufen mit der ausladenden Geste eines

Musketiers, der den Degen zückt. Sie schob seine Hose von der Hüfte bis unter die Waden und begann, sich mehr und mehr aufrichtend, ihn beinaufwärts zu küssen. Als er ihren Kopf mit seinen Händen erreichen konnte, zog er ihre geöffneten Lippen mit oft geübter Sicherheit zu sich heran. Sie verzögerten das Spiel und sahen sich intensiv in die Augen. »Du bist mein ein und alles, glaube ich«, sagte Maya kaum hörbar, und Frank dachte für Momente, er sei unverletzlich. Alles war gut in dem großen Bett unterm hölzernen Deckenhimmel, hinter ihnen eine indirekt beleuchtete Drahtplastik von Heint Dester, im Flur weiße Gips-Bananen an hauchfeinen Drähten in einer Art Formationsflug, vom schummrigen Licht beschienen.

M. verlangte nach einem Bad, Frank nach etwas zu essen. Wie immer nach der Liebe hatte er einen ihm unstillbar scheinenden Hunger, der sich aber, nach ein paar Bissen, in totale Appetitlosigkeit verkehrten würde.

Im Nebenzimmer knallte eine Tür. Ein Mann schrie etwas sehr Unfreundliches in einer sehr kehligen Sprache. Ein anderer schrie zurück, als sei ihm eine Kommode auf den Fuß gefallen. Dann wurde es still.

In der Mitte der Nacht, die M., wie fast immer, weit von ihm weggerollt, auf der abgewandten Seite des Bettes verbrachte, sah er die Sterne vorm Fenster über der glitzernden Wasserfläche der Gracht. Noch weiter oben, von altmeisterlicher Hand virtuos eingepasst, der blasse Mond wie in Vermeers *Die See bei Blijk*. Er beschien mit seinem fehlerverzeihenden Licht das auf dem Nachttisch an den Fuß der Leseleuchte gelehnte Bild: die mit feinem Pinsel gemalten zwei Vogeleier. Verheißungsvoll, empfindlich – Symbole einer stark wirkenden, sehr zerbrechlichen Liebe.

Dass es solche Momente sind, die Menschen zu glücksfähigen Wesen machen, war mit Franks Philosophie schon immer erklärbar; dass nachtgraue Gefühle unsere Tage versteinern können – das musste er mühevoll lernen. Ein luzider Traum ließ ihn im Halbschlaf sehen, wie unsere Welt sich im Idealfall darstellt, – dieser Traum schien für ihn hier Wirklichkeit geworden zu sein.

Sekunden später aber überschwemmt ihn eine kalte Sintflut. Die Metamorphose. Das letzte große Beben. Ein Albtraum, der den Moment bebildert, an dem alle Liebe sich in Nichts auflöst.

M. scheint zu fühlen, dass Frank in seelische Not geraten ist. Sie ändert ihre Position, schmiegt sich wieder an ihn. Der Chrom-Plug liegt tatenlos auf der geblümten Decke wie ein Catcher mit hochpolierter Glatze auf einem zu großen Badetuch. Eben noch, im Einschlafen, hatte M. ihn, wie das Zepter einer lüsternen Zarin, in der Hand gehalten.

Ihr Atmen verriet innere Ruhe: feines, behutsames Stöhnen wurde begleitet von einem begehrlichen Lächeln. Sie legte traumverloren ihre warme Hand noch einmal um ihn. Dann nahm ihr Griff langsam an Härte zu, um sich endlich ganz zu lösen. Im glücklichen Dahindämmern flüsterte sie: »Morgen … früh … Liebster …«

Vor der alabasternen Mondscheibe bewegten sich zwei feine rosagoldene Wolken aufeinander zu. Himmlischer Kitsch, göttliche Inszenierung. Frau Rössel würde jetzt aus dem kaum mehr gespielten Stück *Höllenschlund* zitieren, 4. Akt, letzte Szene: *Dereinst wird man mich, nachdem ich ohne mein Zutun leicht wie eine Wolke der Welt entflohen bin, an meinen bösen Taten messen. Und rings um die Sterne wird tiefe Finsternis sein …*

*

Zwei Tage hatte Frank in einer von *Ich-vermisse-dich*-Mails unterbrochenen stillgelegten Laune verbracht. Maya kam von einer kurzen Reise nach Schleswig zurück nach Hamburg. Ihre Eltern hatten sie alarmiert, warfen nach vielen Jahren kluger ehelicher Untätigkeit mit Scheidungsankündigungen um sich. Es klang ernst. »Wahnsinn, was die sich zu sagen trauen …«

M. wirkte irritiert, seltsam aufgewühlt auch von ihrer Lektüre, von Camus' *Die Pest*. »Ich habe das Buch nicht zu Ende gelesen und es bei der Ankunft am Bahnhof in einen Abfalleimer geworfen.« Mit ihrem Vater hatte Sie sich gestritten wie nie. »Dabei war er eigentlich immer ein Stimmungs-Zauberer, der aus Schwarzweißem mühelos etwas Buntes machen konnte«. M. war es arg, ihn wegen nichts und wieder nichts aus der Fassung gebracht zu haben und zu sehen, dass ihre Mutter von Versöhnung nichts wissen wollte. »Sie hat wie eine abgelegte Pelzstola mit Marderkopf in ihrem Sessel gelegen und uns beim Kämpfen zugesehen.« Nach einer Pause beendete M. das Thema mit mehrfachem Kopfschütteln. »Ich verstehe das alles nicht. Kapiere meine Eltern nicht. Mich übrigens auch nicht. Mich am allerwenigsten.«

Seine Maya, die den Nobelpreisträger Camus so rigoros dem Mülleimer übereignet hatte, setzte sich zu Frank auf die *Chaiselongue*, nahm seine tatenlosen Hände und führte sie an ihre Kehle, um sie zu umfassen – ihre Geste für Ich-gehöre-dir. In einer ihrer entschleunigten Nächte hatte M. ihm beigebracht, wie er erregenden Druck auf ihren Hals ausüben sollte – erst sanft, liebkosend, dann härter und schließlich, für einen Moment, atemberaubend. Ihre Lust baute sich schnell auf, dann gab er sie frei. Später, sie hatten sich nach einer ihrer Lieblingsspielregeln umarmt, nahm er ihren Hals noch einmal in die Garotte: als stecke eine böse Absicht dahinter, fast so, wie sie auf dem Weg in ihre unkeuschen Traumwelten in unserer letzten Amsterdamer Nacht seine um Anerkennung bittende Männlichkeit behandelt hatte.

Auf der Rückfahrt von Schleswig hatte M. einen Roman von Anais Nin gelesen. Die funkelnde Literatur für erwachsene Mädchen, Spekulationen über Tod und Liebe und Liebestod, hatten sie begeistert. »Ich habe mich, als es Abend wurde und ruhiger im Zug und ich allein im Abteil war, auf dem Sitz eingerollt und vor mir selbst versteckt, während draußen ein unbegreifliches Universum vorüberzog. »Hätte ich mir nicht meine eigene Welt geschaffen, wäre ich bestimmt in der Welt anderer gestorben«. M. zitierte erotomanische Bildnisse der Traumdeuterin Nin wie eine weltbewegende Erkenntnis. Was ganz normal ist für eine denkfähige Schönheit aus der norddeutschen Tiefebene.

XXVI.

Es wird Sternenfinsternis sein

Niemand kann ermessen, was Argwohn für Frank bedeutet. Es ist schrecklich zu entdecken, dass jemand aus der engsten Umgebung an ihn gerichtete persönliche Briefe gelesen hat, um sie danach dilettantisch wieder zu verstecken – eine Beleidigung, mehr noch: eine Sünde, die ein emotionales Fegefeuer voller Verlustangst entzündete. Missachtung seiner Privatsphäre löst seine Seele auf. Seine Seele ist alles, was ihn ausmacht. Mehr hat er nicht.

Seine Maya oder seine Rössel? Wer hat ihn hintergangen?

War es Eva Rössel, die schon zu zittern beginnt, wenn sie die feinen Burgundergläser aus dem Nachlass seiner Mutter Heliane mit der Hand spülen muss, aus Angst, die dünnwandigen Kelche zu zerbrechen. Könnte sie es gewagt haben, seinen Schreibtisch zu durchsuchen und die Briefe zu lesen? Niemals. Unvorstellbar.

Aber Maya, die Frau, mit der Frank all seine Erwartungen für den Rest des Lebens verbindet? Ist alles was seins ist nun auch ihres? Ihre Abmachung: *Du lebst bei mir und mit mir, wir zwei sind eins.* Aber: Seine Briefe sind nicht auch ihre Briefe? Niemals hat sie mich hintergangen, ausgeforscht.

Niemals?

Warum aber bewahrt Maya so gut wie nichts Persönliches in seiner Wohnung auf? Warum hat sie ihm Ihre Wohnung nie gezeigt? Was macht sie während seiner Arbeitszeit an der Uni?

Er muss sich ablenken, Zeit gewinnen. Nachdenken. Erst mal alles nicht so wichtig nehmen. Wie stellt man unverfänglich Fragen, die durch die Antworten Erleichterung verschaffen?

*

Zwischen den entseelt schreienden Supermarktprospektbildern von Billig-Waren, deren Preise allesamt mit Komma-99 enden, als seien Hausfrauen dumm wie Knäckebrot – in diesem Post- und Reklame-Wust lag ein hellblaues Kuvert. In Franks Brust machte sich eine unbestimmte Angst breit. Post aus Rom. Mona Lisa auf der Briefmarke mit Sphinx-Lächeln. Als Göttin morbider Ahnungen zog sie ihn in einen Abgrund.

Maya war leise aus dem Zimmer gegangen, während er den Brief in den Händen wog. Ihre Feinfühligkeit siegte über die eifersüchtige Neugierde. Ihre Sicherheit ließ M. stark erscheinen, gab ihm willkomme Gründe sie zu bewundern. Zugleich blitzte der Gedanke in ihm auf, Maya könne hinter Verstellung und Fehleinschätzung eine wertlose Angst und damit völliges Desinteresse verbergen.

Der Brief kam von Reni. Sie schrieb in wenigen Zeilen, dass ihre Zeit mit ihm für immer vorbei sei:

Ich habe Dich verloren. Für Dich gibt es mich nicht mehr – sempre e per sempre. Ich habe geheiratet, ich ziehe weg aus Rom, in den Norden Italiens. Fort aus unserem Rom. Ich erinnere mich an den Tag, an dem Du mir zu verstehen gegeben hast, dass eine andere Frau in Deutschland auf Dich wartet. Du warst nicht unfair, aber Du hast mir damit wehgetan. Ich danke Dir dennoch für die römischen Nächte, für die Stunden in Harmonie, voller lachender Aufregung. Danke für Deine guten Taten, die mich bewegt und beglückt haben. Sie haben meine Sicht auf meine eigene, viel zu enge Welt verändert. Danke dafür, dass Du verrückter Philosoph der Künste mein Rom (das viel mehr Dein Rom ist) so bewundert und es mir auf Deine Weise nahegebracht hast. Du warst wie ein Hirte, der eines seiner Tiere besonders liebt. Du weißt, dass manche Schafe starke Individuen sind. Sie können echte Freundschaft entwickeln, ja sogar etwas wie eine genügsame Liebe. Das Arme-Leute-Bild aus dem Schlafzimmer meiner Nonna zeigt einen bildschönen Jesus. Er trägt ein kleines schneeweißes Unschuldslamm auf seinen Schultern. Du hast Dich auf Deine verdammt selbstsichere Art lustig gemacht über meine Anbetung dieser naiven Szene, die mich seit meinen Kindertagen tröstend begleitet. Dein spöttischer Kommentar hat mich damals sehr getroffen. Vielleicht bin ich ja Dein Schaf gewesen, angepasst, aber neugierig und fähig, Mimik und Gesten meines Menschen zu lesen und zu deuten. – Inzwischen habe ich einen neuen Schäfer. Er ist, wie Du, ein Verrückter, ein Egomane, ein dummer Weiser. Halb Franzose, halb Tunesier. Ein Turnschuhproduzent. Ich habe ihn im Affekt geheiratet, nur um Dich zu vergessen. Ich fürchte, die Ehe wird nicht zu einem Langstreckenlauf. Aber sie entfernt mich von Dir und schützt mich dadurch vor den unsichtbaren Strahlen, mit denen Du mein Herz verbrennst, wenn ich an Dich denke. Es ist mir klar geworden, dass ich nichts weiter als der Beifang im Netz Deiner vielen Eroberungen war. Ich wünsche Dir ein Leben in einer immergrünen Landschaft, voller blühender Wiesen, mein geliebter Schäfer. Und ich wünsche Dir Glück, obwohl es mir Schmerzen bereitet, dass Du mit einer einzigen Frau Dein Leben leben willst – falls Du nicht verrückt wirst, der Welt entrückt, unfähig, all die entzauberten Lieben Deines Lebens in verblassenden Erinnerungen mit Dir zu tragen.

Arrivederci, caro Professore.

Reni.

PS.: Das war der dritte Versuch, Dir mit einem Brief zu sagen, was ich eigentlich nicht ausdrücken kann. Was wie verbaler Weltraumschrott um den Erdball meiner verlorenen Liebe kreist. Er wird erst dann in der Atmosphäre verglühen, wenn er einst abstürzen und nicht länger ein Satellit meiner von Dir herzlos verlassenen Welt sein wird.

Der Brief raubte Frank den Atem. Obwohl die römischen Begegnungen mit Reni zu seinen schönsten gehörten, obwohl er sie fast mühelos verdrängt zu haben glaubte, obwohl ihre Liebe ihn immer wieder für Momente bewegte – jetzt hatte *sie* den Schlussstrich gezogen und damit seine Eitelkeit verletzt und auch sein Gefühl, dass sie zu den seltenen Frauen gehört, mit denen er sich ein Leben vorstellen konnte. Besonders wegen Rom.

Dass Frank seinen Platz für einen tunesischen Turnschuhfabrikanten aufgeben musste, erschien ihm jetzt doch ... ach was; vorbei ist vorbei. Es ist wie es ist. Keiner hat sich selbst gemacht.

M. spürte, dass Frank von einem fremdgesteuerten Melodram aufgewühlt worden war. Hilfreich ließ sie ihn links liegen. Von Reni hatte er ihr nur beiläufig erzählt. Deshalb war die schöne Römerin uneingestanden eine Option geblieben. Jedenfalls für einen wie ihn, den »Mann ohne Rückgrat und ohne Moral«, wie Prinzessin Roy ihm »vorbehaltlich einer Änderung seiner Umgangsformen« auf einem Kärtchen attestierte.

*

Frank hatte in Sachen Leibesertüchtigung Anny lange nicht mehr besucht. Ihre Physio-Folter und ihr bisexuelles Vagabundieren wollte er sich, bei allem Interesse an der Trainerin, dann doch nicht mehr antun. Vor allem der Raubbau an seinem männlichen Selbstwertgefühl hatte Frank von ihrem Netzwerk ferngehalten.

Und jetzt diese Begegnung in der Stadt: Anny, Arm in Arm mit einer Freundin vom Typ Natalie Wood in jungen Jahren, deren wache silbergraue Augen ihn auf Anhieb bezauberten. »Das ist«, stellte Anny ihn vor, »einer der Typen, die die Ehre mit mir hatten, obwohl es ihm an Muskelmasse fehlt ... Ja. Und das«, sie wies mit bühnenreifer Geste auf ihre Freundin,

»ist Flora, die ich so lange in meinem Studio trainiert habe, bis ich sie wie eine reife Frucht von der Kletterwand pflücken konnte. Bevor du nach Jazzy fragst, sie ist in die verblasene Heterowelt zurückgekehrt, war auch gut so, ihr fehlte einfach der Biss ... Ich glaube, ich rede wieder mal Schmonzes.«

Sie grinste ihr breites ephemeres Grinsen, das Frank hellauf entzückte: Ein Bizeps-Luder, auch gut fürs Lachmuskeltraining. Allzeit bereit zuzuschlagen. Schlagfertig eben ...

Flora, an der Kurzfassung von Annys mäandrierendem Lebenslauf der letzten Monate nicht besonders interessiert, hielt ihre Augen lauernd auf ihn gerichtet: Was weiß der Kerl von Anny, was meint sie mit »er hat die Ehre mit mir gehabt« und: was soll jetzt aus uns drei hier auf der Dammtorstraße werden?

Anny schaute konzentriert, professionell wie eine Sprengmeisterin vor dem allesentscheidenden Zündungs-Akt. Sie empfand die Situation als spannend. »Dieser Mann«, sagte sie mit ihrem appetitlichen Meerjungfrauen-Charme, »hat mich ganz schön geknallt. Er ist ein gutwilliges Fitnessopfer. Zahlt immer cash. Ideal für Frauen, die bestimmen wollen, wo es mit einem Typen wie ihm an meinen Geräten langgeht.« Dabei zeigte sie mit ihrem blaugelackten Mittelfinger auf Frank.

Flora wand sich vor Peinlichkeit. »War schön, Sie kennenzulernen«, sagte sie etwas zu verzagt und zögerlich. Anny korrigierte: »Quatsch, komm, wir nehmen ihn mit. Er bestellt uns zwei fette *Smothies*, zahlt cash wie immer und kriegt dafür unsere Story erzählt. Sowas macht ihn tierisch an. Gelebte

Kommunikation, wie man so sagt, da steht er drauf. Er ist ein verkopfter Schlaumeier. Wenn ich eines sicher weiß, dann das.«

Die silbernen Augen verschwanden unter den pastellschimmernden Lidern, die Wimpern flatterten unkoordiniert und der Kopf, leicht schräg gelegt, nickte zweimal nach Sklavenart. Dann sagte Flora erstaunlich fest und deutlich: »Ok, den will ich kennenlernen. Wo gehen wir hin?«

Anny antwortete nicht und zog Flora und Frank ins *Caffamacher*. »Eigentlich habe ich gar keine Zeit«, sagte er halbherzig, aber schon im Abschleppmodus. Ich muss zu einem Notartermin … »Gut, Mann, du wolltest sicher dein Testament zu meinen Gunsten ändern. Hat er mir nämlich mal versprochen, als er mich noch knacken wollte, der geile Millionär!« Sie sah beim Eintreten in das kleine Café mit kurzsichtigem Verschwörerinnenblick zu der deutlich größeren Flora auf, die sich auf ein Spiel einzulassen schien. »Na, dann. Mal sehen, was draus wird. Der Notar kann sicher warten, alle Notare können das, sie haben doch den langweiligsten Job der Welt.« Floras kurzer brauner Pferdeschwanz wippte amourös, umspielte naschhaft ihren muskulösen Nacken. Man konnte ihm ansehen, dass er den schlauen Kopf auf einem starken Körper trug. Ein blutrotes Tattoo mit dem Namen *Sophia* auf einem Amor-Pfeil gab Frank ein Rätsel auf, dessen Lösung ihn aber schon im nächsten Moment nicht mehr interessierte.

Er war wieder unterwegs auf alten Pfaden. Seine innere Stimme, verlogen wie Donald Trump, bejubelte seine Inkonsequenz: *Du siehst, ich habe recht behalten.*

Frank verachtete sich dafür. Die durchtrainierte Anny mit ihrer neuen Gefährtin, von der er nichts wusste, außer dass sie beide mit dieser Fitnesstrainerin mal was hatten – ein reichlich schwacher Plot für den Fortgang der Geschichte, auch wenn mit einem von ihnen die fesselnde Aktion an den Turngeräten stattgefunden hatte, die geeignet war, sich ins männliche Langzeitgedächtnis einzugraben. Der silberne Ring in Annys Schoß jedenfalls hatte in seinem Kopf ein unauslöschliches Bild kreiert. Ob sie ihn noch trägt – oder wieder, jetzt für Flora?

Nun saßen sie an einem kleinen runden Tisch, tranken Espresso und stilles Wasser und wussten nichts Essentielles mit sich anzufangen. Bis Flora auf ihrem Stuhl nach vorn rutschte, Frank mit den grauen Anatomiebuch-Augen fixierte und sagte: »Ich habe sie ganz anders in Erinnerung! Aber wirklich – komplett anders. Älter, faltiger und, ... ja, auch ... bisschen weniger chic.«

In Franks Kopfkino startete ein Bilderreigen wie aus einem *Comic*, gefolgt von einem rasant ablaufenden Film aus Standbildern. Dann ein Erinnerungsschimmer: Flora war die große Studentin mit dem klaren Blick unter ständig gesenkten Augenlidern, sie stellte Fragen über Fragen, nicht dumm, kein Kinderkram, die Hände dabei im Gesicht abgelegt, *aha, ja – verstehe: Darf ich sie in ihrer Sprechstunde nochmal darauf ansprechen ... und, wäre das nicht ein Thema für meine Magisterarbeit? ... ach so, ja. Alles klar.*

Sie kannte Ulla Berkéwicz' geniale *Orientierung in vergleichendem Fanatismus* fast auswendig. *Vielleicht werden wir ja alle verrückt* avancierte zu ihrem Katechismus. Frank hatte seinerzeit Mühe, Floras Angst vor dem Wiedererstehen Tausendjähriger Reiche zu verstehen und tat deswegen ihre Argumente als *Noch zu beweisen* ab. Der Lehrer – ein hilfloser Helfer.

»Sie haben mich damals an der Uni schnell aus den Augen verloren«, setzte Flora ihre Schuldzuweisung fort. »Oder besser: sie haben mich aussortiert. Dabei war ich ihnen nah und habe versucht, zu zeigen, dass ich mehr draufhabe als andere. Ich hätte ihnen gern geholfen, mich zu lesen, mich zu verstehen, mich anzunehmen. Ich wäre gern in ihren Lebensraum eingedrungen. Bis sie mit der überhitzten Dozentin Drüffels auf dem Flur das krachende Notizblock-Aufsammelspiel gespielt haben … um sich dann mit ihr in ihrem Kabuff zu verkriechen. Ich konnte alles genau beobachten. Erstarrt. Bewegungsunfähig. Wie eine Delinquentin, deren Todesurteil vom Scharfrichter routinemäßig und ungerührt verlesen wird.«

Anny nahm Flora in den Arm. Ein unkontrolliertes Ächzen kam aus ihrem schmalen Mund. Sie schlug provozierend langsam die Beine übereinander. So konnte er sehen, dass sie den Ring noch immer trug. Sie registrierte meinen indiskreten Blick. »Für Flora«, huschte ein Hinweis über die ungeschminkten Lippen dieser sonst so robusten und selten in Erklärungsnot geratenden Frau.

»Flora«, sagte ich. »Lassen Sie uns ein andermal über ihre … über unsere … die gemeinsame … so bewegende akademische Vergangenheit und mich reden. Ich muss jetzt wirklich zum Notar …«

»Nein, wir reden jetzt! *Jetzt!* Der Zufall hat uns unter diesen Druck gesetzt. Es gibt ja auch nicht mehr viel zu sagen. Ich habe in Düsseldorf mein Studium beendet und promoviert. Bei Volker Vegesack übrigens, der Ihnen sicher als unrühmlich vorbestrafter Kollege bekannt ist: Erotomane. Unzucht mit einer Abhängigen und überhaupt. Mein Diss-Thema war *Vernichtungsszenen in mittelalterlichen Bildern und Der destruktive Kosmos psychisch kranker Maler.* Summa cum bei Vegesacks Nachfolger. Immer wieder habe ich seinerzeit an sie gedacht: was würde *Berenberg* dazu sagen, wie würde *er* die Arbeit bewerten, würde *er* sich angesprochen fühlen oder gar animiert ... Ich habe von da an mein Leben nicht mehr mit Männern vertan, habe mich Frauen so erlöst zugewandt als sei ich immer schon genetisch lesbisch gewesen – und ich habe mich frei gemacht von den blöden Versuchen, nach einem konservativen Lebensplan zu leben. Mit Anny bin ich in einem Heute angekommen, das hart ist und schön. Unser Dachboden mit einem animierenden Andreaskreuz und einem hässlichen Hinterhofblick auf die aufgelassene Senffabrik *Scharfmachers Söhne*, ja, ist komisch – ... hat Sehnsuchtspotential. Ich bin mir sicher, ich werde mit ihr ...«

Jetzt mischte Anny sich ein. »Die Frau Doktor wird mit mir älter, reifer und noch klüger als sie schon ist. Geht aber kaum mehr! Und wie sie's mit mir treibt, Mann! Einmal aber hat sie sich in einem wilden Traum laut und deutlich bei dir beklagt: *Hey, Prof, mach weiter so ...* Es ist mir damals schon schwergefallen, nicht eifersüchtig *zu* sein. Ich habe ihren Traumwunsch als Wunschtraum mit ihr nachgespielt, war richtig großes Kino, glaub' mir!«

Der Notartermin war dahin. Frank saß wie ein streng angeleinter Königspudel im *Caffamacher* und hoffte auf eine Idee für einen schnell realisierbaren, und doch plausiblen Ausweg.

Flora erteilte, ernst und schnippisch zugleich, eine Art von Absolution: »Träume sagen nichts! Niemand hat mich je wieder durch Ignoranz verletzen können. Männer strafe ich mit genau der Missachtung, die sie mir gegenüber zeigen. Der kleine Flogger gehört seither in mein Repertoire – vor allem im Kampf gegen mich selbst. Ich habe mich verloren und dann endlich wiedergefunden. Ich bin sicher, dass Cathérine Millet recht hat mit ihrer Weissagung: *Wir machen – ohne zu ahnen, weswegen wir es tun – die Nacht zum Tag, weil wir es nicht ertragen, dass fremde Mächte uns umarmen*«.

Anny, sonst wirklich kein Kind von Traurigkeit und eher handfest als larmoyant, strich sich affektiert ein paar Tränen aus den Augenwinkeln. Flora nahm einen zweiten Anlauf, um ihre Philippika zu beenden: »Ich habe mich damals erkundigt, ob sie einmal nach ihr gefragt haben. Antwort negativ, hatten sie natürlich nicht. Ich plante sogar, eine hinterhältige Absicht, ihre Affäre mit der Kunstdozentin Drüffels anonym anzuzeigen. Ich habe es dann nicht getan, weil ich davon überzeugt war: Der Berenberg ist nicht normal und ein Ignorant. Aber seit Anny mir von ihren durchgeknallten Trainings-Einheiten mit ihnen erzählt hat, ist das für mich abgehakt, bewältigte Vergangenheit, sportlich bewältigt sozusagen.«

Flora endete wie eine geübte Souffleuse, der dramatische Schluss-Sätze nur wenig Atem und nur kleine apotheotische

Gestik abverlangen. Mit leeren, aber sehr schönen, porzellanhellen Augen saß sie vor ihm. Sie erinnerte ihn an die Doni-Madonna, die ihm in seinem Alptraum im Bett der Taxifahrerin erschienen war. In einem Wandspiegel sah Frank, wie Anny ihre harten Turnerinnen-Hände entgeistert vors Gesicht schlug.

Benommen stand er auf, schaute die zwei Frauen wortlos an, machte eine hilflose Geste und ging.

Es dauerte lange, bis er mit Floras Geschichte einigermaßen umgehen konnte. Maya hat nichts davon erfahren. In einem Brief an Anny hat er sich bemüht, sich in Politiker-Rhetorik als reumütigen Verlierer zu beschreiben, der dennoch den Lorbeer des Siegers verdient hat. Einer Antwort hat sie Frank nicht gewürdigt. Immer mal wieder kommt ihm Annys ringbewehrter Schoß in den Sinn. Er gehört jetzt Flora. Ende der Affäre.

*

Esther hat Holm geheiratet. Der Chef des Medienhauses und die bunte, lebenslustige Mitarbeiterin, die ihm angeblich stets Zugang und Inbesitznahme verweigert hat. Frank erfährt es am Tag seines neuen Wohlstands nach dem Verkauf des Gemäldes aus dem Hause Roy. Die gewaltige Gewinnspanne, mutig auf den Schätzpreis aufgeschlagen, bleibt bei ihm und dem Kollegen Friedrich Fest, der sich wegen weiterer Deals bereits mit ständig neuen Verkaufsavancen konfrontiert sieht. Frank hat das Makeln satt, auch wenn ihm das Geld den oft ersehnten weichgrundigen Vorruhestand ermöglichen würde. Vielleicht wird er die Sache anders sehen, wenn der Erlös aus dem Verkauf von Jan Bettenhems *Schnitter im Hochsommer* ausgegeben ist. Noch lebt er mit Maya in zielloser Leichtigkeit dahin; beide nehmen ihre Erlebnisse als stark wirkendes Aphrodisiakum.

Nach dem Untergang seiner physischen Freuden bei Anny entzog er sich für zwei Wochen dem Tagesgeschäft: Die Uni ließ sich weiterhin nebenbei abwickeln, besonders weil der Geldsegen sein Selbstwertgefühl deutlich verbessert hatte. Vor allem aber machte M. aus Frank einen lebenssicheren Mann. Sie entführte ihn in die duftenden Gärten ihrer Zärtlichkeiten und versorgte ihn mit allem, was er benötigte, um im Hier und Jetzt zu bestehen: Der universitäre Lug-und-Trug-Kram verschwand in der Kulisse ihrer Glücksspiel-Liebe und verursachte – zu seinem größten Erstaunen – kaum Entzugserscheinungen. Ab und zu entblätterte sich seine Gedankenwelt, die Gedichtzeilen vom *Land in meiner Seele* stahlen sich aus seinem Kopf davon und ließen sich neben ihm nieder, wie Gedichte sich eben auf Leser einlassen: als stille Partner, als bewegungslose Mentoren voller Kraft oder als robuste Gedankenstützen. Maya sagte dann: *Was ist mit dir? Fehlt dir was? Denkst du an die vielen Frauen deines liederlichen Vorlebens?* und nahm sein Gesicht zwecks Absolution in ihre langgliedrigen Hände um es zu küssen. Später legte sie eine CD mit den Goldberg-Variationen auf, zog ihren Slip unterm Faltenrock hervor, ließ ihn wie ein ortsfremdes Einstecktuch aus seiner Jackentasche hängen und sagte mit gravitätischem Lächeln: *Ich warte schon den ganzen Tag darauf.*

Das Edelsteingefunkel ihrer Augen verzaubert Frank. Es scheint all seine Vergehen (und die ihren) zu tilgen. Es radiert in seiner Biographie die unsäglichen Momente der bloßen Jagd nach schnell zu triggernden Gefühlen aus. Es löscht Bilder der Brüste und Münder und der weichen, feuchten Installationen zwischen willig gespreizten Schenkeln. Im Sonnenuntergang erfand er für M. und sich eine Formel, nach der sie das auf der Insel in Kanada begonnene neue Leben zukunftssicher machen würden: *Jeder Tag wird als unser Tag angenommen, wie dunkel oder hell er sich auch zeigt.*

Ihre schöne Dankbarkeit machte ihn stark, sicher und glücklich. Es war wie in einem Lug-und-Trug-Roman – glaubhaft zwar, aber doch auch so, als habe ein höheres Wesen sich das alles für sie ausgedacht. »Gut, dass Chefdramaturg Gott dieser seiner Erde und der verderbten Menschheit noch nicht enttäuscht den Rücken gekehrt hat«, sagte M. und vergrub ihr Gesicht in den Kissen. »Ach, ja?«, fragte er. »Man sollte das Leben genießen, wie es ist. Aber man darf es nicht so lassen. Auch wenn es besonders schön ist – wir müssen ständig umlernen, um es davon zu überzeugen, dass es uns all seine Wandlungsfähigkeit als etwas Belebendes zeigt.« M. sagte diesen Satz flüssig, wie nach Texten von Karl Kraus auswendig gelernt. Sie hob dabei den Kopf stolz aus ihrer Kissenhöhle. »Findest du mich eigentlich klug?«

Frank antwortete nicht. Er atmete lustvoll ein, was an gesättigtem Lockstoff federleicht von ihrem wohlig erschöpften Körper aufstieg. Hätte ihm jemand gesagt, dass eine Frau nach der Liebe ein so wunderwirkendes Parfüm verströmen kann – er hätte es vielleicht für möglich gehalten, zugleich aber die Sorge gespürt, der von morphinähnlichen Peptiden gebildete Sog könne schnell wieder verfliegen …

XXVII.

Unerforschtes Gebiet

Nach einem, wie soll man es nennen? – einem weihevollen Gespräch an der Uni mit Jonas Gentscher zum Thema »Künstliche Dummheit« war Frank zumute als sei er nackt und am Ende seiner Kräfte an einen flachen Strand gespült worden. Der Kollege überschüttete ihn mit Ergebnissen seines Forschungsprojekts *Menschengehirn versus Roboter*, phantastisch und abwegig zugleich, immerhin: etwa 86 Milliarden Nervenzellen toben sich in unserem Denkzentrum aus. Die neuronalen Netze darin sollen, so predigt Gentscher und wendet sich mutlos der Betrachtung seiner abgekauten Fingernägel zu, ungezählte Querverbindungen herstellen können. Meisterlich, grandios. Sicher – für Forscher ein unendliches Feld. Liebe macht mehr Sinn, wenn man sich von der künstlichen Dummheit fernhält. Von Gentscher, der beim Dozieren gern ungeniert in der Nase bohrt, fühlt Frank sich immer übervorteilt: Seine Morgen-ist-alles-anders-Thesen nehmen Frank zwar gefangen. Sie mutieren aber zu gefährlichen, bedrohlichen Bildern in seinem grundlos heiteren Kopf, der die 86 Milliarden Nervenzellen nur partiell zu nutzen vermag: Um sich neu zu organisieren, braucht er nur eine Wendung in seinem Leben, das sich heute anfühlt, als habe jemand einen Schalter umgelegt und ein neues Programm aufgespielt. Übrigens hat Gentscher vor Jahren schon gewarnt vor einem Virus mit bösen Mutanten, das uns alle lehren könnte, wie machtlos es uns Machtmenschen machen kann. Er hat es laut und deutlich gesagt – jedoch: keinem, der es hörte, wurde angst.

*

Franks persönlichem Befindlichkeitswunder gibt ein erstaunlich offener Brief aus Kanada weiteren Auftrieb. Tess schreibt an Maya und Frank, das für sie beglückendste Paar, sie denke jeden Tag an die beiden. In ihrer engen Welt der weggesperrten (sie benutzt das Wort *petrified*, also *versteinerten*) Migranten aus dem Weltall gäbe es jetzt einen Mann mit greifbaren Werten. Er sei an ihrer Seite und werde da auch bleiben. Sie habe ihm mutig erzählt, was damals in der ominösen Sturmnacht auf ihrer Insel passiert war. Geglaubt habe der untadelige Mann die Geschichte nicht. Er wollte den Höllenritt nicht kommentieren, habe aber eine dreiblättrige Blüte auf ihr Kopfkissen gelegt. Ein Poet sei er, fähig, in wenigen Worten ihrer bescheidenen Welt einen Sinn zu geben. Sie sollten wissen, dass ihr Schneckenhauskosmos überfüllt sei von Erinnerungen an ihre Zeit auf Fogo. Ob sie einmal wiederkommen wollten?

Mit ziehendem Schmerz im Herzen hat Frank sich entschieden, Tess nicht zu antworten. Sie bleibt, ein kanadisches Trugbild, ein Schemen im Bilderreigen seiner ihn zerfasernden Erinnerungen. Arm, aber stark und seltsam weise. Ein animalischer Mensch, dem nicht einmal Jonas Gentscher in seinem ohne Fördermittel arbeitenden Forschungslabor *Künstliche Dummheit* ein Schnippchen schlagen könnte. Falls er mit Tess nicht auf immer und ewig in den Tiefen eines erotischen

Eismeers versänke. Frigiditäts-Forschung war schon immer etwas für besonders wagemutige, zerstörungsbereite, coole Illusionisten, die die Kollision mit einem Eisberg nicht fürchten. Er verbirgt bekanntlich den Großteil seiner Masse unterm Meeresspiegel, nur ein Siebentel ist über Wasser zu sehen.

*

Die unvollkommene Schönheit einer Frau, kokette Anmut, friedfertige oder auch eine kriegerische Ausstrahlung, ihre gedankenverloren dahingesagten Verheißungen und ihre absichtsvollen Ablenkungsmanöver wecken Frank innerhalb eines Augenblicks aus seinem lästigen, oft lähmenden Alltagswerk. Wenn die Geliebte einen Kuss auf ihre Stirn umwandeln kann in formvollendete Sprachlosigkeit, spürt er sich, taucht ein in Bilder eines luziden Films, der in erschreckend naher Zukunft spielt. Frank weiß dann nicht, was mit ihm los ist. Vereinsamt schaut er auf sein überfrachtetes Dasein.

Eine Furcht aus unerklärlicher Sorge und Vorahnung ergreift ihn, wie schon so oft. Sein mutiger Plan: Er könnte M. verlassen, ehe sie ihn beiseiteschiebt. Man könnte dem schönen Sein ein Ende bereiten – eine Art von Mord mit billigem Motiv: Sehnsucht nach Erlösung aus einer Abhängigkeit durch zu große Liebe. Frank, überwältigt von seinen großen Gedanken, schreibt in sein Tagebuch: *Mehmed II., Sultan des osmanischen Reichs, hat es erprobt. Nachdem er sich unsterblich in eine seiner Harems-Schönheiten verliebt hatte, befahl er deren Tötung. Nur, um nicht abhängig von ihr in geistiger Knechtschaft leben zu müssen. Selbst die Weisen seines Hofes, denen er sich offenbarte, konnten der lieblosen Lösung nichts abgewinnen.*

Damit tauchte er in wirre Träume ein, ehe er am nächsten Tag in Süddeutschland lernte, die Umkehrbarkeit eines solchen mörderischen Diktatorengebarens am eigenen Leib zu spüren. Wer unfähig ist, Liebe in all ihrer Unwägbarkeit zu ertragen, sollte sie aus dem Programm nehmen. So einfach ist das, sagt die Rössel und lacht.

Lieber S.P. Wolff, fein, fein, fein die Volte in dem Brief von Tess mit der Frage nach einem Wiedersehen. Reine Rhetorik, und damit gut so. Ich begleite Ihren Text mit einem Gefühl subalterner Zuneigung, auch wenn mir nicht alle ihre Figuren konvenieren. Muss ja nicht sein, ich bin nur der Verleger ... Jetzt aber Endspurt, mein Lieber.

Und bitte: 340 Seiten und keine Zeile mehr!

Wir sehen uns bald? Ihr M.

*

Am Empfangstisch beim *Abend der Forscher* in der Nürnberger Meistersingerhalle saß eine junge Frau. Das kleine Schild mit dem Namen *Joana* lag wie ein notgelandetes Leichtflugzeug über ihrer linken Brust. Aus dem nur halb gefüllten Saal rieselte vielstimmiges Gerede. Joana sah Frank mit verzeihenden Augen an, nicht wissend, dass er regelmäßig absichtsvoll zu spät kommt. Ihr leuchtender Blick gab ihm zu verstehen, was er verstehen wollte: dass die Wichtigen immer zuletzt erscheinen. Dann reichte sie ihm seinen Gasthörer-Ausweis: »Schön, dass Sie da sind, Professor Berenberg«. Ihre Hand berührte leicht seine Hand, aber auch seine Seele.

Frank hatte sich schon auf das Thema des Abends eingestellt: *Architektur des Paarlebens – Gibt es Baupläne für ewige Liebe?* Sein abgehetztes, irritiertes Ich, das die Lage erspürt und unbeirrt analysiert hatte, drohte: *Du wirst dich hüten!* Das Bild einer fiebernden Frau im fernen Hamburg tat ein Übriges: Die Gedanken an die kranke Maya lenkten ihn sofort ab von der Bedrohung.

Hinterm Willkommen-Counter war das dunkelhaarige Mädchen von seinem langbeinigen Hocker aufgestanden und sah ihn in Augenhöhe an: »Was machen wir nach dem Abend der Forscher? … Wir erforschen … *uns*, möchte ich vorschlagen. Oder bin ich zu dreist? Wenn ja, dann – Verzeihung!«. Von einer wirren Fremdsteuerung angeleitet nickte er mechanisch wie einer der kopfwackelnden Verbrauchs-Checker-Dackel, die neben einem Honecker-Hut in Spießer-Autos ihr unstetes Leben fristen. Am liebsten hätte er die Scheibe des Feuermelders eingeschlagen und den Alarmknopf gedrückt: Kleiner Weltuntergang voraus, erste Szene, Brandgefahr, alles auf Anfang. In einer plötzlich tonlosen Umgebung aus Watte formierten sich zwei Hauptdarsteller und begannen das Stück ohne Drehbuch zu spielen. Joana und Frank. Frau Rössel schaltete sich ein, aus dem Irgendwo kommentierte sie: *Bei der Partnersuche geht es nicht um Ehrlichkeit, sondern um Sieg. Ein Partner ist der Hauptpreis im Leben.*

Frank war irritiert. *Du liebe Güte, Rössel. Verduften Sie! Sie stehen im Weg!*

Joanas entrücktes Lächeln, die Verführerinnen-Augen hinter der massiven Brille: Also gut, alles auf Anfang. Der Fatalist in ihm kapitulierte. Wieder einmal. Er haßte sich und lächelte einvernehmlich.

Ein kalter Hauch wehte durch den weiten Vorraum, die gewaltigen Wandleuchten in Muschelform wurden wie von unsichtbarer Hand aus einem zugigen Schnürboden gedimmt. Als sei er ferngelenkt betrat Frank den Saal, setzte sich in die letzte Stuhlreihe und – begann jemanden zu vermissen, den er gar nicht kannte.

Nachdem der Tagungsleiter an den verstorbenen Michael Lukas Moeller erinnert hatte, den genialen Psychoanalytiker aus Giessen, trat Jörg Machnik ans Rednerpult. Der Schweizer Kollege, Verwalter gigantischer Euro-Forschungsgelder, trat fast schüchtern vors Publikum. Während das monotone Gerede verebbte, nestelte er am Mikrofon, als sei er nur zu diesem Zweck hergekommen. Er stellte es auf Mundhöhe, klopfte maniriert mit abgespreiztem Mittelfinger dagegen und räusperte sich kunstvoll, aber zu nah am Mikro. Donnergrollen aus den Lautsprechern im Saal. »'tschuldigung! Der Mensch und die Technik! Jetzt aber: Nochamal! Guat'n Abig ... und Sallüü! Ich bin der Jörg Machnik, der todernste eidgenössische Psychoanalytiker aus Bern, der sie aus dem Programmheft so nichtssagend anlächelt ... Ja ... Ich lächle ungern für Fotos.«

Die von Studenten und Fachkollegen bewunderte Koryphäe stieg mit Vorlesungs-Gewichtigkeit ins Thema ein: »Ähnlichkeit und Kompatibilität der Konstruktsysteme von Partnern«, sagte Professor Machnik mit schönem Eidgenossen-Timbre, »sind wichtige stabilisierende Grundlagen von Lebensgemeinschaften. Sie machen aber nicht wirklich das Faszinierende der Liebe aus.« Machniks Vortrag enthemmte Frank. Er begann sich mit zaghaften Kopfbewegungen im Halbdunkel umzusehen. Warum nur hatte er Joana nicht in den Saal eingeladen? Neben ihm waren Stühle frei.

»Man greift sich an den Kopf und fragt: wie konnte ich bloß?«, dozierte Machnik. Klar, er begann, über einen wie Frank Berenberg zu sprechen. Der fühlte sich als Demonstrationsobjekt, als Versuchstier. »Der zündende Funke der Liebe springt nur über, wenn zwei Menschen von der Hoffnung erfüllt werden, miteinander in neue Lebensräume vorzustoßen zu können, um vieles, was sie in langer Wartezeit ersehnt haben, endlich zu verwirklichen ...«

Frank spürte sich von Moschus angehaucht. Eine Hand legte sich schwebend leicht auf seinen Arm. Darüber Machniks sonore Stimme mit dem vertrauenerweckenden Berner Anklang, gut getaktet, von der überlegenen Ausdrücklichkeit des niemals irrenden Experten geprägt – aber plötzlich sehr fern: Joana hatte sich neben ihn gesetzt.

Als hätten sie es verabredet standen sie auf und gingen, wie aus dem Stellwerk des Schicksals ungefragt-einvernehmlich auf die Reise geschickt. Sie waren dabei, unerforschtes Gebiet von unbestimmbarer Größe zu betreten. Gefahr im Verzug. Jetzt nur nicht den Arm um ihre Schulter legen. Nicht denken: was könnte ich sagen? Ja keine Frage stellen ...

Alle Initiative geht von niemandem aus. Wie in Zürich nach dem Konzert der Geigerin.

Ein Taxi hielt neben den beiden an. Noch ein *Déjà-vu*: Psychische Ausnahmesituation mit einer entschlossenen Fahrerin, bereit für eine Rettungsfahrt. Wie damals in Hamburg, als die resolute Amateur-Verhaltensforscherin Hilda Manstein ihn entführt und wiederbelebt hatte – für kleines Geld.

Die Nürnberger Taxi-Frau empfahl den beiden Gestrandeten ein »echd frengisches« Restaurant, das den für empfindsame Menschen appetithemmenden Namen *Zum Näpfle* im Schilde führte. Es roch darin nach einer von Hundebesitzern regelmäßig heimgesuchten Stammkneipe; die Speisekarte lag klebrig in der Hand. Um diesen Ort hatte die Gastro-Evolution einen weiten Bogen gemacht und sich einen bösen Scherz mit der Generation der Wörschtla-Esser erlaubt.

Joana sah ihn schuldbewusst an. Das *Näpfle* löste sich in Nichts auf, der miese Geruch wurde von ihrem Moschusparfüm ausgelöscht, sein Hals verengte sich. »Allmächt«, sagte die kompakte Bedienung, »sie ham ja noch gar ned abgleecht!« Kopfschüttelnd ließ sie die beiden in selbstgewählter Isolation zurück. Joanna nahm seine Hand. Er spürte den Weltuntergang heraufdämmern, seine Lust übernahm die Führung. Joana sagte: »Komm, wir gehen«.

Die Bedienung im schmuddeligen Schürzenkleid mit Muschel-Muster schien zu ahnen, was die beiden bewegte. »Nee, nee, nee!« gackerte sie und »Mann, Mann, Mann!« Frank erleichterte ihr den Abschied mit einem nagelneuen Zwanziger. Im Gegenzug drückte sie die nikotinverfärbte Taxiruf-Taste neben dem Rauchbier-Zapfhahn und dem

Zinntellerstapel, der hier wohl schon seit den fränkischen Eroberungen des Schwedenkönigs Gustav-Adolf aufgetürmt stand.

In Franks Hotel umschwärmte eine kunterbunte Versammlung von italienisch sprechenden Gästen das unbeeindruckte Paar. Ein Mann sagte sich gerade entschieden los von seiner Gruppe: *Non di nuovo queste salsicce di Norimberga – Nicht schon wieder Nürnberger Bratwürste!* Im lombardischen Dialekt klingt das fröhlicher als es gemeint ist.

Joana betrat Franks Zimmer zurückhaltend, mit tastenden Schritten. Der Raum hatte schon bessere Zeiten gesehen. Ein goldgerahmter Dürer-Druck des schwer gepanzerten *Rhinocerus* von 1515 unterstrich den Eindruck schwerer innenarchitektonischer Gemeinlast. Frank schloss die Tür, Mehmed II. blieb außen vor. Der Osmane signalisierte mit einer flachen Hand am Hals, wie ein mächtiger Mann sich vor tückischer Liebesabhängigkeit zu bewahren hat.

Das Mädchen hatte sich im Mantel auf das Bett gesetzt, ihm zugewandt, wortlos. Die beiden wussten nicht, wie sie den Knoten lösen sollten. Joana begann von sich zu erzählen, von ihrer Reitbeteiligung an einer bockigen siebenjährigen Araberstute; von einer enttäuschenden Reise nach Bosnien; von ihrer irrationalen Angst vor falschen Entscheidungen; von einem rotbärtigen Mann, der sie am Empfangstresen in der Meistersingerhalle eingeladen hatte, nackt Modell zu sitzen; von dem Grauen, das in ihrer Brust schmerzt, wenn sie sich den Untergang der *Titanic* vorstellt; von ihrer Liebe zu schönen Erlebnissen mit erfahrenen Männern, die sich die weite

Welt schon Untertan gemacht haben und davon zu erzählen wissen. Sie duzt ihn jetzt und – mitten im zusammenhanglosen, atemlosen Vortrag – beginnt sie zu weinen: »Ich möchte in Abenteuern versinken, aber ich weiß nicht, warum. Bist du ein Mann, der mich bestehen lässt, mich nicht zerstört, mir zeigt, was die wirkliche, gute Erfahrung ist, bist du einer, der mir helfen könnte, all den Umleitungen zu entgehen, das Ziel zu erkennen …? Ich brauche eine Vaterfigur, ein Leitbild. Bitte, verzeih' mir. Ich kann nicht mit Dir schlafen, aber ich könnte dich bewundern … Ist das nicht viel mehr?«

Joana schlägt ihre Hände vors Gesicht. Unfähig zu einer bedachten Reaktion zieht Frank sie zu sich hoch und umarmt sie, wie man eine große Tochter umarmt. Er spürt ihr taktiles Können, ihre Wunden und ihre Sensibilität. Und dass sie dabei ist, ihn vor drohender Sünde zu bewahren.

Im Restaurant des Hotels nahmen sie sich an einen der Tische im rückwärtigen ruhigen Teil und vermieden es, sich ihr Zusammentreffen zu erklären, zu hinterfragen, wie Joana es nennt. Zu Klavierstücken von John Field, die – bei Bedarf – lästige Blockaden aus bleiernen Herzen entfernen und die Leichtigkeit des Lebens vor Angst und Schwere stellen, besannen sie sich auf ihre zufallsbestimmte Begegnung. »Es gibt eine Unterform von Liebe, nein: Zuneigung«, sagte Joana. »Sie entsteht in Sekunden. Sie breitet sich in uns aus, macht überraschend mutig und kann uns in ein Niemandsland führen, in dem schlechte Gefühle unbekannt sind …«

Was blieb, nach einer keuschen Nacht mit einem einsam-verlorenen Kinderkuss, war ein Versprechen: Joana gelobte beim

Abschied mit erhobener Schwurhand, noch lange auf der Suche nach ihrem Wir zu bleiben. Wie das auch aussehen mag.

Als Frank sich wegwandte, hatte er das Mädchen schon vergessen und war froh, dass niemand seine Gedanken lesen konnte.

*

Sie wollten jeden Tag als ihren Tag annehmen – wie hell oder dunkel er auch sein mochte. Maya und Frank hatten sich entfernt von der Banalität des Alltäglichen, sich geborgen gefühlt in einer Liebe aus bunter Lust und den Dingen des Lebens. *Ich will hinabsinken in deine Abgründe, ich will deine sündigen Laster auf mich nehmen. Weniger kannst du nicht von mir verlangen. Kann ich eine Göttin sein, durch dich?* Als M. ihm das schrieb, vor ein paar Wochen, hatten sich alle Tore zum Paradies geöffnet. Er empfand diese Frau als einen Teil von sich selbst, als seelenverwandte Schöpferin all der guten Erregungen, die das Schicksal bereithalten kann, wenn man zu empfangen bereit ist. Hart getaktete Liebesorgien, überhitzte Momente und stille Augenblicke mit erschöpft nebeneinander ruhenden Körpern – all diese Phasen erlösender Laster ließen ihn fühlen: Nichts wird sie jemals trennen.

Aber: Was ist Nichts? Alles ist Nichts. Machnik hat das in Nürnberg behauptet – von Zweifeln geplagt. (Könnte es auch sein, dass das Nichts alles ist?)

XXVIII.

Am Abgrund

Ein paar dunkle Stunden mit einer Sturmflut und einige helle Tage zogen vorüber. Ausdruckslos bat M. ihn um ein Gespräch, so sachlich, als sei sie Abonnentenwerberin für einen Lesezirkel. Sie gab sich sehr erwachsen und beschwor dann, sich steif in den Sessel zurücklehnend, ein Angriffsszenario herauf: Sie ließ das wild flutende Eismeer von Fogo um ihn toben. Es ertränkte ihre Sätze in klirrender Kälte. Frank spürte nichts mehr von ihren emotionalen Leuchtfeuern, nichts von der funkelnden Schönheit ihrer glückbringenden Begegnungen, nichts von der Erregung, die sie sich und ihm mit Hingabe an ihre sündige Welt geschenkt hatte.

»Es ist besser, wir lassen es und gehen getrennte Wege«.

Maya sagte diesen Satz so schnell und eindimensional, als sei ihre gemeinsame Zeit, ihr Miteinander nichts weiter als ein sinnfreies Spiel zu unverbindlichem Zeitvertreib gewesen. Als hätten sich all ihre strahlenden Hoffnungen und gutgläubig angenommenen Versprechungen in unwertes Erlebensmaterial umgewandelt, das zu erhalten nicht der Mühe wert war. Wörter wie aus einem Sprachcomputer.

Maya erhob einen dürftigen Vorwurf, der ihm verletzender erschien als all ihre Liebe je wärmend-freudenreich hatte sein können. Mit fremder Stimme sagte sie: »Unsere Liebe ist verbraucht. Ich kann nicht mehr bei dir bleiben.«

Es klang, als folge im Opernhaus vor dem Aufschwingen des schweren Vorhangs gleich die Durchsage, Mobiltelefone seien auszuschalten, weil das echte Leben jetzt vom künstlichen Leben abgelöst werde. *Es gilt nicht mehr das gesprochene Wort. Alles ist Nichts.*

Frank taumelte auf einen Abgrund zu. Er revoltierte, wollte diesen erbärmlichen Absturz nicht wahrhaben. Das konnte nicht seine Maya sein mit ihren schön ausformulierten Sehnsüchten nach einer glückvollen Zeit; jene Frau, die ihm das heilige Versprechen gegeben hatte, an seiner Seite zu bleiben – für immer.

*

Mit zerschmetterter Seele wurde Frank Berenberg von einem Taxi aufgenommen. Hilda Manstein saß stolz am Steuer, Favero auf dem Beifahrersitz tat so, als habe er Frank noch nie gesehen. Im Radio röchelte Chris Isaak *A bad, bad thing* und Anne stand freudlos im kalten Hausflur. Neben ihr hob Tanja, die Hetäre aus dem Autohaus, drohend sein kostbares Elfenbeinlineal. Erica aus New York hatte die nackte Geigerin untergehakt, Anny lehnte an seinem Studierpult, die Reitgerte drohend erhoben. Irgendwo röhrte ein Hirsch; eine Lawine donnerte talwärts. Joana flüsterte theatralisch: *Lieber Vater, alles hat seine Zeit.* Dann sah er Tess in schweren Gummistiefeln zitternd vor Kälte auf seinem Kelim knien. Esther zog in Zeitlupe das Buch *Es ist besser, wir lassen es!* aus dem Regal und Professor Gentscher warnte Franks Mutter Heliane pathetisch vor einem gewaltigen Eisberg im Nordatlantik. *Wenn die Liebe erwacht, stirbt das Ich, dieser dunkle, frostige Despot,* meldete eine Radiostimme aus einem elektrisch knisternden Lautsprecher.

Verloren stand Frank in den Kulissen eines bewegenden Vielpersonen-Stückes, das er eben noch selbst inszeniert hatte – mit Maya als zwielichtiger Heldin. Leonie liebkoste seinen Buddha. Sie weinte Quecksilbertränen, während Automogul Fukota den *Schiefen Turm von Pisa* aufzurichten versuchte. Reni trat vor. *Amore mia!,* sagte sie tonlos, warf ihre pompige *Hermès*-Tasche auf den Diwan, schnippte mit ihren blaulackierten Fingern und forderte ihn auf, ihr hinter den Vorhang zu folgen – *senza discutere!*

Die Bühne seines wildbewegten Lebens versank in heillosem Schwarz. Schwaches Arbeitslicht beleuchtete das Gemälde der unkeuschen Maddalena Doni.

Über der Rampe mit den vier Stufen zum geisterhaft leeren Zuschauerraum öffnete sich ein Schwarzes Loch mit glühenden Rändern.

Auf den Plätzen des Regisseurs und der Souffleuse in der ersten Reihe saßen regungslos Eva Rössel und eine zweite Person, die ihr zum Verwechseln ähnlich sah ... Ihre silbernen Haare glitzerten wie unter Strom gesetztes Lametta. Sie lächelten nichtssagend: *Auch Romeo und Julia sind nicht mehr, was sie mal waren. Liebeserklärungen werden heutzutage schnell zu Makulatur,* verlautbarten die beiden mit metallisch-trötenden Computerstimmen. Und, sehen Sie, es sind doch ein paar Seiten mehr geworden. Morgenschön wird sich ärgern!

Das Arbeitslicht erlosch. Franks Rössel schlug das von Rotstift-Korrekturen verwüstete Textbuch zu. Dann verschmolzen die zwei Frauen zu einer Gestalt, die sich schnell in der Tiefe des Raums auflöste.

Ende.

Wessen Ende?

Wissen wir, ob die Geschichte hier zu Ende ist, weil die handelnden Personen einander noch einmal begegnen werden?

Der Held verlorener Schlachten
Reisen durch das Niemandsland der Liebe

1. Auflage, erschienen 9-2022
Umschlaggestaltung: Laura Trumpp
Layout: Romeon Verlag, Uwe Schaffmeister

ISBN: 978-3-96229-403-8

www.romeon-verlag.de
Copyright © Romeon Verlag, Jüchen

Das Werk ist einschließlich aller seiner Teile urheberrechtlich geschützt. Jede Verwertung und Vervielfältigung des Werkes ist ohne Zustimmung des Verlages unzulässig und strafbar. Alle Rechte, auch die des auszugsweisen Nachdrucks und der Übersetzung, sind vorbehalten. Ohne ausdrückliche schriftliche Genehmigung des Verlages darf das Werk, auch nicht Teile daraus, weder reproduziert, übertragen noch kopiert werden. Zuwiderhandlung verpflichtet zu Schadenersatz.
Alle im Buch enthaltenen Angaben, Ergebnisse usw. wurden vom Autor nach bestem Gewissen erstellt. Sie erfolgen ohne jegliche Verpflichtung oder Garantie des Verlages. Er übernimmt deshalb keinerlei Verantwortung und Haftung für etwa vorhandene Unrichtigkeiten.

Bibliografische Information der Deutschen Nationalbibliothek:
Die Deutsche Nationalbibliothek verzeichnet diese Publikation in der Deutschen Nationalbibliografie; detaillierte bibliografische Daten sind im Internet über *https://portal.dnb.de/opac.htm* abrufbar.